Atlas ilustrado de

Plantas Silvestres

e infusiones curativas

susaeta

El objetivo de este libro es informar y servir de guía. Los remedios, enfoques y técnicas que se describen en él no reemplazan en ningún caso la consulta directa con un profesional de la salud y tampoco son consejos médicos personales. El uso que haga el lector de la información que ofrece este libro será decisión personal.

Texto: Eliška Tomanová
Ilustraciones: Eduard Demartini y Věra Ničová
Corrección: Isabel López
Maquetación: Mari Salinas y Equipo editorial

Sumario

Introducción

LA EVOLUCIÓN
DE LAS PLANTAS

Se cree que la vida apareció en la Tierra
hace más de 3.000 millones de años. A
comienzos de la era primaria, existían
ya plantas primitivas: las bacterias y las
algas. En esa época, el planeta estaba
cubierto en su mayor parte de agua.
Los primeros fósiles de plantas terrestres pertenecen al Silúrico, cuando se
plegó la corteza de la Tierra y se forma-
ron los primeros continentes en el hemisferio norte. Durante los siguientes
periodos geológicos, las plantas con esporas alcanzaron un gran desarrollo y
aparecieron las primeras con semillas.
Son plantas con esporas los hongos, los
líquenes, las briofitas y las pteridofitas,
que se reproducen por medio de ellas.
Los líquenes son unas plantas características, unos organismos dobles cuyo
cuerpo está formado por células de algas y filamentos de hongos, sin raíces,
tallos y hojas diferenciados.
Las briofitas tienen ya un cuerpo dife-
renciado, compuesto de una plúmula
con hojas y una cápsula.
A las pteridofitas pertenecen los licopodios, las colas de caballo y los helechos.
Su «edad de oro» fue el Carbonífero.
Reinaba entonces en la mayor parte de
los continentes un clima cálido y seco
que favorecía el crecimiento de abun-

dantes bosques tropicales formados
por licopodios, helechos arborescentes
y colas de caballo. Los restos de estas
plantas arborescentes han dado lugar a
estratos de carbón, testimonios de una
flora desaparecida hace tiempo.
A finales de la era primaria, comenza-
ron a desarrollarse las gimnospermas
–plantas con semillas descubiertas–;
ejemplos de ellas son las cycas, las
cordaitales y las especies próximas al
ginkgo. Las gimnospermas se caracterizan por la disposición de las semillas sobre escamas. Lo mismo puede
decirse de las gimnospermas actuales
más corrientes, como las coníferas,
cuyas semillas están libres bajo las escamas de las piñas y se desprenden al
madurar.
A principios de la era secundaria, hace
más de 180 millones de años, hicieron
su aparición las angiospermas –las primeras plantas con semillas ocultas–,
que constituyen actualmente el grupo
de plantas más numeroso y con más
especies. Todas las plantas descritas y
representadas en este libro pertenecen
a este grupo.
Las angiospermas son plantas multi-
celulares, habitualmente verdes, cuyas
semillas están ocultas en los frutos. El
cuerpo de las angiospermas se divide
generalmente en tres partes: raíces, ta-

llos y hojas. Los haces vasculares están perfectamente desarrollados, permiten el transporte de agua y alimento en el interior de la planta y se componen de vasos o tubos formados por numerosas células alargadas, dispuestas unas sobre otras; sus membranas han sido total o parcialmente reabsorbidas, sus paredes celulares se han lignificado y ha desaparecido su contenido por completo. Los vasos imperfectos (traqueidas) se diferencian de los perfectos (tráqueas) en que han conservado las membranas transversales; constituyen la forma primitiva de la que derivan los otros.

Así como las gimnospermas son siempre leñosas, las angiospermas pueden ser leñosas o herbáceas. Sus hojas son bastante grandes y el limbo suele ser liso.

Ciclo vital de las angiospermas
(en el sentido de las agujas del reloj):
1 — flor
2 — sección longitudinal del pistilo
3 — estambre
4 — sección transversal de la antera
5 — grano de polen
6 — penetración del tubo polínico
*   en el estigma*
7 — fecundación
8 — sección longitudinal de la semilla
9 — embrión en germinación

El conjunto de los órganos reproductores está agrupado en la flor, cuyos carpelos forman el ovario, que contiene los óvulos. Tras la polinización y la fecundación, éstos se desarrollan y dan lugar a las semillas, mientras el fruto madura.

Las angiospermas se dividen en dos grupos: dicotiledóneas y monocotiledóneas.

Varias son las peculiaridades que diferencian a las dicotiledóneas (magnolópsidas) de las monocotiledóneas (liliópsidas). En primer lugar, el número de cotiledones. Las dicotiledóneas, excepto las ninfáceas, presentan en la germinación dos cotiledones opuestos entre los que se encuentra la plúmula. La raicilla se transforma rápidamente en la raíz principal, que se ramifica. Los haces vasculares están dispuestos en círculo dentro del tallo, cuyos tejidos provocan el engrosamiento. La nervadura de las hojas forma una red. Las flores, cuya envoltura se divide en cáliz y corola, suelen ser pentámeras; son solitarias o forman inflorescencias. Las plantas dicotiledóneas se distinguen también de las monocotiledóneas por la presencia o ausencia de determinadas sustancias químicas, como taninos, aceites esenciales, politerpenos, saponinas, alcaloides, etc.

El cuadro de la página siguiente muestra la aparición y la evolución de las plantas con semillas.

En el cuadro puede verse que el desarrollo de las plantas angiospermas se produjo en la era secundaria, durante el periodo Cretácico. Presentan ya un número considerable de tipos, algunos de los cuales están muy desarrollados; se convierten en el elemento dominante de la flora terrestre.

En la era terciaria, las zonas climáticas están ya netamente diferenciadas, si bien en menor medida que hoy en día. Las zonas templadas se extienden mucho hacia los polos, y la zona tropical, muy amplia, penetra hasta el interior de Europa. De ello se deduce que el centro de Europa conoció una flora tropical.

A finales de la era terciaria, se produjo un enfriamiento que transformó la flora europea en subtropical, bastante parecida a la mediterránea de nuestros días. El clima se fue enfriando progresivamente y la flora tropical retrocedió hacia el ecuador. El frío era ya intenso en las regiones septentrionales, que se cubrieron de flora ártica (bosques de coníferas y caducifolios, e incluso plantas herbáceas). Durante la era terciaria, se produjeron plegamientos que dieron origen a los Alpes y los Cárpatos, sobre

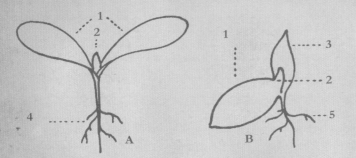

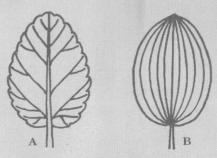

Germinación: A — planta dicotiledónea, B — planta monocotiledónea; 1 — cotiledones, 2 — yema, 3 — hojas iniciales, 4 — raíz, 5 — raíz secundaria

Nervadura de las hojas: A — planta dicotiledónea, B — planta monocotiledónea

los que se desarrolló una flora de montaña. Una serie de plantas termófilas y xerófilas, procedente de Asia, invadió después el este de Europa. La causa fue la modificación progresiva del clima; se trata de una flora de estepa, caracterizada por su adaptación a un periodo corto de vegetación y a un clima cálido y seco.

Durante la era cuaternaria, el clima siguió recrudeciéndose, lo que provocó la formación de un glaciar continental que avanzó hacia el sur. Los macizos europeos se llenaron de glaciares, cuyas huellas más evidentes están en los Alpes. El enfriamiento del clima no fue continuo y uniforme, sino que se distinguen cuatro periodos glaciares, separados por tres periodos interglaciares más cálidos.

Durante la glaciación más intensa, un glaciar continental ininterrumpido cubría todo el norte de Europa, desde Escandinavia hasta el paralelo 50. En el mismo periodo, los glaciares alpinos alcanzaron también una gran extensión, y sus prolongamientos llegaron hasta Baviera, Austria y el sur de Francia. La parte nordeste de Europa era la única que no estaba cubierta de hielo.

Este enfriamiento trajo consigo la desaparición de la mayor parte de las especies vegetales, o su retroceso hacia lugares de clima más favorable. Algunas retrocedieron hasta el sur de Europa y se han mantenido hasta nuestros días en la península balcánica, donde la temperatura es adecuada; sólo algunas han regresado a su lugar de origen. Entre las plantas centroeuropeas de origen ártico que han persistido, podemos nombrar el ásaro (*Asarum europaeum*) y la hierba de San Cristóbal (*Actaea spicata*).

La flora de las regiones más septentrionales fue empujada hacia el sur por el glaciar, en cuyo límite se estableció: sobre las tundras (regiones pantanosas con plantas leñosas atrofiadas) y en los pastos alpinos denudados (regiones de montaña donde no crecen nunca plantas leñosas, sino sólo plantas herbáceas). Se llama plantas árticas a las que proceden del extremo norte. Se llama plantas alpinas a aquellas a las que el glaciar alpino ha ido empujando desde la cima de las montañas hacia zonas de menor altitud (por ejemplo, una primavera, *Primula minima*, o una genciana, *Gentiana asclepiadea*).

A las especies que llegaron a Europa central durante el periodo glaciar y han permanecido en ella hasta nuestros días se las llama reliquias glaciares (por ejemplo, *Dryas octopetala*, una algarabía; *Pedicularis sudetica*, una zarza; *Rubus chamaemorus*, etc.).

Más tarde, cuando el glaciar regresó hacia el norte, el clima de Europa central se hizo riguroso; la vegetación xerófila se extendió y la estepa sucedió a la tundra. Las plantas del género *Stipa*

Era	Periodo	Duración aproximada en años	Acontecimiento
Cuaternaria	Holoceno	15.000-13.000	Flora actual
	Pleistoceno	1 millón	Periodos glaciares
Terciaria	Paleógeno	67-65 millones	Distribución de las familias vegetales
Secundaria	Cretácico	135 millones	Desarrollo de las angiospermas
	Jurásico	181 millones	Aparición de las dicotiledóneas
Primaria	Pérmico	280 millones	Desarrollo de las fanerógamas
	Carbonífero	355 millones	Aparición de las fanerógamas
	Devónico	405 millones	Aparición de las criptógamas vasculares
	Silúrico	425 millones	Primeras plantas terrestres
Precámbrico y Algónquico		4.000-2.000 millones	Aparición de la vida sobre la Tierra
Arcaica		5.000-4.600 millones	Nacimiento de la Tierra

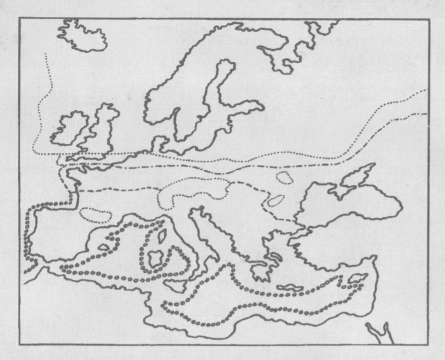

Extensión máxima alcanzada
por los glaciares en Europa durante
las glaciaciones:
·················· glaciares
– – – – – – – – estepa
—·—·—·— tundra
✳✳✳✳✳✳✳ bosque

son un ejemplo de las especies características de la estepa.

Las plantas que se encuentran repartidas por todo el mundo reciben el nombre de cosmopolitas. A las que no existen más que en determinadas regiones, se las llama endémicas.

LOS NOMBRES

La denominación científica de las plantas en latín sigue unas reglas internacionales muy precisas. Junto a los nombres científicos existen los locales –vernáculos–, que sólo se emplean en una región determinada. Cuando alguien decide dar una denominación latina a una planta, debe informar al mundo científico y presentar una descripción detallada. Si una planta tiene varios nombres, recibe el primero que haya sido publicado según las reglas establecidas; los otros nombres constituyen los sinónimos. En ciertos casos, se emplea con más frecuencia un nombre más reciente, y pasa a ser el principal.

El taxón, unidad sistemática determinada (nombre de la especie, el género, la familia, etc.), suele ir acompañado del nombre del autor de la descripción o de su abreviatura.

Todas las plantas pueden ser clasificadas en unidades sistemáticas, en categorías. Cada término designa un grupo de plantas con características comunes; el término más elevado en la jerarquía designa el grupo más extendido, pero con menos características comunes. La jerarquía de la clasificación sistemática es la siguiente: reino, subreino, tipo, subtipo, clase, subclase, orden, suborden, familia, subfamilia, especie, subespecie, variedad, subvariedad y forma o cultivar.

El ámbito de este libro se reduce a las plantas angiospermas (clase), dicotiledóneas o monocotiledóneas (subclase); todas las plantas representadas van acompañadas del nombre de la familia –que, en botánica, es una categoría sistemática muy importante– y, a continuación, del género, la especie y, ocasionalmente, la subespecie (ssp. en abreviatura).

En ciertas ocasiones, los botánicos no se ponen de acuerdo sobre si una planta constituye una especie o una subespecie. Todo depende de la concepción del autor.

A veces es preferible agrupar varias especies pequeñas muy poco diferenciadas dentro de una grande. Esta especie colectiva se diferencia en ciertas características de otra que puede dividirse a su vez en dos o tres especies menores. Algunos autores considerarán estas especies pequeñas como subespecies, si bien cada botánico puede dar más o menos importancia a tal o cual característica.

LA CLASIFICACIÓN QUE SE UTILIZA

En botánica, la familia es una categoría sistemática de gran importancia. El mundo vegetal es tan diverso que el número de familias en que se clasifican las plantas es muy grande. La lista que damos a continuación sólo sirve para hacerse una idea general. Únicamente incluye las familias representadas en este libro.

Clase: angiospermas (magnoliofitinos).
Subclase: dicotiledóneas (magnoliópsidas).

La familia de las ninfáceas agrupa plantas acuáticas de rizoma grande y hojas flotantes. Se cree que las ninfáceas y las monocotiledóneas tienen antecesores comunes, ya que coinciden en determinadas características, como la germinación monocotílea.

Las ranunculáceas presentan flores bisexuales, regulares o simétricas, cuyas envolturas florales pueden estar diferenciadas o no. Los frutos son aquenios o folículos y, excepcionalmente, bayas. Estas plantas contienen sustancias venenosas, como, por ejemplo, alcaloides.

Las papaveráceas tienen flores regulares, un cáliz que cae rápidamente, muchos estambres y frutos en cápsula con numerosas semillas.

Las fumariáceas tienen flores hermafroditas y simétricas; las hojas son por lo general alternas y pinnadas. Los frutos son aquenios o cápsulas.

Los representantes de la familia de las aristoloquiáceas se caracterizan por presentar flores trímeras.

Las crucíferas tienen flores hermafroditas, normalmente regulares, con cuatro pétalos, en general seis estambres y frutos de diferentes clases: silicuas o silículas y, con menor frecuencia, aquenios.

La familia de las cariofiláceas comprende un gran número de especies.

Estas plantas se caracterizan por sus ramificaciones ahorquilladas, con sus flores habitualmente dispuestas en cimas dicótomas y provistas de una paracorola.

Las violáceas agrupan plantas con flores de simetría bilateral con un espolón en cada pétalo. Los frutos son en general cápsulas.

La familia de las poligonáceas se caracteriza por la ócrea que nace de la sutura de las estípulas. Las partes de la flor son poco visibles.

El ovario de las cistáceas está compuesto por tres carpelos soldados, y los frutos son cápsulas. Tienen siempre muchos estambres.

Las urticáceas son plantas que crecen en terrenos baldíos, en las riberas de los ríos y las lindes de los bosques. Se caracterizan por estar cubiertas de pelos urticantes. Sus pequeñas flores forman a menudo abundantes inflorescencias. Los frutos suelen ser aquenios.

Las droseráceas carnívoras crecen en terrenos turbosos pobres, por lo que suplen la falta de nitratos capturando insectos, que atrapan con sus hojas modificadas.

Las crasuláceas tienen hojas gruesas y carnosas. Los frutos son folículos.

Las especies de la familia de las saxifragáceas crecen en general sobre terrenos secos y rocosos, sobre todo en la montaña. Sus flores son pentámeras; los frutos suelen ser cápsulas.

La familia de las parnasiáceas está únicamente representada por una especie en Europa, la hepática blanca *(Parnassia palustris)*. Tiene flores pentámeras y los frutos son cápsulas.

Las rosáceas tienen flores regulares, hermafroditas y pentámeras. Los frutos son folículos, aquenios, drupas o pomos. Esta familia abarca un gran número de géneros muy diversos.

Las papilionáceas, fabáceas o leguminosas se caracterizan por sus flores en forma de mariposa, de ahí su nombre. El fruto es siempre una vaina.

Las geraniáceas tienen flores pentámeras y frutos (esquizocarpios) provistos de un largo pico.

Las oxalidáceas tienen hojas trifoliadas, con pecíolo alargado y flores hermafroditas pentámeras. El fruto es una cápsula.

Las flores hermafroditas pentámeras, a menudo con un disco hipógino, son características de la familia de las rutáceas.

Las flores hermafroditas, de simetría bilateral, de las poligaláceas tienen una estructura característica y forman racimos.

Las euforbiáceas se caracterizan por tener flores simples que se agrupan en inflorescencias complejas. Muchas especies tienen abundante látex, que se derrama si la planta es dañada.

Los representantes de la familia de las piroláceas tienen hojas simples perennes, flores pentámeras, anteras que se abren por el ápice y granos de polen agrupados de cuatro en cuatro.

Las monotropáceas comprenden un grupo de plantas parásitas sin clorofila y con hojas reducidas a escamas.

A la familia de las ericáceas pertenece un grupo de plantas con hojas habitualmente perennes. En éstas, los granos de polen se agrupan de cuatro en cuatro.

Las timeleáceas son plantas herbáceas o bien arbustos con hojas enteras, por lo general alternas. Las flores, olorosas, no tienen corola; el cáliz es coloreado.

Las balsamináceas tienen tallos carnosos y flores de simetría bilateral. Los frutos son cápsulas cuyas valvas maduras se abren al menor contacto, expulsando las semillas.

La característica peculiar de las malváceas es la presencia de un epicáliz. Los estambres se sueldan en un solo tubo. El fruto, en forma de botón, es divisible.

Los tejidos de las hipericáceas contienen una gran cantidad de aceites esenciales. Los estambres están dispuestos en haces.

Las litráceas tienen tallos angulosos y un receptáculo tubular; el fruto es una cápsula.

Las onagráceas tienen flores tetrámeras con un receptáculo que se suelda al ovario.

Las trapáceas son plantas acuáticas que tienen tallos largos sumergidos y hojas romboidales con pecíolo hinchado por vejigas; el cáliz espinoso y perenne da al fruto un aspecto característico.

Las araliáceas son plantas trepadoras con zarcillos adventicios. Las piezas florales están agrupadas de cinco en cinco y las flores forman umbelas. El fruto es una baya.

Las umbelíferas deben su nombre a la forma de la inflorescencia (umbela). Presentan todas ellas como fruto un diaquenio que se divide cuando está maduro.

Las primuláceas forman una roseta basal de hojas; sus flores, pentámeras, tienen un cáliz persistente. El fruto es una cápsula.

Las lorantáceas incluyen plantas parásitas de vegetales leñosos. El muérdago, que es el representante más notable de esta familia, tiene hojas perennes.

Las plantas de la familia de las gencianáceas se caracterizan por tener hojas opuestas y enteras, y flores pentámeras. Las meniantáceas, con hojas trifoliadas, son muy parecidas a la familia precedente.

Las apocináceas son también una familia muy similar, con flores pentámeras y hojas simples opuestas, generalmente desprovistas de estípula.

Las convolvuláceas suelen presentar tallos volubles.

Las borragináceas son plantas cubiertas de pelos ásperos. Las flores están dispuestas en cimas escorpiónidas y el fruto está formado por cuatro aquenios.

Las flores de las labiadas tienen una corola bilabiada. El fruto es un aquenio.

Las representantes de las solanáceas son generalmente plantas venenosas, pues contienen numerosos alcaloides. El fruto suele ser una baya.

Las escrofulariáceas tienen por lo general flores simétricas pentámeras. El fruto es una cápsula.

Las plantagináceas tienen pequeñas flores tetrámeras que forman inflorescencias en espigas. El fruto es una cápsula.

Las verbenáceas tienen hojas sin estípulas y flores tetrámeras o pentámeras, y producen aquenios; es raro que el fruto sea de otra clase.

Las plantas de la familia de las rubiáceas tienen grandes estípulas que parecen hojas. La asperilla y el cuajaleche tienen, por lo tanto, hojas aparentemente verticiladas, y su fruto es un diaquenio.

Las valerianáceas tienen flores opuestas, sin estípulas, y flores en inflorescencias ahorquilladas.

Las pequeñas flores de las dipsacáceas, agrupadas en cabezuelas, tienen brácteas provistas de aguijones.

Las campanuláceas tienen una corola campaniforme y su fruto es una cápsula.

Las compuestas son la familia que abarca mayor número de géneros. Las flores están agrupadas en cabezuelas. Éstas pueden tener flores de dos tipos (flores tubuladas en el centro y liguladas a su alrededor, como por ejemplo la margarita mayor) o de un solo tipo (ya sean tubuladas, como en el cardo, o liguladas, como en la vellosilla). Los frutos son aquenios, a menudo en pico y con vilano.

Subclase: monocotiledóneas (liliópsidas).

Las butomáceas son, por su origen, la primera familia de monocotiledóneas con envolturas florales no diferenciadas.

Las alismatáceas tienen flores con un cáliz y una corola bien diferenciados. Crecen en el agua y tienen dos tipos de hojas.

Las potamogetonáceas son también plantas acuáticas y suelen presentar dos tipos de hojas: sumergidas y flotantes. Las flores, desprovistas de perianto, forman espigas que sobresalen del agua.

Las liliáceas se desarrollan a partir de bulbos, tubérculos o rizomas. La flor tiene un ovario súpero y envolturas florales no diferenciadas. Las hojas, paralelinervias, suelen ser alternas.

Los tallos de las triliáceas tienen verticilos de tres o cuatro hojas con nervaduras ramificadas y que terminan en una flor solitaria o una umbela. Las envolturas florales son diferenciadas. Por regla general, el fruto es una baya.

Las iridáceas tienen las piezas florales unidas por abajo formando un tubo que puede ser bastante largo (azafrán).

Las amarilidáceas son muy similares a las liliáceas, pero con ovario ínfero.

Las juncáceas se parecen a las gramíneas; las flores pequeñas forman generalmente una antera. El fruto es una cápsula.

Las ciperáceas se asemejan también a las gramíneas, pero tienen tallos triangulares, sólidos y sin nudos. El periantio está atrofiado o transformado en pelos.

Las gramíneas son plantas con tallos largos, huecos y provistos de nudos, llamados cañas. Las hojas suelen ser alternas y envainantes. Las flores forman espiguillas que se agrupan en inflorescencias: espigas, falsas espigas y panículas. En la base de la espiguilla se encuentran generalmente dos glumas. La flor suele tener glumela superior e inferior, tres estambres con anteras móviles y un ovario con dos estigmas plumosos. El círculo interno del perianto se reduce a dos pequeñas escamas (lodículas). El fruto es una cariópside.

Las orquidáceas presentan tubérculos subterráneos de formas diversas; las flores poseen un ovario ínfero que gira 180º en el momento de la polinización, por lo que reciben el nombre de resupinadas. Uno de los pétalos se alarga en espolón y los granos de polen se sueldan en polinios. Esta familia se caracteriza por la micorriza: la simbiosis con el micelio de un hongo.

Las aráceas poseen una inflorescencia, el espádice, formada por un gran número de pequeñas flores unisexuales. El espádice está rodeado o sostenido por una espata.

Las esparganiáceas son plantas acuáticas o de terrenos pantanosos. Las flores, unisexuales, forman capítulos globulares: los superiores son femeninos; los inferiores, masculinos. El perianto es escamoso.

Las tifáceas tienen flores sin perianto, o con las piezas transformadas en pelos. Las inflorescencias son cilíndricas, con flores masculinas en el ápice y femeninas en la base.

Las lemnáceas son pequeñas plantas acuáticas que flotan en la superficie del agua; no tienen tallo ni haces vasculares. A menudo carecen de raíces y sólo florecen en raras ocasiones.

HÁBITAT

Las plantas tienen exigencias muy precisas con respecto al hábitat en que crecen. Necesitan agua para vivir y desarrollarse; según la cantidad de agua que necesitan, se dividen en higrófilas y xerófilas. Para cada planta hay una temperatura óptima, que permite distinguir las que buscan el calor de las que prefieren el frío. El aire y la luz son necesarios para la respiración y la fotosíntesis. Las plantas absorben el anhídrido carbónico a través de unos orificios microscópicos: los estomas.

El tipo de suelo tiene mucha importancia. La erosión de calizas, dolomitas, basaltos o margas da lugar a suelos básicos, mientras que los sustratos silíceos producen suelos ácidos.

Según las diversas exigencias en cuanto al medio ambiente, se forman asociaciones vegetales que caracterizan ciertos tipos de suelo. Por ejemplo, las plantas xerófilas y termófilas que crecen en un suelo calizo forman agrupaciones más o menos similares en cuanto a la composición por especies. La sociología vegetal estudia estas asociaciones, en tanto que la geobotánica se dedica al estudio del medio en que viven las plantas.

Este libro trata en general sobre plantas que caracterizan determinados

Flor de las gramíneas:
a — lema
b — palea
c — estambres
d — pistilo con dos estigmas

emplazamientos. Pueden distinguirse los siguientes grandes tipos: bosques, praderas, sembrados, colinas, aguas, turberas y peñascos.

Bosques

La palabra bosque engloba varios tipos de emplazamientos bastante diferenciados. Existen bosques de coníferas (pinos, piceas, abetos), bosques mixtos, donde se encuentran coníferas y caducifolios a la vez, y, finalmente, bosques de frondosas o caducifolios (robles, hayas, carpes). En algunas regiones de Europa, quedan aún restos de bosques vírgenes. Es el caso del de Boubín, en Sumava (República Checa), formado principalmente por piceas, abetos y robles, o también el de Bialowieza, en el nordeste de Polonia.

Los bosques naturales han sido reemplazados con frecuencia por los repoblados, formados generalmente por una sola especie de árboles; se trata de monocultivos forestales.

Un bosque es una asociación vegetal muy compleja y abundante en especies. En él se encuentran a la vez hongos, líquenes, musgos, pteridofitas, gimnospermas y angiospermas. Se distinguen varios niveles de vegetación: el nivel inferior, formado, por ejemplo, por musgos y hongos; el nivel intermedio de plantas herbáceas, y los niveles superiores de arbustos y árboles. En algunos tipos de bosque, estos niveles son específicos y característicos.

Las arboledas son agrupaciones menos densas de caducifolios o coníferas, de menor extensión que los bosques, y en las cuales el nivel de las plantas herbáceas suele estar muy desarrollado.

Cerca de los grandes cursos de agua, hay bosques de flora muy abundante. En ellos se encuentran, por ejemplo, la niveola *(Leucojum vernum)*, el narciso de las nieves *(Galanthus nivalis)*, la hierba centella *(Caltha palustris)*, el cirsio oleráceo *(Cirsium oleraceum)*, la lisimaquia *(Lysimachia vulgaris)*, etc. El bosque es de gran importancia para el medio ambiente: limpia la atmósfera y constituye una reserva natural de agua y una fuente de madera.

Hay regiones que están desprovistas de árboles, sea como consecuencia de la tala o de fenómenos naturales. La transformación de la composición específica del medio ambiente es evidente e inmediata. Las plantas que buscan la sombra y la humedad desaparecen, siendo reemplazadas por otras que están habituadas a la luz, al sol y a la sequía.

Pastos y praderas

Las praderas son emplazamientos que han ocupado el lugar de los bosques talados por el hombre; ofrecen condiciones muy particulares para el crecimiento de las plantas.

Las praderas naturales, como las asociaciones sin árboles de los valles inundables, son hoy en día escasísimas. La regularización de los cursos de agua ha eliminado las inundaciones, y la mayor parte de las praderas de valle ha sido transformada en campos de cultivo.

Las plantas de las praderas se desarrollan en general sobre un suelo fértil, y, en las praderas cultivadas, se utilizan también abonos; suelen tener agua suficiente. Debido a la ausencia de árboles y matorrales, están expuestas al sol. En las praderas, como consecuencia de la siega, suelen crecer plantas vivaces. Las especies anuales son sólo aquellas que forman semillas antes de la primera siega. En los pastos dominan las especies que se acostumbran a ser pisadas y cortadas por el ganado.

Las plantas de las praderas son bastante bajas y tupidas; debajo del suelo tienen largos rizomas ramificados, gracias a los cuales se reproducen vegetativamente.

Las praderas de cañas cortas que se extienden más allá del límite superior de los bosques, en las montañas, y que reciben el nombre de pastos alpinos, son unas praderas muy características que se benefician de un microclima especial.

Sembrados y barbechos

Los sembrados son otros espacios artificiales. El hombre cultiva en ellos diferentes plantas necesarias para su alimentación.

Este tipo de emplazamiento posee también sus condiciones particulares. Los campos son arados, rastrillados, avenados, regados, sembrados y segados regularmente. Se les aplican abonos y se alternan las plantas de cultivo. Entre estas plantas cultivadas crecen también otras silvestres que se han mezclado con las simientes o cuyas semillas han sido llevadas por el viento o los animales. Se las llama malas hierbas. Están adaptadas a este modo de vida: son plantas anuales de corto periodo de vegetación que forman semillas rápidamente, con lo que aseguran la supervivencia de la especie. La mayor parte de las malas hierbas puede dividirse en cuatro grupos. El primero está formado por las especies que maduran en primavera, bastante antes de la cosecha (por ejemplo, la verónica, *Veronica arvensis*). El segundo grupo es el de las malas hierbas que maduran al mismo tiempo que los cereales y cuyas semillas caen al suelo en el momento de la siega (como el neguillón, *Agrostemma githago*, y el ranúnculo silvestre, *Ranunculus arvensis*). En el tercer grupo se encuentran las plantas vivaces, que, aunque quedan dañadas debido a la recolección, vuelven a crecer inmediatamente a partir de sus raíces ilesas y florecen de nuevo (la corregüela silvestre, *Convolvulus arvensis*). El cuarto grupo está formado por las especies que brotan tardíamente y no maduran hasta después de la cosecha (por ejemplo, el pensamiento silvestre, *Viola tricolor*).

Terrenos baldíos

Los baldíos se instalan allí donde el hombre influye negativamente sobre el medio natural: arrojando basura, construyendo desagües y descuidando los alrededores de su vivienda, pero también construyendo vías férreas, carreteras, etc. Estos lugares tienen su propia flora. La mayoría de las plantas de los baldíos se benefician de la riqueza del suelo en materias nitrogenadas (ortiga mayor, *Urtica dioica;* argentina plateada, *Potentilla anserina);* se acostumbran incluso a ser pisoteadas (llantén mayor, *Plantago major*). Estas plantas suelen caracterizarse por la multiplicación vegetativa de órganos aéreos o subterráneos y por la gran cantidad de semillas que producen.

Casi todas estas plantas se extienden mucho desde sus lugares de origen.

Son especies (por ejemplo *Impatiens passiflora* o la hierba de caballo, *Erigeron canadensis*) tan vivaces e invasoras que llegan a expulsar a las otras especies y ocupar ellas solas terrenos enteros.

Colinas soleadas y linderos

Puesto que las características principales de estos emplazamientos son la sequía, el calor, la inclinación, el suelo rico y la abundancia de rayos solares, las especies que en ellos se encuentran son esencialmente termófilas y xerófilas. Al igual que las especies que crecen sobre las rocas, suelen estar cubiertas de pelos, lo cual limita la transpiración. En estos lugares, las plantas apenas son molestadas por las actividades del hombre. A veces se prende fuego los linderos en otoño y primavera. Esta costumbre hace que se destruyan muchas especies interesantes (también animales, en especial insectos), pero no limita la extensión de las malas hierbas, sino más bien al contrario.

Aguas y terrenos pantanosos

El agua es muy importante para la vida de todos los organismos. En las aguas de mares, lagos, estanques, charcas y corrientes, viven numerosas especies de angiospermas. Están adaptadas a la vida en este medio y se diferencian en muchos aspectos de las plantas terrestres.

Algunas especies están totalmente sumergidas, y sus raíces penetran en el fondo. Otras arraigan igualmente en el fondo, pero sus hojas flotan en el agua y sus flores se abren sobre su superficie o por encima de ella. Hay también especies que son enteramente acuáticas, con las hojas y las flores en la superficie y las raíces suspendidas libremente dentro del agua. Algunas plantas están enraizadas durante parte de su vida, y, más tarde, en la época de la floración y la fructificación, se desprenden del fondo y van a flotar, de forma total o parcial, a la superficie del agua. Finalmente, se conocen también plantas que pueden vivir dentro del agua, pero que siguen viviendo fuera de ella en caso de desecación.

Las plantas acuáticas están adaptadas a ese medio por su morfología, su modo de alimentarse y respirar, su manera de reproducirse, la forma de las semillas y su manera de esparcirse, etc.

Las plantas acuáticas absorben el oxígeno y el anhídrido carbónico, indispensables para la fotosíntesis y la respiración, a través de toda su superficie. Carecen de haces vasculares o, si los tienen, son muy reducidos. Poseen en cambio cámaras de aire, vejigas, que permiten a las hojas flotar en el agua con mayor facilidad.

La longitud de los tallos y los pecíolos es muy variable, dependiendo de la profundidad del agua, del desplazamiento de las corrientes, etc. Las hojas sumergidas no tienen estomas, el limbo es filamentoso y suelen estar dispuestas en verticilos (por ejemplo el ranúnculo acuático). Todo ello hace que su superficie sea mayor y que la planta se adapte con más facilidad a las modificaciones del medio acuático. Las hojas que flotan en el agua son frecuentemente grandes y redondeadas. Sólo tienen estomas en el haz, que, con frecuencia, está recubierto por una membrana cerosa.

Las flores de las plantas acuáticas son pequeñas. Salvo cuando se produce la autopolinización (el proceso tiene lugar en el interior de las flores cerradas), la polinización se lleva a cabo gracias a la corriente y, en el caso de las flores que flotan en el agua, a los insectos o a ciertos moluscos acuáticos.

Muchas plantas acuáticas se reproducen vegetativamente y, con frecuencia, también por medio de semillas. Éstas (o los frutos) están adaptadas a veces a la flotación o bien están cubiertas por una mucosidad que les permite pegarse al cuerpo de los animales acuáticos. Muchas veces son ingeridas por los animales, atraviesan sin problema su tubo digestivo y pueden así ser transportadas a grandes distancias.

Algunos biotopos conjugan el medio acuático y el terrestre: los estanques, las marismas y los pantanos. Cuentan con sus propias asociaciones vegetales. Son ricos en agua y sustancias nutritivas procedentes de la descomposición de los vegetales muertos en el fango. Las plantas poseen grandes rizomas, ramificados y rastreros; no sólo sujetan la planta al suelo, sino que también aseguran la multiplicación vegetativa.

Por eso, las agrupaciones de los pantanos son compactas y extensas. Los tallos son rígidos y las hojas, gladiadas o lanceoladas, muy flexibles. De este modo, resisten mejor el viento, a pesar de su tamaño, que es bastante elevado para adaptarse al nivel fluctuante del agua.

Turberas

Las turberas constituyen un biotopo muy particular. Se desarrollan sobre un sustrato geológico impermeable, por lo general ácido, en el que se acumula el agua de la lluvia o los arroyos vecinos. Además de los esfagnos *(Sphagnum)*, se encuentran en las turberas muchas angiospermas características, como el lino silvestre *(Eriophorum)*, la andrómeda *(Andromeda polifolia)*, *Scheuchzeria palustris*, etc. Estas plantas son bajas y, en general, postradas. En las turberas pobres en sustancias nutritivas, se desarrollan las plantas carnívoras, como la drosera *(Drosera rotundifolia)*, que obtienen de los insectos capturados las sustancias nitrogenadas que necesitan.

Las turberas son reservas de agua que contribuyen a la humidificación de la atmósfera. Cuando se llevan a cabo operaciones de desecación o drenaje, hay que tener en cuenta si las necesidades del medio natural permiten la supresión de la turbera o si, por el contrario, exigen su conservación.

El término turbera tiene un sentido muy general, abarca diversos tipos de formaciones. Las turberas de montaña son formaciones que se desarrollan sobre un sustrato ácido. Son muy dependientes de las precipitaciones atmosféricas.

Los pantanos turbosos se desarrollan sobre sustratos básicos o neutros. Las precipitaciones atmosféricas no influyen prácticamente en el nivel de sus aguas. Se encuentran en llanuras o colinas.

Las llanuras turbosas son especialmente húmedas y dan lugar a una asociación vegetal en la que se encuentran, sobre todo, la cincoenrama palustre *(Potentilla palustris)*, el lino silvestre *(Eriophorum angustifolium)* y el trébol de agua *(Menyanthes trifoliata)*.

Los bosques turbosos son asociaciones vegetales emplazadas en lugares particularmente húmedos. Se caracterizan por un nivel de vegetación herbácea en el que se encuentran las mismas plantas que en las praderas turbosas o en las turberas de montaña.

La mayor parte de las turberas de montaña apareció en el periodo posglaciar, cuando el clima se empezó a calentar progresivamente. Ese calentamiento provocó el deshielo de los glaciares y el consiguiente crecimiento de las aguas. Las depresiones producidas por la erosión permitieron la aparición de las turberas de montaña.

La turba extraída de ellas, una vez seca, puede servir de combustible o abono para la agricultura. También se hacen macetas con ella.

Los paleontólogos encuentran en las turberas testimonios sobre el nacimiento y la evolución de las plantas. Los lechos de turba conservan, en efecto, fragmentos de vegetales o de granos de polen con varios miles de años de antigüedad.

Peñascos y coladas basálticas

Los peñascos de las regiones cálidas, donde uno no espera encontrar el menor indicio de plantas, nos sorprenden en primavera con las flores amarillas del cestillo de oro *(Alyssum saxatile)*. Pero hay muchas otras plantas que viven en estos lugares en apariencia poco acogedores.

Las plantas saxátiles deben adaptarse a la dureza del medio en que viven. La tierra se mantiene difícilmente sobre las rocas. La erosión y la fragmentación del sustrato no facilitan la vida sobre las peñas. El suelo es desplazado constantemente por el agua de lluvia; sólo se mantiene bien en las fisuras. El viento sopla con fuerza y el calor del sol es casi insoportable; a esas condiciones sólo pueden adaptarse las termófilas. Por el contrario, en los lugares sombreados, se encuentran plantas que buscan la humedad.

Del mismo modo, la morfología de las plantas saxátiles está adaptada a las condiciones del medio. Las raíces son muy largas y muy ramificadas, lo que les permite encontrar agua introduciéndose profundamente en las hendiduras de las rocas. Estas plantas son poco elevadas y tienen forma de canasta, lo que les permite utilizar, durante las noches frescas, el calor almacenado en las rocas a lo largo del día. Sus hojas suelen ser carnosas. Las plantas que reciben mucho sol tienen las hojas cubiertas de pelos para reducir la evaporación del agua durante los días soleados o muy ventosos. Muchas de ellas enrollan sus hojas cuando hace demasiado calor, lo que atenúa también la transpiración. Es frecuente la multiplicación vegetativa.

La composición química de las rocas influye de manera decisiva sobre la distribución de las especies. Hay rocas calcáreas, por ende básicas, y silíceas de reacción ácida. La composición del suelo determina las especies que crecen en él.

CLASIFICACIÓN FITOGEOGRÁFICA

Desde el punto de vista fitogeográfico, se distinguen diversas zonas, niveles y regiones de vegetación.

Zonas de vegetación

El clima es el factor determinante de las zonas de vegetación.

La zona ártica es la que se extiende al norte del límite forestal, lo que corresponde aproximadamente al círculo polar. Abarca los desiertos polares y la tundra. En Europa sólo está representada por el extremo septentrional de Escandinavia; es más extensa en el norte de América y de Asia.

La zona templada del hemisferio norte se caracteriza por sus bosques de coníferas y caducifolios; en ella hay también zonas semidesérticas y desérticas. La temperatura media anual oscila entre 0 y 14 °C. La zona templada ocupa un territorio vastísimo, por lo que se suele dividir en dos subzonas: septentrional y meridional. La separación de ellas oscila en Europa entre los paralelos 45 y 55.

La zona septentrional se caracteriza por sus bosques –compuestos sobre todo por coníferas– y sus turberas. La subzona meridional se caracteriza por los bosques de caducifolios en los climas atlánticos (húmedos) y las estepas y las regiones semidesérticas en los climas continentales (secos).

La zona mediterránea llega hasta el paralelo 26 y contiene bosques de hoja perenne, desiertos y estepas; se caracteriza por tener una temperatura media anual que oscila entre 15° y 20 °C. Esta zona sólo abarca, en Europa, la zona sur, donde está representada tanto por bosques de hoja perenne como por una vegetación mediterránea compuesta por plantas bajas, leñosas o herbáceas (garriga, maquis, etc.).

A medida que se desciende hacia el sur, aparecen las zonas tropical, subtropical, templada y antártica.

Niveles de vegetación

La altitud por encima del nivel del mar determina los niveles de vegetación.

El nivel en las tierras bajas comprende el litoral marino, la desembocadura de los ríos y las regiones más bajas del continente. La vegetación se compone de praderas, bosquecillos costeros, cultivos (sembrados y viñedos, por ejemplo) y estepas.

El nivel de las colinas se caracteriza por una altitud más elevada y un terreno más accidentado.

El nivel de las montañas está delimitado frecuentemente por la ausencia de cultivos; el límite superior es el del bosque continuo.

El nivel de alta montaña o alpino está cubierto de matorrales, peñascos y coladas basálticas recubiertas de hierba.

El último es el de las nieves perpetuas, donde las plantas superiores no encuentran ninguna condición favorable para su desarrollo.

Regiones de vegetación

La larga evolución de las diferentes regiones de la Tierra ha permitido la constitución progresiva de floras específicas. Cada región engloba varios niveles de vegetación y puede extenderse por distintas zonas. Proceden de los centros filogenéticos primitivos, que son seis.

La región holártica comprende la zona ártica, la templada septentrional y la subtropical septentrional o meridional del hemisferio norte.

La región paleotropical se extiende por la zona tropical del Viejo Mundo.

La neotropical se extiende por la zona tropical del centro y sur de América.

La región de El Cabo engloba los territorios de plantas xerófilas ubicados en la parte más meridional de África.

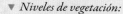

▲ *Zonas de vegetación:*
 1 — zona ártica
 2 — zona templada boreal
 2a — subzona septentrional
 2b — subzona meridional,
 3 — zona subtropical
 3a — subzona septentrional
 3b — subzona meridional
 4 — zona tropical
 5 — zona subtropical austral
 6 — zona templada austral
 7 — zona antártica

▼ *Niveles de vegetación:*
 1 — tierras bajas
 2 — colinas
 3 — montañas
 4 — alta montaña o alpino
 5 — nieves perpetuas
 a — viñedos
 b — campos
 c — praderas
 d — bosques caducifolios
 e — bosques de coníferas
 f — cultivos de montaña

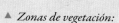

La región australiana abarca toda Australia, menos la parte tropical.
Finalmente, la región antártica abarca los territorios en los que crece la flora del mismo nombre.

ELEMENTOS DE LA FLORA EUROPEA

Los elementos de la flora de un territorio dado son las plantas que se encuentran habitualmente en él y tienen allí su origen. De norte a sur, se distinguen en Europa los siguientes territorios:

1. Ártico: la parte más septentrional de Europa, desprovista por completo de bosques.

2. Boreal: territorio cubierto de coníferas y que corresponde a la subzona septentrional de la zona templada.

3. Central: territorio cubierto de bosques mixtos y situado al sur del territorio boreal. De este a oeste, se divide en tres subterritorios: a) atlántico: litoral de la costa occidental europea; b) con-

Regiones de vegetación:
1 — ártica, 2 — boreal,
3 — central, 3a — atlántica,
3b — continental, 3c — oriental,
4 — mediterránea,
4a — occidental, 4b — oriental,
5 — póntica, 5a — panonia,
5b — póntica propiamente dicha,
6 — aralo-cáspica,
7 — oriental
El punteado corresponde a la región alpina.

tinental: bosques de hayas y carpes de la Europa central, y c) oriental: bosques de robles del oeste europeo.

4. Mediterráneo: territorio que bordea este mar y se divide en dos subterritorios: a) mediterráneo occidental, y b) mediterráneo oriental.

5. Póntico: estepas que se extienden desde el curso central del Danubio hasta el sur de los Urales; se dividen en dos subterritorios: a) panonio (llanuras del Danubio central), y b) póntico propiamente dicho, desde los Cárpatos hasta el sur de los Urales.

6. Aralo-cáspico: territorio de carácter desértico en el suroeste de Rusia, al borde del mar Caspio.

7. Oriental: en Europa sólo abarca el extremo del Cáucaso.

8. Alpino: territorio que engloba todas las altas montañas europeas.

Los factores de la vegetación europea son bastante complejos y por eso hay tantos territorios diferentes. A cada uno le corresponden unas plantas determinadas. Por ejemplo, el brezo de turbera *(Erica tetralix)* es un elemento específico de la flora atlántica que se extiende desde el subterritorio atlántico hasta el central europeo (3a). El rapónchigo *(Phyteuma spicatum)* es un elemento de la flora continental porque su distribución se corresponde principalmente con el subterritorio continental (3b). La astrancia *(Astrantia major)* es un elemento alpino, ya que crece esencialmente en las montañas europeas (8).

LAS PLANTAS VERDES: CONDICIÓN DE LA VIDA

Dejando a un lado las regiones cubiertas de nieves perpetuas, las profundidades marinas y los desiertos más secos, no hay en la Tierra regiones desprovistas de plantas verdes. Su distribución no es regular, sino que depende de las zonas de vegetación. Las plantas son a veces abundantes y a veces muy escasas, pero existen. Esta existencia parece tan natural que a menudo olvidamos su importancia para la vida del planeta. De hecho, ningún otro organismo es capaz de transformar sustancias minerales en orgánicas. Esta transformación se produce con la luz dentro de pequeños orgánulos, los cloroplastos, que contienen una sustancia verde: la clorofila. Este «milagro» es el resultado de una ecuación relativamente simple:

$$6\,CO_2 + 6\,H_2O + energía \rightleftarrows$$
$$C_6H_{12}O_6 + 6O_2$$

A partir del anhídrido carbónico y el agua (sustancias minerales), se producen, en presencia de la clorofila y gracias a la energía solar, unos azúcares (glúcidos), mientras se libera oxígeno. Es la fotosíntesis.

Estos azúcares simples, que producen a continuación sustancias orgánicas más complejas –por ejemplo el almidón, una sustancia de reserva bien conocida–, no son el único producto importante de la fotosíntesis: el oxígeno liberado por cada célula de las partes verdes de las plantas enriquece la atmósfera y el agua, lo que permite la respiración y, por ende, la vida de los animales.

No obstante, las plantas respiran y consumen oxígeno. Se produce en sus células una reacción opuesta a la fotosíntesis: absorben oxígeno, descomponen parte de los glúcidos sintetizados y expulsan anhídrido carbónico. La descomposición de los azúcares se acompaña de una liberación de energía, que se utiliza para la formación de los tejidos necesarios para el crecimiento.

Los glúcidos que no se consumen en este proceso son depositados en las raíces, los rizomas, los bulbos y los cotiledones de las semillas. Estas sustancias de reserva se utilizan en la germinación y el crecimiento de nuevas plantas. También son consumidas por el hombre y por muchos animales que dependen de ellas para su subsistencia. Sin embargo, no todas las plantas son independientes en su alimentación, es decir, no todas son autótrofas. Las que se alimentan en parte a expensas de otras plantas se denominan semiparásitas. Por lo general son verdes, de modo que asimilan y fabrican tejidos orgánicos, aunque tomando las sustancias minerales de su huésped *(Rhinanthus alectoralophus)*.

Las plantas parásitas dependen por completo de su huésped, no son nunca verdes y son incapaces de llevar a cabo la fotosíntesis (escuamaria, *Lathraea squamaria*).

Muchos vegetales viven en simbiosis con hongos, a menudo microscópicos, que sirven de intermediarios para la transformación de las sustancias minerales en sustancias orgánicas. Esta simbiosis recibe el nombre de micorriza.

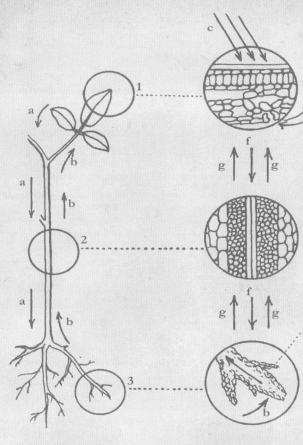

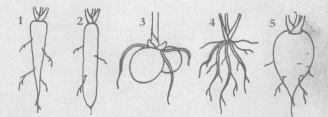

Esquema de los intercambios tisulares:
1 — hoja, 2 — tallo, 3 — raíz, a) productos de la fotosíntesis,
b) sustancias minerales disueltas en agua, c) luz solar,
d) oxígeno, e) dióxido de carbono, f) vasos liberianos,
g) vasos leñosos, h) pelos radicales

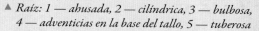

▲ Raíz: 1 — ahusada, 2 — cilíndrica, 3 — bulbosa,
4 — adventicias en la base del tallo, 5 — tuberosa

► Esquema de una
angiosperma:
1 — raíz
2 — hojas radicales
3 — hojas caulinares
4 — tallo
5 — brácteas
6 — flor

ESTRUCTURA DE LOS VEGETALES

La raíz

La raíz es un órgano subterráneo, no articulado, de los vegetales; a diferencia del tallo, no posee hojas, ni siquiera en forma de escamas. La raíz sujeta la planta al suelo, de donde toma el agua y las sustancias minerales en disolución. La planta, además, puede acumular en la raíz sustancias de reserva. El ápice de la raíz está cubierto por una cofia, llamada pilorriza o caliptra, que lo protege durante la penetración en el suelo. Las membranas de las células exteriores de la cofia producen una mucosidad que facilita esta penetración. La raíz se alarga por el ápice. Más allá de la zona de crecimiento, está cubierta de pelos absorbentes que se adhieren a las partículas del suelo. La duración de estos pelos es efímera. La zona pilífera se desplaza por detrás del extremo de la raíz, que se alarga y va originando progresivamente nuevos pelos. La raíz se ramifica en raíces secundarias que se forman a cierta distancia de su extremo.

En el tallo de la planta pueden formarse también raíces, que reciben entonces el nombre de adventicias. Aparecen en los tallos subterráneos –los rizomas–, pero también en los aéreos. La capacidad de formar raíces adventicias se utiliza para la multiplicación vegetativa (esquejes de hojas de begonia, por ejemplo).

Aparte de sus funciones de sujeción y alimentación, las raíces adventicias pueden contribuir a la fotosíntesis, a la absorción de aire y agua.

El tallo y las hojas

En su zona superior, la raíz da paso a las partes aéreas, que se dividen habitualmente en tallo y hojas. En algunas plantas, los tallos subterráneos están particularmente desarrollados, y entre ellos los rizomas tienen especial importancia. Los tallos tienen un crecimiento indefinido, aunque influido por las condiciones del medio y la situación de la planta. Por el contrario, las hojas tienen un crecimiento definido. En los tallos aéreos, las hojas son verdes, mientras que en los subterráneos (los rizomas, por ejemplo) se presentan en forma de escamas no verdes. Comunican la raíz con las hojas y sirven de intermediarios para el intercambio de sustancias químicas; además colocan las hojas en situación favorable para recibir la luz y los rayos del sol. En ellos, las hojas pueden ser alternas, opuestas o verticiladas.

Un tallo herbáceo es un tallo aéreo no lignificado que no vive más de un año (por ejemplo el del carraspique). El bohordo o escapo es un tallo sin hojas rematado por una flor o una inflorescencia (primavera, narciso). Un tallo hueco, con segmentos y nudos, es una caña (gramíneas). Por su forma, los tallos pueden ser: erectos (adormidera); ascendentes –tumbados hacia la base, se enderezan formando un arco– (trébol); postrados –apoyados en el suelo, se enderezan sólo en el ápice y no tienen raíces adventicias ni nudos– (centinodia); rastreros –apoyados en el suelo, forman raíces adventicias y nudos– (potentila); volubles –se enroscan en un soporte– (enredadera), y trepadores –se sujetan a un soporte mediante zarcillos (vid) o mediante raíces adventicias (hiedra).

Las hierbas son plantas con tallos herbáceos. Por su ciclo vegetativo se dividen en anuales, bienales, plurianua-

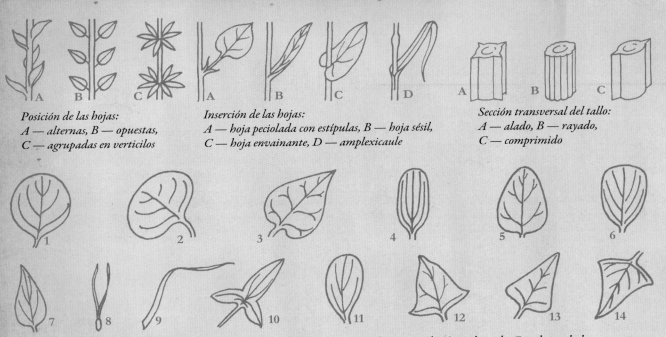

Posición de las hojas:
A — alternas, B — opuestas,
C — agrupadas en verticilos

Inserción de las hojas:
A — hoja peciolada con estípulas, B — hoja sésil,
C — hoja envainante, D — amplexicaule

Sección transversal del tallo:
A — alado, B — rayado,
C — comprimido

Hojas simples: 1 — redondeada, 2 — reniforme, 3 — cordiforme, 4 — oval, 5 — ovada, 6 — obovada, 7 — lanceolada,
8 — acicular, 9 — linear, 10 — sagitada, 11 — espatulada, 12 — astada, 13 — triangular, 14 — romboidal

les y vivaces. En las plantas anuales, el ciclo que va de la germinación a la producción de las semillas se desarrolla en un solo periodo vegetativo (adormidera). Las plantas bienales necesitan dos periodos vegetativos, interrumpidos por uno de descanso (invierno). El primer año germinan y forman habitualmente una roseta de flores a ras del suelo. El segundo año florecen, forman frutos y semillas y mueren (zurrón de pastor). Las plantas plurianuales, que sólo fructifican una vez, viven varios años en estado vegetativo y luego florecen, dan frutos y mueren (angélica). Las plantas vivaces viven varios años; después de la germinación, permanecen uno o más años sin florecer, y luego florecen generalmente cada año para dar sus frutos. Consiguen pasar la estación desfavorable gracias a sus raíces, rizomas o bulbos (tusílago, celidonia).

En las partes aéreas de ciertas plantas, se encuentran los laticíferos. Su presencia es fácil de comprobar en ciertas especies de plantas que dejan escapar un jugo blanco o coloreado cuando son dañadas.

Los laticíferos pueden no estar articulados: no tienen o han perdido las membranas transversales. Se encuentran ya en el germen en forma de células tubulares alargadas que crecen y se ramifican por todos los órganos de la planta al tiempo que ésta se desarrolla. Pueden alcanzar varios metros. Sus ramificaciones no están unidas entre sí. Este tipo de laticífero existe en las apocináceas y en ciertas euforbiáceas.

Los laticíferos articulados nacen de la fusión de un gran número de células alargadas, situadas unas encima de otras. Sus membranas transversales han desaparecido casi por completo. Estos laticíferos forman una red muy amplia que los distingue de los inarticulados. Están presentes en la mayor parte de las campanuláceas, en las papaveráceas (adormidera y celidonia, por ejemplo) y en las compuestas, como la achicoria y el cardillo.

La hoja consta de limbo o lámina foliar, pecíolo, vaina y estípulas.

El limbo tiene dos caras: el haz o cara superior, y el envés o cara inferior. Atendiendo al borde del limbo, la hoja puede ser entera, ondeada, sinuada, aserrada, dentada, festoneada o lobada. El limbo puede ser simple o de formas muy variadas, o estar compuesto por folíolos. La hoja compuesta es pinnada o palmeada.

La flor

La flor de las plantas con semillas es un brote o incluso un trozo de brote de crecimiento limitado, cuyas hojas modificadas contribuyen directa o indirectamente a la reproducción.

Consta de tálamo o receptáculo, periantio, estambres y pistilo. Si el receptáculo está ahuecado en forma de copa, se habla de cúpula (roble). A veces, las partes ensanchadas inferiores de las envolturas florales se sueldan (cereza). Cuando las envolturas florales no están diferenciadas, se habla de periantio (pulsatila); si están diferenciadas, se distingue un cáliz y una corola, que no suelen ser del mismo color (ciclamen). El cáliz es verde, pero puede ser también coloreado como la corola, cuya función asume entonces (brezo, polígala). Las envolturas florales pueden ser libres o soldadas: se habla de corola campanulada, tubulosa, infundibuliforme (en forma de embudo), etc. En el caso de la fresa, la potentila y las malváceas, hay bajo el cáliz un calículo formado por la sutura de las estípulas de sépalos vecinos.

Según la disposición de los elementos de la flor, podemos distinguir entre flores de simetría radial (actinomorfas), como la ficaria; flores con dos planos

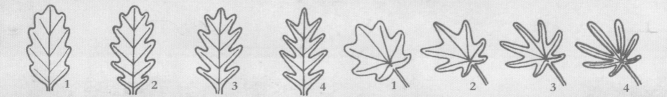

Hojas pinnadas: 1 — *pinnatilobada*, 2 — *pinnatífida*,
3 — *pinnatipartida*, 4 — *pinnatisecta*

Hojas palmeadas: 1 — *palmatilobada*, 2 — *palmatífida*,
3 — *palmatipartida*, 4 — *palmatisecta*

de simetría; flores de simetría bilateral (zigomorfas), como el guisante o la ortiga blanca, y flores asimétricas (valeriana).

El estambre consta de dos partes: el filamento estaminal y la antera. Ésta se divide habitualmente en dos tecas, unidas entre sí por un tejido estéril, el conectivo. Cada teca está formada por dos sacos polínicos. Cuando las anteras están envueltas o se abren hacia el centro de la flor, se llaman introrsas (nenúfar); si en sentido contrario, hacia afuera, extrorsas (cólquico), y si adoptan una posición intermedia, laterales (adormidera).

Los granos de polen se forman en las anteras. Tienen una forma y una estructura superficial que corresponden al modo de polinización de cada especie. Si la polinización es realizada por el viento, los granos de polen son finos y harinosos. En el aire se separan y flotan fácilmente. Las plantas anemófilas producen una gran cantidad de polen, y sus envolturas florales suelen ser reducidas, cuando no están ausentes. Las plantas entomófilas (polinizadas gracias a los insectos) producen mucho menos polen, pero sus envolturas florales suelen ser muy coloreadas.

Los granos de polen salen de los sacos polínicos, ya sea por separado, en grupos de cuatro (ericáceas) o en polinios (orquidáceas). Cada saco polínico de las orquidáceas contiene un polinio que aglutina numerosos granos de polen. Gracias a su pedicelo viscoso, el polinio se adhiere a la cabeza del insecto que visita la flor. Al secarse, el polinio se inclina hacia adelante y se fija al estigma de otra flor. Los polinios aseguran la polinización de un gran número de flores porque quedan adheridos durante mucho tiempo a la cabeza del insecto.

La flor puede tener un solo carpelo (papilionáceas) o varios. Cada carpelo puede formar un pistilo, y la flor tiene entonces varios pistilos libres (ranúnculo, botón de oro, fresa), o bien un pistilo único formado por la sutura de varios carpelos (primavera). El pistilo consta generalmente de un ovario, un

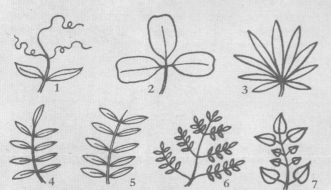

Simetría de la flor: 1 — *flor regular, actinomorfa*,
2 — *flor irregular, zigomorfa*

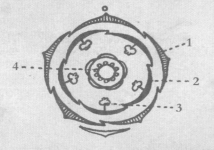

Hojas compuestas: 1 — *hoja con un par de folíolos
y zarcillos divididos*, 2 — *trifoliada*, 3 — *digitada*,
4 — *imparipinnada*, 5 — *paripinnada*, 6 — *bipinnada*,
7 — *pinnada con folíolos intercalados*

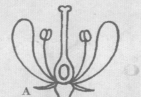

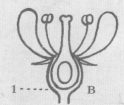

Posición del ovario: A — *ovario súpero*, B — *ovario ínfero con
receptáculo (1)*

Diagrama de la flor de la primavera (prímula):
1 — *sépalos (líneas a trazos)*
2 — *pétalos (en negro)*
3 — *estambres*
4 — *pistilo. Cuando el cáliz y la corola son indistinguibles, el
periantio aparece punteado.*

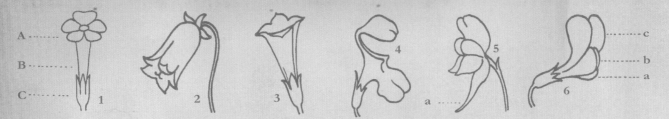

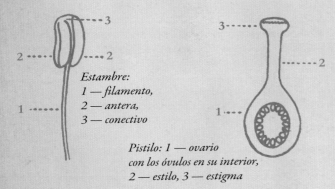

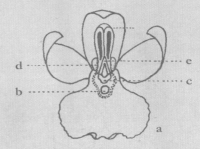

Formas de la corola: 1 — en forma de rueda, a — lóbulos de la corola, b — tubo, c — cáliz, 2 — campaniforme, 3 — infundibuliforme, 4 — labiada, 5 — corola bilabiada con espolón (a), 6 — corola de las leguminosas, a — quilla, b — alas, c — estandarte

Estambre:
1 — filamento,
2 — antera,
3 — conectivo

Pistilo: 1 — ovario con los óvulos en su interior, 2 — estilo, 3 — estigma

Esquema de la flor de las orquidáceas:
a — labio, b — base del espolón, c — estigma, d — restos de estambres atrofiados, e — pico del estilo, f — ginostemo

estilo y un estigma. El estigma, que puede ser verrugoso, viscoso, etc., sirve para retener los granos de polen. El estilo une el estigma al ovario. Según la situación del ovario en la flor, éste puede ser libre o súpero, semilibre y adherente o ínfero. En las orquidáceas, la concrescencia del estilo y los estambres forma el ginostemo.

En el capullo de las orquidáceas, se produce, antes de la abertura de la flor, un giro de 180° en el ovario que implica el movimiento de toda la flor. Por esa razón, el labelo, que se encontraba arriba, aparece en la parte baja de la flor. Después de la fecundación, el ovario regresa a su situación inicial, con lo que ocupa una situación favorable para la difusión de las semillas.

Las flores de las angiospermas pueden ser masculinas, femeninas o hermafroditas. La planta es monoica si las flores masculinas y femeninas están en la misma planta (avellano, maíz). Es dioica (ortiga) si los dos tipos de flores están en plantas diferentes de la misma especie.

Las flores hermafroditas tienen estambres y pistilo al mismo tiempo. Los granos de polen pueden llegar al estigma de diversas maneras. Si son llevados por el viento, se habla de plantas ane-

mófilas (gramíneas, ciperáceas); si son los insectos los que recogen el polen o el néctar, se trata de plantas entomófilas (la mayoría de las compuestas). Algunas plantas acuáticas son polinizadas por el agua (espiga de agua). La polinización puede ser realizada por los pájaros (sobre todo en el caso de las plantas tropicales, por los colibríes) o por los murciélagos. El aro palustre es polinizado por moluscos.

El polen que asegura la polinización proviene generalmente de una flor de la misma planta o de otra. La autopolinización es rara porque encuentra numerosos obstáculos. Por ejemplo, el pistilo está maduro mucho antes que los estambres (proteroginia) o, por el contrario, los sacos polínicos se abren antes de que madure el pistilo (proteroandria). Algunas gramíneas y el llantén son ejemplos del primer caso, la campánula lo es del segundo. La heterostilia, o diferencia de longitud en los estilos de flores de la misma especie, es también un obstáculo para la autopolinización (salicaria, primavera). Algunas plantas tienen unos pelos en el tubo de la corola que no dejan salir al insecto que ha entrado en ella; cuando los estambres se debilitan, lo hacen también los pelos, y el insecto

escapa llevando consigo el polen, que será depositado en otra flor (aristoloquia). No obstante, la autopolinización se produce en ciertas plantas (algunas umbelíferas y droseráceas). Ocurre a veces cuando el estigma no ha sido o no ha podido ser alcanzado por un polen exterior (violeta).

Las inflorescencias

Las flores pueden estar agrupadas en inflorescencias; éstas se dividen en dos grupos principales: indefinidas o racemosas y definidas o cimosas.

En las indefinidas, los pedicelos no suelen sobrepasar el pedúnculo principal. Las flores de la inflorescencia se abren de abajo arriba y, cuando están en un mismo plano, de fuera adentro. El tipo base es el racimo (muguete). Si la longitud de los pedicelos es tal que todas las flores se abren al mismo nivel, tenemos un corimbo (manzano, peral). Si, por el contrario, son sésiles y más cortos que el pedúnculo principal, se trata de una espiga (llantén, centinodia). Un amento es una espiga con el eje primario flexible y más o menos colgante (avellano, sauce). Un espádice es una espiga con el eje grueso y carnoso (aro palustre). Si es muy corto, se trata de una cabezuela o capítulo

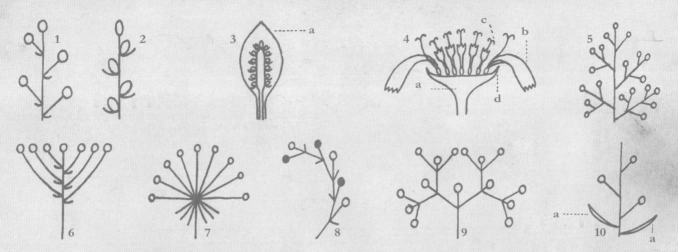

Tipos de inflorescencias: 1 — racimo, 2 — espiga, 3 — espádice y espata (a), 4 — capítulo, (a) receptáculo, (b) brácteas, (c) flores tubulosas, (d) flor ligulada, 5 — panícula, 6 — corimbo, 7 — umbela, 8 — cima escorpiónida, 9 — dicasio (cima bípara), 10 — espiguilla con tres flores de las gramíneas con glumas (a)

(trébol). Las brácteas forman bajo el receptáculo una envoltura que suele ser verde, y la inflorescencia parece una sola flor. La umbela está construida de tal forma que todos los pedicelos parten del mismo punto del eje primario y todas las flores que los rematan están prácticamente en el mismo plano (primavera). Las brácteas que protegen los pedicelos forman bajo la umbela una envoltura, a veces bastante grande, que se asemeja a una corola (radiada).

El eje primario de la inflorescencia definida remata en una flor, y su crecimiento es limitado; los pedicelos continúan alargándose hasta formar una cima. Las flores se abren de arriba abajo o, si están todas en el mismo plano, de dentro afuera. Si hay varias ramificaciones laterales, estamos ante una cima multípara (luzula). Si sólo hay una, la cima es unípara: en forma de abanico (lirio), de hoz (gladiolo), de hélice (corazoncillo) o de tirso (beleño).

La combinación de inflorescencias simples en ciertas especies de plantas da origen a las compuestas. La panícula es un racimo de racimos (lila); la espiga compuesta, una combinación de espigas (centeno, trigo); la umbela compuesta, un conjunto de umbélulas (comino, zanahoria). El involucro que hay en la base de la umbela es muy pequeño. Encontramos racimos de capítulos en el tusílago, una cima bípara compuesta en la miosota, un racimo de tirsos en el castaño de Indias y una

combinación de capítulos en la achicoria.

El fruto

Al mismo tiempo que los óvulos se convierten en semillas, el ovario se transforma en fruto. Cuando está maduro, el fruto se abre y libera las semillas (fruto dehiscente), o bien permanece cerrado y las semillas se diseminan con él (fruto indehiscente).

Entre los frutos dehiscentes, se encuentra el folículo, que procede de un carpelo y se abre por una sola hendidura que corresponde a la sutura de los bordes del carpelo (botón de oro). La vaina proviene igualmente de un solo carpelo, pero se abre por dos hendiduras (guisante). La silicua resulta de la sutura de dos carpelos (mostaza); cuando la silicua es muy corta, se llama silícula (carraspique). La cápsula procede de la sutura de dos o más carpelos, y tiene otros tantos compartimentos; se abre longitudinalmente siguiendo la línea de sutura de los carpelos o sus nervaduras medianas (lirio). Puede abrirse también por medio de dientes (primavera, silene), poros (amapola, campánula), una tapa (murajes) o hendiduras (acedera).

Los frutos indehiscentes pueden contener una o varias semillas, y ser secos o carnosos. La nuez es un fruto con una sola semilla rodeada por un pericarpio duro y leñoso. El aquenio es un fruto seco procedente de un solo carpelo y con una sola semilla (ficaria), o de

dos para una sola semilla (compuestas). Varios aquenios pueden formar un fruto compuesto (el diaquenio de las umbelíferas), y también existen los frutos divisibles de las malváceas y las geraniáceas. Las labiadas y las borragináceas tienen cuatro aquenios situados en el mismo plano. El rábano produce un fruto articulado, semejante a la vaina y a la silicua.

Entre los frutos carnosos indehiscentes, se encuentra la drupa, cuyo pericarpio se divide en tres capas –membranosa, carnosa y leñosa– que envuelven la semilla (cerezo). Otro tipo de fruto es la baya; su pericarpio es carnoso en todo su espesor y contiene las semillas o pepitas (grosella).

El pomo es un fruto intermedio cuya pulpa se divide en compartimentos cartilaginosos que envuelven las semillas (manzano).

Puesto que un conjunto de flores forma una inflorescencia, hay frutos

Frutos compuestos:
A — fresa, receptáculo carnoso con aquenios
B — mora, multidrupa

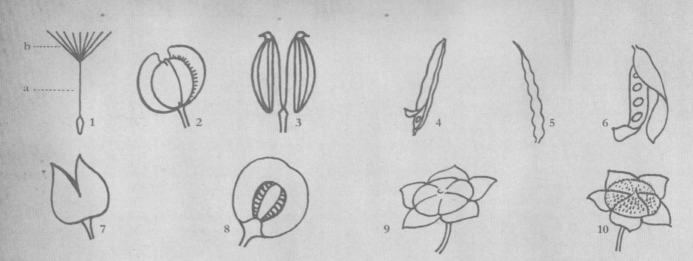

Tipos de frutos: 1 — aquenio (a — pico, b — vilano), 2 — aquenio alado, 3 — diaquenio, 4 — silicua, 5 — silicua articulada, 6 — vaina, 7 — cápsula, 8 — sección longitudinal de una vaina, 9 — esquizocarpo de las malváceas, 10 — tetraquenio (labiadas y boragináceas)

que nacen tras la maduración de una inflorescencia entera (infructescencias) o de una sola flor (fruto derivado, formado a partir de un conjunto de aquenios –fresa– o de un conjunto de drupas –frambuesa, mora–).

Las semillas se dispersan de distintas maneras. A veces tienen una serie de elementos gracias a los cuales, empujadas por el viento, pueden alejarse a una gran distancia de la planta madre. Este modo de diseminación está asegurado por el vilano de los aquenios en las compuestas o bien por los pelos de las cariópsides en el junco.

En el caso de las plantas acuáticas, las semillas o los frutos enteros son diseminados por las corrientes. Algunos frutos y semillas se enganchan a los pelos o las plumas de los animales; están provistos de todo tipo de espinas y ganchos. Un ejemplo típico de estas plantas es la bardana, cuyos capítulos son diseminados gracias a los ganchos de sus brácteas.

Las aves garantizan la diseminación de los frutos carnosos de semillas no digeribles. Algunas especies tienen apéndices carnosos o excrecencias en las semillas, con las que se alimentan pequeños animales. Las hormigas, por ejemplo, aseguran la dispersión de las semillas de la celidonia o la violeta.

Algunos frutos están constituidos de tal forma que las semillas maduras son proyectadas a gran distancia de la planta madre (balsamina, acedera, etc.).

EL MISTERIOSO «2n»

Para que una planta se desarrolle, es necesario que aumente el número de células y que éstas se multipliquen fragmentándose. Dado que las células están constituidas no sólo por una membrana y un citoplasma, sino también por orgánulos como los plastos (que contienen clorofila y las materias de reserva) y por el núcleo, es necesario que también éste se fragmente en el momento de la división celular. Su división precede a la celular y determina el nacimiento de una nueva célula, semejante a aquella de la que procede. El estrangulamiento del núcleo origina dos núcleos nuevos; la membrana y el contenido de la célula aumentan de tamaño, y de una sola célula se forman dos. Es la división nuclear directa o amitótica. Así es como nacen las células de los organismos vegetales, las hojas, los tallos, las raíces y las flores.

Las plantas se reproducen también sexualmente por la fusión del núcleo de la célula sexual del grano de polen con el núcleo del óvulo del saco germinativo. Si la materia de los dos núcleos –masculino y femenino– se fusionase totalmente, el resultado sería una célula con doble contenido nuclear. A ello se opone la reducción cromosómica, gracias a la cual cada núcleo de célula sexual da lugar a otro que sólo contiene la mitad de cada uno de ellos. ¿Cómo puede uno cerciorarse de esto? Con ayuda del microscopio, durante

la reducción cromosómica puede observarse en el núcleo la formación de cuerpos en forma de cinta, los cromosomas, que no son más que la mitad al término de la operación. De este modo, la célula sexual masculina, cuyo núcleo contiene la mitad de cromosomas, se fusiona con la femenina, cuyo número de cromosomas está también reducido a la mitad, lo que da lugar a un huevo que contiene el número completo de cromosomas. El número y la forma de los cromosomas varían mucho de unas especies a otras. El número suele ser constante en una especie dada; sin embargo, puede variar en el caso de las especies que presentan ciertas diversidades genéticas. Como veremos más adelante, suele variar precisamente en las especies que forman subespecies. Todo esto se corresponde con la diversidad de caracteres de las plantas. Los cromosomas llevan los caracteres hereditarios porque contienen los genes. Estos genes determinan los rasgos y las particularidades de las plantas. Por ello, es necesario conocer el número de cromosomas portadores de genes. Puesto que hay dos números de cromosomas –un número completo en el núcleo de las células somáticas y uno reducido hacia la mitad en las células sexuales–, hay que hacer una distinción entre ellos. El número completo se designa mediante el término 2n, donde la letra n indica el número de cromosomas contenidos en una célula sexual.

La lengua de serpiente (*Ophiglossum vulgatum*), pequeño helecho, es la planta europea con el mayor número de cromosomas en las células somáticas, 2n = 500; *Crepis capillaris* es la que tiene menos: 2n = 6.

EL HOMBRE Y LAS PLANTAS

En este libro se describe e ilustra un gran número de plantas silvestres. Éstas crecen de modo natural, sin intervención humana, y algunas embellecen lugares donde uno no esperaba encontrárselas, integrándose de tal modo en la naturaleza que a veces ni siquiera nos damos cuenta de su presencia.

Desde la noche de los tiempos, han coexistido con el género humano y siempre le han sido muy útiles al hombre. Las semillas farináceas, las raíces, los frutos azucarados, ciertas hojas u otras partes de las plantas que el hombre usaba como alimento o medicamento han asegurado su supervivencia. La siembra consciente de semillas supuso un inmenso progreso; fue el inicio del cultivo de plantas útiles. Ya sólo había que dar un paso (que duró generaciones enteras) para escoger y clasificar las semillas y así hacer una selección de las plantas cultivadas. Hoy en día, con el conocimiento de las leyes fundamentales de la genética, se ha llegado a producir sistemáticamente híbridos que reúnen las mejores características de su especie.

A finales del siglo XIX, el hombre sólo conocía unos centenares de especies útiles; actualmente se conocen varios miles de especies y variedades.

Los cereales son las plantas cultivadas de mayor importancia: trigo, cebada, centeno, avena, arroz y maíz. El centeno comenzó siendo una mala hierba en los pequeños campos de trigo de nuestros antepasados europeos, pero, debido a que soportaba mucho mejor que el trigo o la cebada las duras condiciones climatológicas de la Europa central, se convirtió en un cereal cultivado. Sin embargo, se ha extendido muy poco y, fuera de Europa central, el centeno no se cultiva más que para forraje. Con él se hace un delicioso pan moreno.

Las leguminosas constituyen otro grupo muy importante de plantas comestibles que contribuyen en gran medida a la alimentación en las regiones pobres. La soja, los guisantes, las alubias, las lentejas, etc., son algunas de las fuentes más baratas de prótidos vegetales. Además de su riqueza proteínica, la soja, por ejemplo, contiene también grasa, al igual que el olivo, el cacahuete, la colza, el girasol, etc.

Los glúcidos (azúcares) constituyen otro elemento importante de la alimentación vegetal: caña de azúcar en los trópicos, remolacha en la zona templada, y frutos y legumbres que aportan no sólo azúcares fáciles de digerir (glucosa y fructosa), sino también las indispensables vitaminas.

Hoy en día no se podría prescindir de ciertas plantas que no aportan elementos indispensables para la vida, pero que hacen más agradables nuestras comidas: el té (con cuyas hojas secas y fermentadas se prepara la bebida más extendida del mundo), el cafeto, el cacao y el tabaco.

No hay que olvidar las plantas textiles (lino, algodón y cáñamo), indispensables en aquella época en la que no se conocían las fibras sintéticas y que se siguen utilizando mucho en nuestros días.

El hombre necesita también las plantas para otros usos: madera para combustible o para la construcción, forraje (ya sea de praderas naturales o cultivado para la alimentación del ganado, que se seca y conserva para el invierno), etc. Las plantas silvestres también se utilizan. Por ejemplo, con las hojas del diente de león (*Taraxacum officinale*) se hace una magnífica ensalada, y con las semillas germinadas de ciertas crucíferas se prepara una «ensalada primaveral» rica en ácido ascórbico o vitamina C. También se comen en ensalada, como la lechuga, una variedad particular de achicoria (*Cichorium intybus*) y las hojas tiernas de la ortiga común.

Las plantas medicinales constituyen otro gran grupo de plantas útiles. Muchas contienen sustancias que desde siempre le han servido al hombre para curarse. La industria farmacéutica moderna emplea un gran número de plantas silvestres o cultivadas. Su recolección y su cultivo siguen siendo de gran importancia porque, aunque se hayan fabricado muchos productos por síntesis química, no se ha conseguido reproducir algunas de sus propiedades. Por ejemplo, las esencias de la camomila, ampliamente utilizadas, contienen terpenos muy activos que poseen propiedades antiinflamatorias y curativas. La adormidera y ciertas especies afines contienen alcaloides (morfina, codeína) sin los cuales la medicina moderna no podría aplicarse.

Otro grupo de sustancias importantes son los glucósidos, como, por ejemplo, la amigdalina, que se encuentra en las almendras amargas y se descompone fácilmente para producir ácido cianhídrico tóxico.

Muchas sustancias vegetales utilizadas por la medicina moderna resultan peligrosas para el organismo cuando se usan mal o en grandes cantidades. Algunas plantas han sido apartadas de su uso benéfico y han sido utilizadas como venenos, excitantes, etc.; como ejemplos podrían citarse la belladona, la uva de raposa o el tanaceto.

Algunas plantas cultivadas no son «útiles», sino simplemente «atractivas», y se las cultiva y selecciona sólo por su belleza, que es diferente de la de las plantas silvestres de bosques, praderas y sembrados. Adornan parques, jardines y rocallas. La riqueza de su floración, la perfección de sus formas y la magnificencia de sus colores conmueven el espíritu y el corazón. Los jardineros las cuidan con el mayor esmero. Por desgracia, el amor a las plantas conduce a veces al vandalismo, y son muchos los que, con el fin de enriquecer su jardín particular, saquean sin piedad la naturaleza, haciendo desaparecer magníficas especies.

Muchas especies europeas se encuentran amenazadas actualmente, no sólo por culpa de algunos aficionados irresponsables. Las intervenciones desconsideradas que destruyen el equilibrio natural hacen pesar sobre ellas una inmensa amenaza: el empleo de abonos químicos, la extracción de turba, la construcción de grandes fábricas, la contaminación de los ríos con desechos industriales, etc. Estos atentados destruyen no sólo plantas concretas, sino también biotopos enteros. No basta con establecer la lista de plantas amenazadas que necesitan protección. Hay que proteger con medidas drásticas los biotopos que aseguran la supervivencia de esas plantas amenazadas. La protección de la naturaleza es hoy en día una ciencia cuyo objeto consiste en asegurar la supervivencia de los vegetales para las generaciones futuras.

LAS ZONAS PROTEGIDAS EN EUROPA

El progreso de la civilización y la técnica y la extracción de las riquezas del subsuelo ocasionan perjuicios en la naturaleza que pueden llegar a la devastación. En la época actual, la degradación del medio natural produce en el entorno humano modificaciones desfavorables que hacen indispensable la colaboración internacional para la solución de estos problemas. El movimiento de protección de la naturaleza ha intentado, a lo largo de los dos últimos siglos, proteger ciertas regiones, ciertas plantas o animales en vías de extinción, ciertos fenómenos importantes de la evolución natural. Con el paso del tiempo, ha ido surgiendo en todos los continentes una red de territorios protegidos, entre los que se encuentran los parques nacionales y los parques, las reservas y las regiones naturales. Se trata de salvaguardar, en toda su diversidad, los espacios naturales, las sociedades animales y vegetales que viven en ellos y la configuración de la corteza terrestre. Estos espacios naturales desempeñan un papel muy importante: conservan las características de su relieve, protegen la riqueza animal y vegetal, ayudan a renovar la naturaleza, a conocerla y a comprender su vida y pueden incluso servir para proteger la salud de la humanidad.

En Europa, a lo largo de los siglos XIX y XX, muchos territorios fueron declarados zonas protegidas, y su número no ha dejado de crecer en el presente siglo. Este libro no pretende dar una lista exhaustiva, sino que se limitará a citar las más importantes.

España cuenta con 14 parques nacionales (cuatro de ellos en las islas Canarias), así como numerosas reservas y parques naturales. El de la Sierra de Guadarrama podría añadirse pronto a esta lista. Los parques nacionales peninsulares son: el de Picos de Europa, en Asturias, Cantabria y León (64.660 ha); el de Ordesa y Monte Perdido, en Huesca (15.608 ha); el de Aigüestortes y lago San Mauricio, en Lérida (14.119 ha); el de las Tablas de Daimiel, en Ciudad Real (1.928 ha); el de Doñana, en Andalucía (392.958 ha); el de Cabañeros, entre las provincias de Ciudad Real y Toledo (40.829 ha); el de Sierra Nevada, en Granada y Almería (86.210 ha); el de las Islas Atlánticas de Galicia, en las islas gallegas de Cíes, Ons, Sálvora y Cortegada (8.480 ha); y por último el de Monfragüe, en Cáceres (17.852 ha).

Los parques nacionales insulares son el de Timanfaya, en Lanzarote; el de Garajonay, en La Gomera; el del Teide, en Tenerife; el de la Caldera de Taburiente, en La Palma; y el del Archipiélago de Cabrera, en Baleares.

Bélgica posee un gran número de reservas naturales especializadas en la protección del litoral marino, las turberas, los pantanos y las áreas de nidificación de las aves.

Holanda posee reservas naturales y parques nacionales, entre los que destacan Hoge Veluwe (5.400 ha) y Veluwezoom (4.800 ha), en el centro del país; Kannemerduinen (1.250 ha), cerca de la ciudad de Haarlem, y Weiden (5.587 ha), en el norte del país.

Alemania cuenta con un gran número de zonas protegidas. Este país posee 14 parques nacionales: Eifel, Kellerwald-Edersee, Schleswig-Holsteinisches Wattenmeer, Hamburgisches Wattenmeer, Niedersächsisches Wattenmeer, Jasmund, Vorpommersche Boddenlandschaft, Müritz, Unteres Odertal, Harz, Hainich, Sächsische Schweiz, Bayerischer Wald y Berchtesgaden. Unas mil reservas naturales se extienden sobre una superficie de unas 300.000 ha: entre ellas, Lünenburgerheide, en las cercanías de Hamburgo y Ammergebirge, Königsee, Chiemgauer Alpen y Karwendelgebirge en Baviera. Aparte de estos vastos territorios, existen unas 600 reservas locales de carácter eminentemente turístico.

En las islas británicas hay más de cien zonas protegidas, 22 de las cuales son reservas naturales. Las más grandes están en Escocia, por ejemplo Cairngorms, Inverpolly y la isla de Rhun. Hay también espacios protegidos con carácter turístico a los que se da el nombre de parques nacionales, como el de Snowdonia, en Gales, o Phoenix, en Irlanda.

Islandia cuenta con seis parques: el antiguo parque de Thingvellir, en el suroeste de la isla; el de Skaftafell, al borde del macizo glaciar de Vatnajökull; el de Hornstrandir; el de Jökulsárgljúfur; el de Snæfellsjökull o del glaciar Snæfell, y el de Vatnajökull.

En los países escandinavos, la protección de la naturaleza tiene una larga tradición. Suecia fue el primer país europeo que estableció un parque nacional. Posee, además, un gran número de reservas naturales. Entre los parques nacionales cabe citar: Padjelanta, Sarek, Stora Sjöfallet y Muddus. En Noruega cabe mencionar, al sur del país, el de Rondane y, al norte, el de Börgefjell, que tiene unas 100.000 hectáreas y fue creado por decreto real en 1863.

Dinamarca posee varias reservas naturales, situadas principalmente en las zonas de pantanos y turberas.

Finlandia tiene una importante red de zonas protegidas, sobre todo en Laponia. Entre los parques nacionales se encuentran el de Pallas-Ounastunturi y el Lemmenjoki.

Rusia posee un gran número de reservas protegidas. Sus parques nacionales son sucesores de los *sapoviédniki*, que correspondían más o menos a la categoría de reservas naturales. La mayoría estaban reservados a investigaciones científicas. Actualmente el país cuenta con 35 parques nacionales con una superficie total de unos 7 millones de hectáreas, la mayoría en la parte europea (hasta los Urales), mientras que Siberia cuenta sólo con seis.

Polonia posee una densa red de zonas protegidas. Cabe mencionar el Parque Nacional de Białowieża (Bosque de Białowieża), que comparte con Bielorrusia. La reserva tiene 10.502 hectáreas y fue declarada Reserva de la Biosfera por la Unesco.

Alemania cuenta con un gran número de reservas naturales, algunas con más de 1.000 ha. La mayor parte de los 14 parques nacionales alemanes están situados al norte del país. Todos ellos ofrecen una naturaleza y unos paisajes únicos y tienen la función de velar por la conservación de la biodiversidad natural de la fauna y flora autóctonas. El de mayor extensión es el Parque Nacional de las Marismas de Schleswig-Holstein, con 441.000 ha; el más pequeño, el Parque Nacional de Jasmund, tiene 3.003 ha de superficie. .

República Checa posee la más antigua reserva natural de bosque virgen, establecida entre 1838 y 1858. Entre los parques nacionales destaca el de Šumava, en las regiones de Bohemia Meridional, y Plzeň, a lo largo de la frontera con Alemania y Austria.

En Austria se han creado más de 300 reservas naturales. Destacan los siguientes parques nacionales y naturales: el Parque Nacional Neusiedler See–Seewinkel, el Parque Nacional Nockberge, el Parque Nacional de los Humedales del Danubio Donauauen (cerca de Viena), el Parque Nacional del valle del Thaya, el Parque Natural Ötscher-Tormäuer, el Parque Nacional de los Alpes Calcáreos, el Parque Nacional Gesäuse, el Parque Natural Eisenwurzen de Estiria (en el norte de los Alpes Calcáreos), el Parque Natural Riedingtal y el Parque Natural del valle Lech en Tirol.

En Suiza el más grande es el Parc Ela, en el Cantón de los Grisones, inaugurado en junio de 2006, que abarca una superficie de 600 km².

Rumanía cuenta con más de 150 reservas naturales. El Parque Nacional de Retezat, en los montes del mismo nombre, en los Cárpatos, fue creado en 1935; se eleva hasta una altitud de 2.484 m y ocupa una superficie de 380,47 km².

En Hungría hay diez parques nacionales: Hortobágy (en las zonas húmedas de la puszta), Kiskunság, Bükk, Aggtelek, Fertö-Hanság, Danube-Dráva, Körös-Maros, Alto Balaton, Ipoly y Örség.

Bulgaria cuenta con el Parque Nacional Central de los Balcanes, el Parque Nacional Rila y el Parque Nacional del Pirin.

En Serbia destaca el Parque Nacional de Šara, con una superficie de 39.000 ha.

En Croacia, entre nueve parques naturales de importancia, destaca el Parque Natural de Plitvice.

El parque nacional del Triglav es el único parque nacional de Eslovenia. Recibe su nombre por el monte Triglav, un símbolo nacional del país.

Albania cuenta con el Parque Nacional del Abeto de Hotova, el de Butrinto, el de Divjakä (asegura la protección de las dunas y los pinares), el de Drenova, el de Llogara, el del paso Shtam, el de Shebenik-Jabllanica, el de Thethi y del valle Valbona y el de Zali Gjocaj..

En Grecia destacan: el Parque Nacional de los Lagos Prespes, el de Sunión, el de Samaria, el de Vikos-Aoos, el de Pindos, el de Parnitha, el del Monte Parnaso, el del Monte Eta y el del Monte Olimpo.

Francia posee nueve parques nacionales y un gran número de reservas naturales. Los parques nacionales, algunos en territorio insular, son: Vanoise, Port-Cros, Pyrénées, Cévennes, Ecrins, Mercantour, Guadeloupe, La Réunion (2007) y Guyane.

Italia tiene el 10% de su territorio bajo leyes de protección ambiental. En total cuenta con 24 parques nacionales, 99 parques regionales, además de otras reservas y áreas protegidas. Los parques nacionales de Italia son: Abruzzo-Lazio-Molise (el más antiguo de Italia), Alta Murgia, Appenino Tosco-Emiliano, Arcipelago di La Maddalena, Arcipelago Toscano, Asinara, Aspromonte, Circeo, Cilento e Vallo di Diano, Dolomiti Bellunesi, Cinque Terre, Foreste Casentinesi-Monte Falterona-Campigna, Gargano, Gennargentu, Gran Paradiso, Gran Sasso e Monti della Laga, Majella, Monti Sibillini, Pollino, Sila (Calabria), Stelvio, Val Grande, Vesuvio, Val d'Agri y Lagonegrese.

En Portugal merecen citarse el Parque Natural de la Sierra de la Estrella, el de Bussaco y el de Peneda-Gerês.

VOCABULARIO BÁSICO

Adventicia (raíz): Una raíz adventicia es la que nace en el tallo o en una hoja, en lugar de hacerlo en el sitio habitual.

Ala: Pétalo lateral de una corola existente en los miembros de la familia de las leguminosas.

Alternas: Hojas alternas son las que se insertan aisladamente en posiciones opuestas del tallo a diferentes niveles.

Antera: Parte superior del estambre en la que se forma el polen.

Aquenio: Fruto seco indehiscente, con una semilla y desarrollado a partir de uno o más carpelos.

Astada: Las hojas astadas tienen un limbo en forma de moharra, terminado en dos lóbulos puntiagudos.

Axila: Parte interior del ángulo formado por el tallo y la hoja o el tallo y la bráctea.

Base: Parte inferior de un órgano.

Baya: Fruto carnoso o jugoso con una o más semillas.

Bisexual: Un flor bisexual es la que tiene estambres y pistilo.

Bráctea: Hoja modificada, a partir de la cual se origina la flor o la inflorescencia.

Bulbo: Tallo subterráneo carnoso, provisto de sustancias de reserva.

Cabezuela: Inflorescencia racemosa simple, con flores sésiles o casi sésiles sobre el ápice dilatado del eje principal, llamado receptáculo. Recibe también el nombre de capítulo.

Cáliz: Verticilo más externo de la flor, generalmente de color verde.

Caña: Tallo de las plantas gramíneas, por lo común hueco y nudoso.

Cápsula: Fruto seco dehiscente procedente de varios carpelos, con uno o varios lóculos.

Cariópside: Fruto seco con una sola cavidad que contiene una semilla cuyo tegumento está soldado al pericarpio.

Carpelo: Estructura que encierra el óvulo de la flor y que forma el pistilo o parte de él.

Ciliado: Rodeado o provisto de pelos.

Cima: Inflorescencia definida con un eje principal terminado en una flor y ramificaciones laterales con sus flores respectivas.

Conectivo: Tejido que une entre sí las dos cavidades (tecas) de la antera.

Compuesta: Una inflorescencia compuesta es la que está formada por varias simples.

Corimbo: Inflorescencia cuyos pedúnculos no parten del mismo punto del eje, pero cuyas flores están más o menos al mismo nivel.

Corola: Segundo verticilo de las flores completas, situado entre el cáliz y los órganos sexuales, y que presenta, por lo general, bellos colores.

Cotiledón: Hojilla o cada una de las dos hojillas (según la planta sea mono o dicotiledónea) que aparecen al germinar una semilla, gruesas, por contener la reserva nutritiva que alimenta al principio a la planta.

Cromosoma: El número de cromosomas es el número de estructuras de cromatina de los núcleos celulares; cada especie tiene un número característico y constante. Se reduce a la mitad en las células sexuales y se indica por n:...

Dentada: Con los bordes del limbo provistos de dientes poco agudos.

Dialipétala: Una corola dialipétala es la que está formada por varios pétalos libres.

Dioicas: Se aplica a las plantas que tienen las flores de cada sexo en pies separados y a sus flores.

Diaquenio: Conjunto de dos aquenios procedente de un ovario ínfero bicarpelar.

Envainante: Una hoja envainante es aquella cuya base o pecíolo abrazan enteramente el tallo.

Entera: Una hoja entera es la que tiene los bordes lisos.

Envolturas: Las envolturas florales son los órganos externos de la flor, compuestos por piezas de forma y color semejantes (perianto) o diferenciadas en cáliz y corola.

Escama: En general, hoja atrofiada, no verde, sujeta al tallo por una base grande.

Espádice: Espiga de flores sésiles sobre un eje grueso y carnoso.

Espata: Bráctea que envuelve o sostiene una flor o inflorescencia.

Espiga: Inflorescencia en racimo simple con flores sésiles.

Espiguilla: Espiga pequeña. La espiguilla de las gramíneas se compone generalmente de dos glumas y una o

más flores, cada una de las cuales está situada entre una glumela superior y otra inferior, llamadas pálea y lema.

Espolón: Punta hueca, estrecha, cónica o cilíndrica del cáliz o la corola.

Estéril: No fértil. Una flor estéril no tiene pistilo ni estambres desarrollados; una espiguilla estéril es la que no tiene flores.

Estigma: Parte superior, de aspecto viscoso, del pistilo a la que se adhieren los granos de polen en la polinización.

Estilo: Filamento hueco que une el estigma y el ovario de las flores.

Estípula: Apéndice semejante a una hoja o una escama situada en la base de un pecíolo.

Filamento: Rabillo de la antera, con la cual forma el estambre.

Flor: Conjunto de hojas modificadas adaptado a la reproducción sexual.

Folíolo: División de una hoja compuesta.

Fruto: Órgano que contiene las semillas y nace, tras la fecundación de los óvulos, por la transformación del ovario u otras partes de la flor.

Gamopétala: Una corola gamopétala resulta de la sutura de los pétalos; se diferencian un tubo y un margen, en ocasiones muy recortado.

Glándulas: Células que segregan un líquido viscoso o perfumado y, a veces, jugos digestivos para descomponer los tejidos de los insectos que capturan.

Glumas: Brácteas de las gramíneas, en cuya axila se desarrolla la espiguilla.

Glumelas (superior e inferior): Dos pequeñas brácteas que rodean la flor de las gramíneas. La inferior y externa se llama lema, y la interna pálea.

Hermafrodita: *Véase* bisexual.

Hojas: Órganos laterales dispuestos regularmente sobre el tallo y que suelen estar formados por un pecíolo, un limbo y, en ocasiones, una vaina.

Indefinido: Una inflorescencia indefinida es aquella cuyo eje primario no remata en una flor y, por lo tanto, tiene crecimiento teóricamente ilimitado.

Ínfero: Dícese del ovario que se hace concrescente con el eje floral (que toma forma acopada) y queda por debajo del resto de la flor, a la que se denomina entonces epígina.

Inflorescencia: Conjunto de flores sobre un tallo común, dispuestas en un orden determinado; se origina normalmente en la axila de una bráctea.

Involucro: Conjunto de brácteas que rodean los pedúnculos de las inflorescencias, así como las umbelas y, en forma de cáliz, las cabezuelas de las compuestas.

Labio: El lóbulo inferior (y a veces también el superior) de la corola (o a veces del cáliz) de una flor irregular.

Lanceolada: Una hoja lanceolada es larga y estrecha, ligeramente más ancha en la base, que se va estrechando de modo gradual hacia su ápice.

Limbo: Parte ensanchada y laminar de las hojas de las plantas.

Lóbulo: Cada onda del borde ondulado o hendido de una hoja.

Monoica: Una planta monoica es aquella que presenta flores masculinas y femeninas en el mismo pie.

Nectario: Glándula que segrega un líquido azucarado (néctar) que recolectan los insectos; se encuentra dentro de la flor, pero a veces también en la base de un pétalo.

Nervadura: Conjunto de nervios o líneas salientes, compuestas de fibras y vasos, que se ven en la superficie de una planta, especialmente sobre las hojas.

Nudo: En los tallos de las plantas, cada uno de los puntos de donde otros tallos u hojas brotan y lo dividen en segmentos.

Opuestas: Las hojas opuestas están colocadas una enfrente de otra, a la misma altura, sobre el tallo.

Ovada: Hoja ovada es la que presenta un contorno más o menos en forma de huevo y es unas dos veces más larga que ancha.

Ovario: Parte inferior del pistilo en la que se encuentran los óvulos.

Óvulo: Pequeña estructura unicelular contenida dentro del ovario. Tras la fecundación, produce la semilla.

Palmeada: Una hoja palmeada está dividida en segmentos semejantes a dedos y que se juntan en un centro común; los segmentos (folíolos) son sésiles o tienen pecíolos cortos.

Panícula: Es un racimo de racimos. Las ramificaciones inferiores, más largas que las superiores, dan a la inflorescencia una forma piramidal.

Parásito: Las plantas parásitas carecen de clorofila y se alimentan a expensas de sus huéspedes.

Paripinnada: Una hoja paripinnada es una hoja compuesta pinnada que no remata en un folíolo impar.

Pecíolo: Rabillo por el que una hoja se une al tallo.

Pedúnculo: Rabillo de una inflorescencia o de una flor en una inflorescencia simple.

Pelo: Prolongación de la epidermis, simple o ramificada, formada por una o varias células.

Periantio: Término que designa a los lóbulos o segmentos del cáliz o la corola, especialmente cuando el cáliz y la corola son indistinguibles en cuanto a forma y color, o cuando sólo existe un verticilo de segmentos.

Pericarpio: Pared del fruto. Resulta de la transformación de la pared del ovario. Pueden distinguirse tres capas: epicarpio (externa), mesocarpio (media) y endocarpio (interna).

Perenne: Dícese de la planta siempre verde cuyas hojas viven varios años.

Pinnada: Una hoja pinnada es una compuesta cuyos folíolos, dispuestos a cada lado del eje, recuerdan las barbas de una pluma.

Pistilo: Órgano femenino de las angiospermas formado por uno o más carpelos. Consta de ovario, estigma y estilo, pudiendo faltar éste.

Pixidio: Cápsula que se abre transversalmente como una cajita (beleño).

Polen: Polvillo fecundante contenido en la antera de los estambres.

Polinio: Masa pegajosa de granos de polen que es transportada a otras flores por los insectos.

Raíz: Órgano generalmente subterráneo de la planta que la sujeta al suelo y sirve para absorber el agua y las sustancias disueltas.

Receptáculo: Ápice del pedúnculo, más o menos ensanchado y en ocasiones carnoso.

Reniforme: Hoja que tiene forma de riñón, con el limbo más ancho que largo, muy redondeada por delante y partida por la base.

Rizoma: Tallo subterráneo de ciertas plantas vivaces.

Roseta: Hojas desplegadas regularmente en la base del tallo.

Saxátil: Que crece sobre las rocas.

Semilla: Órgano reproductivo de las fanerógamas originado por la fecundación de un óvulo.

Silicua: Fruto seco dehiscente con dos cavidades procedentes de dos carpelos. Contiene varias semillas separadas por una pared membranosa; es por lo menos cuatro veces más larga que ancha.

Silícula: Silicua pequeña, casi tan ancha como larga.

Simple: Una hoja simple es una hoja entera o dividida, pero nunca compuesta de folíolos.

Tallo: Órgano de las plantas que crece desde la raíz, generalmente hacia lo alto, y sostiene las ramas, las hojas, las flores y los frutos.

Taxón: Unidad de clasificación (familia, género, especie, etc.).

Teca: Cada una de las dos mitades de una antera.

Tépalo: Pieza del periantio de la flor cuando son todas iguales o muy semejantes y es difícil distinguir las del cáliz y las de la corola.

Tijereta: Zarcillo de la vid.

Trilobulada: Flor dividida en tres lóbulos.

Tabo: Parte inferior cilíndrica de ciertos cálices gamosépalos y ciertas corolas gamopétalas.

Umbela: Grupo de flores o frutos que nacen del mismo punto del tallo y tienen los pedicelos de la misma longitud, de modo que la forma general exterior es semejante a una sombrilla.

Umbélula: Umbela pequeña que forma parte de una umbela compuesta.

Unisexual: Una flor unisexual es la que no contiene más que estambres o pistilo.

Urticante: Un pelo urticante tiene una punta frágil cuyo contenido causa una sensación de escozor.

Vaina: Base alargada de una hoja, que envuelve el tallo.

Valva: Parte lateral de un fruto dehiscente, que se abre al madurar.

Verticilo: Conjunto de tres o más hojas, ramas o flores dispuestas a la misma altura alrededor del tallo.

Yema: Parte del embrión de una planta que contiene las hojas y el tallo en estado rudimentario.

Zarcillos: Especie de raíces adventicias, gracias a las cuales algunos vegetales se sujetan a un soporte.

PREPARACIÓN PARA CADA FÓRMULA:

Una cucharadita (de las de café) de cada planta por litro de agua hirviendo.

Poner el agua a hervir y añadir las distintas clases de plantas.
Dejar hervir 1 minuto aproximadamente y reposar 15 minutos.
Se pueden tomar a lo largo del día, calientes o frías.

La frecuencia de consumo de las tisanas dependerá de cada planta en especial y de la dolencia que se desee tratar. Así, por ejemplo, se sugiere consumir las plantas laxantes por la noche antes de ir a dormir o en ayunas antes del desayuno; en cambio, las plantas digestivas es preferible tomarlas después de las comidas principales.

Precaución: consulte siempre a su médico antes de consumir estas tisanas de forma continuada, dado que algunas de estas plantas pueden tener efectos secundarios adversos en dosis elevadas.

Texto a cargo de Begoña Fernández, quiropráctico, naturópata y dietista

Infusiones
y tisanas
de plantas silvestres

Trastornos del aparato digestivo

Estreñimiento por atonía digestiva, insuficiencia biliar e hígado perezoso

Fórmula:
Achicoria amarga + boldo + hinojo + malva + corteza de frángula + sen + ruibarbo.
Mezcla de plantas que activan la función hepatobiliar.
Acción sobre el peristaltismo intestinal.

Estreñimiento con componentes espasmódicos

Fórmula:
Anís + manzanilla + espliego + tila + corteza de frángula + malva + sen.
Mezcla con acción antiespasmódica (estreñimiento), tonificante y laxante, pues aumenta el peristaltismo intestinal.

Antidiarreico

Fórmula:
Ajedrea + arándano + ortiga + malvavisco.
Mezcla con acción astringente y antiséptica.

Malva

Manzanilla

Gastroenteritis

Fórmula:
Agrimonia + malva + manzanilla + milenrama + ajedrea + hinojo + semillas de lino
Mezcla con acción antiinflamatoria, desinfectante, antiespasmódica, carminativa, protectora de la mucosa gastrointestinal.

Aerofagia, dispepsia, flatulencia

Fórmula – 1:
Anís + hinojo + menta + orégano
Mezcla con acción eupéptica, carminativa, estimulante de la función estomacal.

Fórmula especial para niños

Fórmula – 2:
Hinojo + manzanilla.
Mezcla con acción eupéptica y sedante.

Fórmula – 3:
Agracejo + achicoria + hinojo + lúpulo + romero.
Mezcla con acción tónica de la función digestiva y hepática, pues estimula los jugos gástricos. El lúpulo se emplea en casos de dispepsia unida a hiperexcitabilidad de los nervios.

Agrimonia

Menta

Gastritis

Fórmula:
Manzanilla + regaliz + malvavisco + semillas de hinojo + caléndula + semillas de lino.
Mezcla con acción protectora de la mucosa del estómago (mucílagos), antiespasmódica y antiinflamatoria.

Si hay componente nervioso, agregar melisa a la mezcla anterior.

Angélica

Espasmos gastrointestinales

Fórmula:
Anís + celidonia + menta + lavanda + angélica + lúpulo.
Con acción fundamentalmente antiespasmódica.

Úlcera gastroduodenal

Fórmula:
Regaliz + manzanilla + consuelda mayor* + bolsa
de pastor + cola de Caballo + melisa + tila.
Con acción protectora de la mucosa, antihemorrágica,
favorece la cicatrización (consuelda), antiespasmódica
y antiinflamatoria.

🖐 La administración oral de preparados de consuelda debe
dosificarse con prudencia. Los tratamientos deben ser cortos
e intermitentes.

Aftas bucales

Fórmula:
Salvia + manzanilla.
Enjuagues locales, por su acción
antiséptica, antiinflamatoria y sedante.

Cardo mariano

Insuficiencia hepática

Fórmula:
Hojas de alcachofa + cardo mariano + boldo + diente de
león + menta + anís + romero.
Mezcla que activa las funciones hepática y biliar.

Litiasis biliar (cálculos biliares)

Fórmula – 1:
Celidonia + grama (a partes iguales).
Por su acción estimulante de la función biliar,
colagoga (celidonia), y antiinflamatoria y
suavizante de las mucosas biliares (grama).

Fórmula – 2:
Boldo + menta + agracejo.

*Bolsa de
pastor*

Vómitos

Fórmula – 1:
Valeriana + trébol de agua + salvia + menta + romero.
Mezcla con acción sedante, antiespasmódica y hepática.

Fórmula – 2:
Anís + menta.
Mezcla que actúa sobre las contracciones dolorosas
del estómago (anís) y es antiespasmódica.

*Trébol
de agua*

Sistema broncopulmonar

Anginas – Laringitis

Fórmula – 1:
Salvia + tomillo + unas gotas de limón, en uso externo (gargarismos).
Por su acción antiséptica, antiinflamatoria.

Fórmula – 2:
Salvia + malva + saúco + agrimonia.
Por su acción antiséptica, antiinflamatoria, astringente y suavizante. En uso interno.

Orégano

Bronquitis

Fórmula – 1:
Eucalipto + gordolobo + regaliz + lavanda + pulmonaria.
Mezcla con acción antiséptica, béquica, emoliente, antiespasmódica y expectorante.

Fórmula – 2:
Tomillo + hiedra terrestre + malva + mejorana + violeta.
Por sus propiedades antisépticas, béquicas, expectorantes y emolientes.

Asma

Fórmula – 1:
Anís + lavanda + amapola + tomillo + drosera + malva + romero + lirio.
Mezcla con acción antiespasmódica y expectorante.

Mejorana

Fórmula – 2:
Asma con gran componente nervioso
Tomillo + malva + melisa + tila + espliego + pasiflora (pasionaria) + pulsatilla + viburno.
Acción sedante, antiespasmódica y favorecedora de la expulsión de mucosidad.

Resfriados

Fórmula:
Menta + tomillo + eucalipto + saúco.
Mezcla que no sólo tiene una acción curativa sobre los resfriados, sino que también es preventiva, si se toman, nada más empezar el otoño, dos infusiones al día. A esta fórmula se le puede añadir escaramujo por su alto aporte de vitamina C.

Gordolobo

Antitusígeno

Fórmula
Flores de malva + tusílago + regaliz + amapola.
Por su acción antitusígena, sedante y suavizante
de las mucosas.

Sistema Cardiocirculatorio

Arterioesclerosis

Fórmula:
Bolsa de pastor + muérdago* + cola de caballo + tilo
+ olivo.
Mezcla que tiene acción sobre la eliminación de cuerpos
grasos; actúa como hipotensora (con la arteriosclerosis
suele haber tendencia a la hipertensión) y favorece la
fluidificación sanguínea.

Contra las dolencias del corazón

Descompensación rítmica, fatiga, debilidad, hinchazón de
extremidades.

Fórmula:
Espino albar + salvia + muérdago* + adonis* + melisa + abedul.
Mezcla con acción sedante cardiaca, tónica, reguladora del ritmo
cardiaco, mejoradora del riego cardiaco y ligeramente diurética.

Hiedra terrestre

Violeta

Activadoras de la función venosa (Varices)

Fórmula:
Bolsa de pastor + ciprés + hamamelis + consuelda mayor* + meliloto.
Mezcla con acción astringente, que actúa sobre la permeabilidad capilar;
antihemorrágica.

Antihipertensivas

Fórmula:
Espino albar + milenrama + fucus vejigoso + muérdago*
+ hojas de olivo.
Mezcla de plantas con acción hipotensora. Si hay componente nervioso,
añadir tila o melisa a la mezcla anterior.

✋ La administración oral de preparados de consuelda mayor, muérdago y
adonis debe dosificarse con prudencia. Los tratamientos deben ser cortos e
intermitentes.

*Muérdago
del pino*

Anticolesterol

Fórmula:
Corteza de tilo + muérdago* + fucus.
Mezcla de plantas que actúa sobre la eliminación de sustancias grasas (lípidos) y favorece la fluidificación sanguínea.

Activa metabolismos (fucus). A esta fórmula se puede añadir alcachofa, por su efecto hipocolesterolemiante.

✋ La administración oral de preparados de muérdago debe dosificarse con prudencia. Los tratamientos deben ser cortos e intermitentes.

Hipertensoras

Fórmula:
Espino blanco + salvia + menta + ginseng.
Mezcla de plantas con acción tónica circulatoria y tónica cardiaca.

Ortiga

Alteraciones osteoarticulares

Contra la artritis, ciática, lumbago.

Fórmula – 1:
Trébol de agua + grama + ortiga + fresno + abedul.
Mezcla de acción diurética, depurativa y eliminadora de ácido úrico.

Fórmula – 2:
Reina de los prados, ortiga, milenrama, enebro, estigmas de maíz.

Espliego

Antigotosa

Fórmula:
Fresno + grosella negra + ulmaria.
Por su acción general es depurativa, diurética, sudorífica y favorecedora de la eliminación de ácido úrico, uratos y purinas.

Artrosis

Fórmula:
Harpagofito + cola de caballo + camomila + espliego + salvia + romero.
Esta mezcla contendrá una gran proporción de harpagofito, por su acción antiinflamatoria y analgésica; por otra parte, el preparado tiene acción remineralizante y sedante.

Grama

Reumatismo

Fórmula:
Borraja + sauce + zarzaparrilla + abedul + fresno.
Por su acción depurativa y diurética.

Hidropesía (retención de líquidos)

Fórmula:
Cola de caballo + gatuña + ortiga + saúco + enebro + brezo
+ corteza de tilo.
Estimula la eliminación de líquidos en el organismo.

Milenrama

Jaquecas

Fórmula:
Hojas de naranjo + tila + amapola + manzanilla
+ verbena + melisa + mejorana.
Mezcla con acción antiespasmódica y sedante.

Trastornos femeninos

Alteraciones menstruales (dismenorrea, amenorrea)

Fórmula:
Artemisa + menta + lúpulo + salvia.
Mezcla con acción antiespasmódica, sedante, equilibrante
hormonal y tonificante sobre la menstruación.

Borraja

Hemostáticos locales (hemorragias)

Fórmula:
Bolsa de pastor + ajenjo + cola de caballo.
Hacer baños locales.

Trastornos menopáusicos
(con componentes neurovegetativos)

Fórmula:
Valeriana + muérdago* + lúpulo + salvia.
Mezcla con acción sedante, antiespasmódica y tonificante.

✋ La administración oral de preparados de muérdago debe
dosificarse con prudencia. Los tratamientos deben ser
cortos e intermitentes.

Amapola

Sistema nervioso

Con acción sedante, que no deprime

Fórmula:
Albahaca + espino blanco + tila + mejorana
+ valeriana.

Con acción tonificante

Fórmula:
Lúpulo + melisa + espliego + salvia.

Contra el nerviosismo y el estrés

Fórmula:
Azahar + menta + tila + salvia + pasiflora
(pasionaria).

Contra el insomnio

Fórmula:
Valeriana + tila + pasiflora.

Salvia

Ajenjo

Tilo

Contra la obesidad y la celulitis

Fórmula – 1:
Saúco + retama + diente de león + trébol de agua + fucus
vejigoso*.
Mezcla que estimula el metabolismo, con acción diurética.

☞ Por su alto contenido en yodo, el
fucus no debe administrarse a pacientes
con hipertiroidismo. Precaución
también en personas hipertensas.

Fórmula – 2.
Hojas de abedul + hojas de sen + fucus vejigoso*.
Mezcla con acción diurética, laxante y estimulante
del metabolismo.

Antidiabéticas

Fórmula:
Vainas de judías + hojas de nogal + centaura
+ arándano + olivo.
Mezcla de plantas que ayuda a la reducción del
azúcar en sangre, junto con otras medidas
terapéuticas.

Tisanas purificadoras de la sangre (impurezas de la piel, eccemas)

Fórmula:
Zarzaparrilla + fumaria.
Por su acción depurativa y desintoxicante.

Alteraciones renales

Cistitis

Fórmula:
Corteza de tilo + tomillo + cola de caballo + arenaria + enebro + brezo.
Con acción diurética y antiséptica.

Diente de león

Uremias, albuminurias

Fórmula:
Cola de caballo + estigmas de maíz + fumaria + enebro + fresno + abedul.
Con acción diurética, sudorífica.

Litiasis renal (cálculos renales)

Fórmula:
Cerezo (se utilizan los rabillos de las cerezas) + cola de caballo + enebro + gatuna + gayuba + zarzaparrilla.
Con acción estimulante de la diuresis, antiinflamatoria y antiinfecciosa.

Arándano

Hipertrofia de próstata

Fórmula:
Gatuña + cola de caballo + vara de oro + calabaza (pepitas).
Con acción antiinflamatoria, diurética y antiséptica.

Tisanas para uso externo

Fórmula – 1:
Eufrasia + malvavisco + manzanilla + pétalos de rosa.

Fórmula – 2:
Hojas de nogal + malva + eufrasia + manzanilla.

Estas fórmulas se emplean en uso externo, en casos de inflamación de ojos, congestión, conjuntivitis e impurezas.

Enebro

Tisanas con acción febrífuga

Fórmula:
Borraja + genciana + ajenjo + saúco.
Mezcla que contiene propiedades antitérmicas.

Fórmulas fitoterapéuticas base

En las que se aprecia el sinergismo entre los distintos componentes de la fórmula.

Vara de oro

Fórmula – 1:
Infusión laxante

Planta base: <u>cáscara sagrada*.</u>
La cáscara sagrada es, sin duda, de los laxantes antraquinónicos, el que presenta mejores efectos y menor poder irritante.
Sus derivados antracénicos actúan a nivel del intestino grueso aumentando el peristaltismo por estimulación de la mucosa lisa.
Este efecto se produce por acción directa sobre el intestino.

🖐 Al igual que otros laxantes antraquinónicos, la cáscara sagrada sólo debe tomarse para tratar el estreñimiento ocasional.

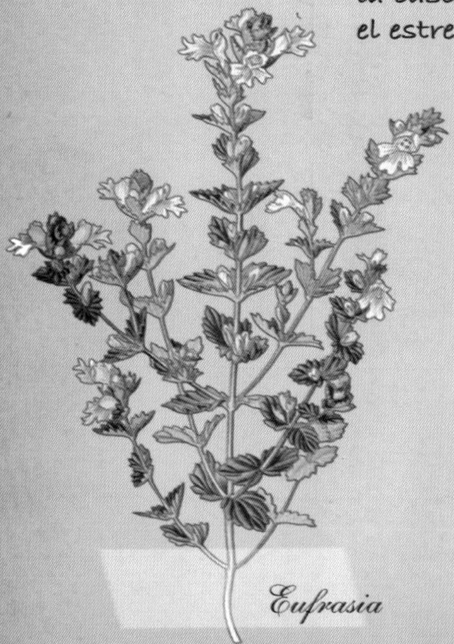

Galuña

Plantas suplementarias:
<u>Ruibarbo chino.</u> Pertenece al mismo grupo que la cáscara sagrada y potencia la acción de ésta.

<u>Semilla de lino.</u> Actúa como laxante mecánico (mucílagos), protegiendo las paredes intestinales del posible efecto irritativo de la cáscara sagrada y el ruibarbo.

<u>Regaliz.</u> Por su acción antiespasmódica y antiirritante, se utiliza para contrarrestar el efecto negativo de los derivados antracénicos.

Fórmula – 2
Infusión antirreumática
Planta base: <u>harpagofito.</u> Planta con importante acción antiartrítica, antiinflamatoria y antirreumática.

Eufrasia

Plantas suplementarias:

<u>Ulmaria.</u> Actúa como excelente diurético,
específicamente como eliminador de cloruros
y ácido úrico. Por eso es un buen coadyuvante
en el tratamiento de dolores articulares, reumatismo
y gota.

<u>Alfalfa.</u> Una de las plantas mas ricas en vitamina D
natural, cuya carencia provoca enfermedades de tipo
degenerativo. ✋ Precaución: puede ser tóxica.

Valeriana

Fórmula – 3
Infusión sedante

Plantas base: <u>valeriana, pasiflora.</u> La actividad sedante
de la valeriana se debe al sinergismo de varios de sus
principios activos.
La pasiflora, de acción similar a la valeriana, actúa a la
vez potenciando la actividad de aquélla y moderándola,
ya que la desposee de los efectos algo depresivos o que
pueden aparecer cuando se toma individualmente.

Planta suplementaria:

<u>Espino blanco.</u> Refuerza el efecto sedante de las otras
plantas y regula los trastornos nerviovasculares.

Gayuba

Fórmula – 4
Infusión activadora de las defensas

Planta base: <u>Equinácea.</u> La equinácea basa su actividad en la
estimulación de los glóbulos blancos, con lo que se produce un
aumento de los niveles de inmunidad del organismo a través
de la estimulación del sistema linfocitario.

Plantas suplementarias:

<u>Escaramujo.</u> Suplementa la acción de la equinácea por su alto
aporte en vitamina C.

<u>Eleuterococo.</u> Aporta sus virtudes estimulantes y adaptógenas,
con lo cual el organismo se encuentra más preparado para
afrontar las agresiones externas.

Lino

Fórmula – 5
Regulador cardíaco

Planta base:
Espino blanco. Llamada «la valeriana del corazón», posee una acción potente y persistente como tónico cardíaco, eficaz regulador de la tensión arterial, arritmias y afecciones neurovegetativas.

Plantas suplementarias:
Flores de cactus*. Potenciador del espino blanco, muy utilizado en homeopatía.

Romero. Tonifica la circulación y aporta magnesio y calcio, necesarios para el buen funcionamiento cardíaco.

✋ Precaución: no utilizar las flores de cactus en dosis elevadas.

Espino blanco

Fórmula – 6
Protector hepático

Planta base:
Cardo mariano. Es el gran protector hepático, que actúa a nivel del hepatocito.

Escaramujo

Plantas suplementarias:

Alcachofera: Por su acción colagoga, colerética y aperitiva (tónica), mejora el funcionamiento hepático y contribuye a la acción del cardo mariano.

Diente de león: Potencia igualmente la acción del cardo mariano; tiene una acción desintoxicante, estimuladora de las funciones hepática y renal.

Fórmula – 7
Hipotensor

Planta base:
Espino blanco: Como regulador tensional junto con los otros dos remedios fitoterapéuticos; se complementan en su acción.

Plantas suplementarias:
Muérdago*: Mejora el efecto de los otros remedios
fitoterapéuticos por su acción antiateromatosa
e hipotensora.

Olivo: Refuerza la acción hipotensora del espino blanco;
a la vez tiene una acción diurética.

✋ La administración oral de preparados de muérdago
debe dosificarse con prudencia. Los tratamientos deben
ser cortos e intermitentes.

Fórmula – 8
Regulador del colesterol

Planta base:
Pectina de manzana: Tiene las siguientes propiedades:

A) Aumenta enormemente la expulsión de metales
pesados del organismo, como el plomo o el mercurio,
por lo que está indicada como depurativo general.

B) Reduce de una forma totalmente demostrada el nivel
de colesterol y triglicéridos en el organismo.
El mecanismo de acción está basado en su absorción
a nivel linfático.

Se asocia a plantas medicinales que potencian la acción de
la pectina, como son el muérdago, la alcachofa y el espino
blanco.

Cardo mariano

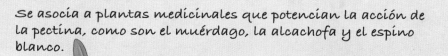

Fórmula – 9
Regulador de la circulación venosa

Planta base:
Corteza de hamamelis: Esta planta actúa
como fuerte astringente, mediante una acción
vasoconstrictora periférica. Es un específico del
sistema venoso, favorece la circulación y ejerce
una acción descongestiva y sedante.

Plantas suplementarias:
Brusco: Por su contenido en ruscogenina y
rutósido, está considerado como el flebotónico
más activo; tiene una acción antiedematosa
y diurética.

Muérdago

<u>Ginkgo:</u> Contiene flavonoides derivados del guercetol y posee una acción similar que complementa los anteriores.

Fórmula 10
Antidiabética

Planta base:
<u>Vainas de judías:</u> Tiene una acción hipoglucemiante y retrasa la absorción de glúcidos.

Plantas suplementarias:
<u>Arándano y copalchi:</u> Potencian la acción de las vainas de judías.

Arándano

Guía de
plantas
silvestres

Achillea millefolium

Milenrama

Descripción

Esta planta vivaz, que mide de 15 a 50 cm de altura, crece en praderas, pastos, sembrados, caminos y zonas herbosas.

Unos tallos erectos se elevan a partir de un rizoma rastrero; son ramificados y en la parte superior llevan una panícula densa. Las hojas tienen aspecto lanoso cuando son jóvenes, y luego se vuelven casi lampiñas. Tienen un contorno lanceolado y son bi o tripinnatisectas.

Las cabezuelas tienen hasta 6 mm de diámetro. El involucro es ovoide, de color verde amarillento, con bordes marrones. Los discos florales son de color blanco sucio. Las flores liguladas son blancas, y pueden ser algunas veces rosas, rojas o amarillas. Los aquenios maduros son de color gris plata y ligeramente alados en el borde.

A. millefolium crece en la mayor parte de Europa, en Asia occidental, América del Norte y Australia. Esta especie colectiva engloba unas ocho especies menores, de las cuales *A. millefolium* propiamente dicha posee dos subespecies: *millefolium,* que crece en tierras bajas, y *sudetica,* que crece en las montañas. Las otras especies menores se distinguen sobre todo por el aspecto general, la forma y la disposición de las hojas, el color de las flores liguladas, la organización de las cabezuelas y, como característica importante, el número de cromosomas.

Número de cromosomas de las células somáticas: *2n = 54 (18, 36, 72)*
Planta dicotiledónea
Floración: *junio-octubre*
Tipo de fruto: *aquenio*

Aconitum napellus

Acónito

Sin.: anapelo, matalobos, napelo

Descripción

Esta planta puede alcanzar 1,5 m de altura y crece tanto en los bosques y las orillas de los ríos como entre las hierbas altas de los prados. Se la encuentra no sólo en las montañas, sino también a poca altitud.

El tallo es erecto y liso. Las hojas son redondeadas y tienen de cinco a siete lóbulos.

La inflorescencia está ramificada y consta de cuatro a seis racimos. El racimo terminal es denso y más largo. El cáliz tiene cinco sépalos de color azul violáceo oscuro. Es lampiño por la parte externa y pubescente por el borde inferior. Los dos sépalos superiores forman una especie de casco muy abombado que protege unos nectarios con pecíolos largos y espolones. Estos nectarios son pétalos modificados. La flor tiene numerosos estambres y carpelos.

Esta planta es cultivada en los jardines por su belleza y su aspecto decorativo; se asilvestra con frecuencia. En su hábitat natural, se ve amenazada por la acción irresponsable del hombre. Por esa razón, está protegida en varios países centroeuropeos. Es una planta venenosa.

La determinación de las especies de acónitos se hace bastante difícil a causa de su diversidad. Según se conceda mayor o menor importancia a determinados rasgos particulares, puede suceder que se confunda *A. napellus* ssp. *hians* con *A. firmum* o *A. callybotryon.* De cualquier manera, se trata de una hermosa flor de las montañas europeas.

Número de cromosomas de las células somáticas: *2n = 32*
Planta dicotiledónea
Floración: *junio-julio*
Tipo de fruto: *folículo*

Achillea millefolium

Aconitum napellus

Actaea spicata

Ranunculaceae— **Ranunculáceas**
Bosques

Hierba de San Cristóbal

Descripción

La hierba de San Cristóbal crece sobre todo en los bosques caducifolios y sombríos, frecuentemente sobre un suelo calizo.

El tallo es erecto, mide de 30 a 60 cm y tiene hojas alternas, grandes y bipinnatisectas.

Las flores, agrupadas en racimos terminales, son regulares y hermafroditas. Tienen cuatro o cinco sépalos blancos o amarillentos. Los pétalos, que suelen ser cuatro, son lineales y blancos. El número de estambres es elevado y variable. La polinización es llevada a cabo por el viento y los insectos. El fruto es una baya negra y lustrosa con un tamaño similar al de un guisante.

La hierba de San Cristóbal es tóxica y su olor es desagradable. Contiene una saponina, la acteína, que al ser absorbida puede provocar una hemolisis (rotura de los glóbulos rojos).

Esta planta es común en todo el continente europeo, pero hacia el sur sólo se encuentra en las montañas.

A. erythocarpa, que crece en el noreste de Europa, se distingue de ella en que sus frutos son rojos y más pequeños al madurar. Algunas especies japonesas, de Asia central o América del Norte, son cultivadas como plantas decorativas, sobre todo como plantas aisladas en los parques.

Número de cromosomas de las células somáticas: *2n = 16*
Planta dicotiledónea
Floración: *mayo-junio*
Tipo de fruto: *baya*

Adonis aestivalis

Ranunculaceae— **Ranunculáceas**
Campos

Ojo de perdiz

Descripción

Esta planta anual es una mala hierba abundante en los campos de las tierras bajas y las colinas de las regiones cálidas. Prefiere los suelos muy calizos.

El tallo es erecto, tiene pocas hojas y mide de 20 a 50 cm. Las hojas radicales tienen pecíolos cortos y las caulinares son sésiles. Se trata de hojas palmeadas, mutífidas y lineales.

Las flores tienen una corola roja, a menudo con manchas negras en la base de los pétalos. Los sépalos, como toda la planta, carecen de pelos y están unidos a la corola. Los estambres son abundantes y de color violeta oscuro. Tras la polinización y la fecundación, los aquenios se desarrollan en un receptáculo cónico.

Esta especie crece en la mayor parte de Europa, a excepción de las regiones septentrionales.

A. annua (adonis de otoño, gal-por.: casadialos) es una planta decorativa muy cultivada en Europa central; son característicos sus sépalos lampiños, desplegados, vueltos y caducos. Sus grandes pétalos rojo oscuro tienen una mancha negra en la base.

Número de cromosomas de las células somáticas: *2n = 32*
Planta dicotiledónea
Floración: *mayo-junio*
Tipo de fruto: *aquenio*

Actaea spicata

Adonis aestivalis

Adonis vernalis

Ranúnculo primaveral

Sin.: *Adonanthe vernalis*

Descripción

Esta planta vivaz tiene una longitud de 10 a 60 cm. Crece en arboledas soleadas y colinas de suelos calizos y, en ocasiones, arenosos.

Los órganos aéreos crecen a partir de un rizoma cilíndrico. El tallo tiene hojas palmeadas multífidas. Las flores, de color amarillo oro, miden de 3 a 7 cm de diámetro. El cáliz está formado por cinco sépalos ligeramente pilosos unidos a la corola, que tiene de 10 a 20 pétalos, en ocasiones más. Los estambres y los carpelos son numerosos. Las flores no tienen néctar y además son inodoras, pero, como contienen una gran cantidad de polen, son visitadas y polinizadas por los insectos. Se abren antes de las nueve de la mañana, durante el día siguen el movimiento del sol y se cierran hacia las cinco de la tarde. Si comienza a llover, la flor se cierra en forma de techo, de modo que la lluvia no pueda penetrar en su interior. Los aquenios son diseminados principalmente por las hormigas.

El ranúnculo de primavera contiene glúcidos tóxicos, pero, al mismo tiempo, medicinales, por lo que se cultiva para las necesidades de la industria farmacéutica.

Es silvestre en Europa central y oriental. En el suroeste, sólo se encuentra en las Cévennes (Francia) y el noreste de España. Más al norte, crece también en las islas suecas del mar Báltico (Öland y Gotland). Está protegido en muchos países.

Número de cromosomas de las células somáticas: *2n = 16*
Planta dicotiledónea
Floración: *marzo-abril*
Tipo de fruto: *aquenio*

Aegopodium podagraria

Angélica menor

Descripción

Es una planta vivaz que mide entre 50 y 90 cm y crece en monte bajo, en las lindes de los bosques y entre los matorrales, pero también como mala hierba en jardines y céspedes abandonados.

Los tallos, angulosos y huecos, tienen numerosos retoños subterráneos gracias a los cuales la planta se multiplica. Con una lupa se puede apreciar que estos tallos son ligeramente vellosos. Las hojas más bajas tienen largos pecíolos y son dos veces recortadas. Las hojas más altas no están divididas.

Las flores forman umbelas que tienen a veces más de 15 umbélulas. Carece de brácteas y bractéolas. Los pedúnculos están cubiertos de pelos ásperos. La corola es blanca o, con menor frecuencia, rosa.

Los aquenios, ovoides y alargados, son pardos, con surcos más claros, y miden hasta 3 mm de longitud.

Esta especie, que crece prácticamente en toda Europa, es rara en el sur; se extiende hasta el Cáucaso y Siberia. Ha sido introducida en Gran Bretaña, Irlanda, Islandia y Norteamérica.

Entre las especies afines se encuentran *Sium latifolium* y *Berula erecta,* plantas de terrenos pantanosos, charcas y riberas de los ríos.

Número de cromosomas de las células somáticas: *2n = 44 (22)*
Planta dicotiledónea
Floración: *mayo-octubre*
Tipo de fruto: *diaquenio*

Adonis vernalis

Aegopodium podagraria

Agrimonia eupatoria

Agrimonia

Sin.: eupatorio, gafetí, hierba de San Guillermo

Descripción

Esta planta vivaz, que mide de 30 a 100 cm de altura, crece en las colinas soleadas, en las lindes de los bosques y entre los matorrales. Prefiere los terrenos calizos.

A partir de un rizoma vigoroso, se desarrolla una planta vellosa y glandular, de tallo simple o apenas ramificado. Éste es escamoso en la base y tiene hojas imparipinnadas, compuestas de cinco a nueve folíolos grandes o de seis a diez pequeños. Éstos son dentados, de color verde oscuro en el haz y más claros en el envés. Las estípulas son similares a las hojas.

Las flores forman racimos en espigas alargadas que miden hasta 30 cm de longitud. El cáliz tiene cinco sépalos, es cilíndrico y en él se distinguen diez nervios. Sobre los cinco pétalos, hay igualmente una red de nervios. El fruto está compuesto por uno o dos aquenios encerrados dentro del hipanto.

Esta especie crece prácticamente en toda Europa, a excepción del extremo norte.

La agrimonia se usa en medicina como antiinflamatorio. Sus efectos curativos fueron descubiertos por Mitrídates VI Eupator, rey del Ponto (123-63 a. C.), de quien recibió su nombre genérico.

Número de cromosomas de las células somáticas: *2n = 28*
Planta dicotiledónea
Floración: *junio-septiembre*
Tipo de fruto: *aquenios encerrados en el hipanto*

Agropyron repens

Grama del norte

Sin.: grama de las boticas, agropiro común, *Elytrigia repens*

Descripción

Esta hierba vivaz de 150 cm de altura crece en sembrados, praderas, cunetas, baldíos, jardines y terraplenes, así como en las zonas arenosas costeras.

Las cañas erectas son lampiñas y lisas. Las vainas de las hojas son ásperas, y los limbos suaves y translúcidos.

Unas pequeñas espiguillas forman una espiga larga y densa y están unidas a un raquis ondulado. Las glumas son prácticamente idénticas y puntiagudas; a veces tienen aristas. Las glumelas inferiores son puntiagudas y pueden tener también aristas. Las espiguillas no llegan a desmembrarse y en la madurez caen enteras, lo que permite a las cariópsides germinar incluso en condiciones desfavorables. Sin embargo, la multiplicación de esta planta se realiza sobre todo gracias a sus largos rizomas rastreros; por eso es una planta problemática que se encuentra prácticamente por todas partes.

Se distinguen tres subespecies de esta planta. La subespecie *caesium* es robusta y de color verde azulado, y tiene espigas de más de 10 cm de longitud. Crece entre los matorrales y en las lindes de los bosques. La subespecie *repens* está formada por plantas verdes que no sobrepasan 1 m de altura y que llevan unas espigas densas de menos de 10 cm de longitud. La subespecie *maritimum* comprende plantas de color verde azulado, de 20 a 50 cm de altura, con espigas poco densas de menos de 10 cm. Esta última crece en zonas del litoral, dunas, etc.

Número de cromosomas de las células somáticas: *2n = 42*
Planta monocotiledónea
Floración: *junio-septiembre*
Tipo de fruto: *cariópside*

Agrimonia eupatoria

Agropyron repens

Alisma plantago-aquatica

Llantén acuático

Descripción

Es una planta vivaz que crece en riberas de lagos y estanques, cañaverales, carrizales con hierbas de tallos altos y zanjas húmedas.

A partir de un grueso rizoma tuberoso, se eleva una planta lampiña con una altura de unos 100 cm. Las hojas sumergidas son lineales, mientras que las que están por encima de la superficie del agua tienen un limbo ovado y puntiagudo con una base acorazonada. Entre estos dos tipos, existe un gran número de formas transitorias.

Las flores blancas o rosas forman una panícula alargada y son pedunculadas. Los sépalos son ovales y los pétalos, redondeados. Las flores sólo se abren a mediodía o incluso más tarde. Considerando que la polinización está asegurada por los insectos y el viento, y que la autopolinización es poco frecuente, los aquenios, de forma aplastada, sólo se forman y maduran en aquellas plantas cuyas flores se elevan por encima de la superficie del agua.

Esta planta crece, como muchas especies del género *Alisma,* en todo el hemisferio norte. *A. gramineum* sólo difiere de la especie descrita en que tanto las hojas sumergidas como las flotantes son lineales. *A. lanceolatum* se caracteriza por unas flores rosas que se abren por la mañana y se marchitan por la tarde.

Número de cromosomas de las células somáticas:
2n = 10, 12, 14, 16
Planta monocotiledónea
Floración: *junio-septiembre*
Tipo de fruto: *aquenio*

Alliaria petiolata

Aliaria

Descripción

Esta planta bienal o vivaz crece en las lindes de los bosques, en los jardines sombreados y entre la maleza. Mide de 30 a 100 cm de altura.

El tallo erecto, en general no ramificado, es lampiño o pubescente en la base y de aspecto escarchado. Las hojas son rígidas y lisas; las radicales tienen un limbo reniforme y un largo pecíolo; las caulinares tienen un pecíolo corto y un limbo triangular.

Las flores son pequeñas y blancas. Los pétalos miden de 5 a 6 mm de longitud y tienen una corta uñeta. Las silículas están a menudo en posición oblicua con respecto al tallo. Las semillas están en celdillas dispuestas en hilera.

La aliaria crece en toda Europa (en menor cantidad en el sur), en las montañas del norte de África y en la zona templada asiática. Es una planta poco exigente que crece incluso sobre muros sombreados y terrenos baldíos cubiertos de maleza. Sus otras cuatro especies son más exigentes en cuanto a su emplazamiento y no crecen más que en Asia. La aliaria debe su nombre a que sus hojas trituradas despiden un olor a ajo. Por eso se utilizaba antiguamente, al igual que el ajo, como planta medicinal.

Número de cromosomas de las células somáticas: *2n = 36, 42*
Planta dicotiledónea
Floración: *abril-junio*
Tipo de fruto: *silicua*

Alisma plantago-aquatica

Alliaria petiolata

Allium vineale

Puerro de viña

Descripción

Esta planta vivaz, que mide de 30 a 100 cm, crece en colinas soleadas, viñas y caminos. Prefiere los suelos calizos.

Un bulbo ovoide y subterráneo, a menudo acompañado de bulbillos encerrados en una membrana escamosa, origina una planta lampiña. Las hojas lineares son grises, cilíndricas y acanaladas en la parte superior.

La inflorescencia es semiglobular. La umbela brota en las axilas de unas brácteas puntiagudas, de la misma longitud o incluso mayores que la umbela. Entre las flores, hay numerosos bulbillos de multiplicación (puede ocurrir que la umbela esté constituida únicamente por flores o únicamente por bulbillos). Los pedúnculos florales tienen hasta 25 mm de longitud. Las piezas del perianto son lanceoladas, de color azul más o menos oscuro y de hasta 5 mm de longitud. Los estambres, que son en principio tan largos como los tépalos, se alargan hasta llegar a doblar su longitud.

Esta planta crece prácticamente en toda Europa, con excepción de los extremos norte y este.

Una especie afín, *A. sphaerocephalon,* se distingue por unas brácteas cortas y puntiagudas, unos tépalos ovados y alargados y un bulbo que no se desmiembra con facilidad. Crece en terrenos baldíos cubiertos de maleza, peñascos, colinas soleadas e incluso viñas.

Número de cromosomas de las células somáticas: $2n = 32 (48)$
Planta monocotiledónea
Floración: *junio-agosto*
Tipo de fruto: *cápsula*

Alyssum saxatile

Cestillo de oro

Sin.: *Aurinia saxatilis*

Descripción

Esta planta vivaz sólo crece en las regiones cálidas de Europa, sobre suelos no ácidos. En las grietas de los peñascos desarrolla un rizoma que origina una roseta de hojas radicales y un tallo ramificado, de 10 a 30 cm de altura.

Las hojas radicales son alargadas, enteras, tomentosas y grisáceas.

La inflorescencia es densa, formada por cortos racimos de pequeñas flores de color amarillo vivo. En la floración se pierde el cáliz. Los cuatro pétalos pueden tener 5 mm de longitud; son lampiños y ligeramente recortados. Los nectarios aparecen a ambos lados de los estambres.

Los insectos aseguran la polinización. Las silículas amarillas son lisas y elípticas, y contienen dos semillas aladas en cada celdilla.

Según el tamaño y la forma de las silículas y la longitud de los estigmas, pueden distinguirse dos subespecies: ssp. *megalocarpum,* de silículas de más de 1 cm y con estigma de 3 mm de longitud, y ssp. *orientale,* de silículas casi ovales, de 5 a 8 mm, y con un estigma de 1 mm solamente. Estas dos variedades crecen desde los Balcanes hasta Asia Menor.

El cestillo de oro se cultiva a veces como planta de rocalla o para ocupar grietas de tapias en parques y jardines. Produce un efecto muy decorativo cuando sus flores amarillo oro destacan sobre el fondo en peñascos y muros.

Número de cromosomas de las células somáticas: $2n = 16$
Planta dicotiledónea
Floración: *mayo-junio*
Tipo de fruto: *silícula*

Allium vineale

Alyssum saxatile

Anagallis arvensis

Murajes

Descripción

Esta pequeña planta anual es una mala hierba en sembrados, jardines, viñedos y terrenos baldíos.

Sus frágiles tallos son postrados o ascendentes, y alcanzan de 10 a 20 cm de longitud. Las hojas, que pueden ser decusadas o estar dispuestas en verticilos trímeros, son sésiles, anchas y ovales, con margen liso y manchas rojas en el envés.

Las hojas son solitarias y tienen largos pecíolos. El cáliz está formado por cinco sépalos soldados y está profundamente dividido en lóbulos lanceolados. La corola, rotante y pentapétala, es un poco más larga que el cáliz y presenta unos lóbulos ovalados y obtusos, con bordes ciliados y finamente dentados. Las flores son de color carmín, pero pueden ser también rosadas, violetas, blanquecinas y, muy ocasionalmente, azuladas. Cinco estambres de color violeta y ciliados están soldados en la base. La cápsula es globular, de unos 5 mm, y presenta un opérculo.

Con excepción de Spitzberg e Islandia, esta especie se encuentra en la mayor parte de Europa.

Anagallis foemina, que crece en los mismos lugares, es mucho más rara; es muy difícil distinguirla de la especie anterior cuando ésta presenta flores azules.

Número de cromosomas de las células somáticas: *2n = 40*
Planta dicotiledónea
Floración: *junio-septiembre*
Tipo de fruto: *cápsula*

Anchusa officinalis

Lengua de buey

Sin.: argamula, buglosa, lenguaza, melera, ancusa

Descripción

Esta planta bienal o vivaz crece a lo largo de los caminos, en lugares arenosos y soleados y en terrenos baldíos.

Tiene una raíz cilíndrica y negra que se prolonga por encima del suelo en un tallo erecto y no ramificado. Las hojas radicales pueden llegar a medir hasta 20 cm durante el primer año de vida de la planta. En el momento de la floración, están completamente secas. Las hojas caulinares son sésiles y lanceoladas, con ancha base cordiforme y borde liso o escasamente dentado.

Las flores forman densas cimas escorpiónidas que se alargan después de la floración. Estas flores son más o menos sésiles. El cáliz está dividido en lóbulos lanceolados lineales. La corola es en un principio rojiza y más tarde de un color azul violeta oscuro. El tubo de la corola es un poco más largo que el cáliz, y sus lóbulos son redondeados; las escamas de la garganta son de color blanco satinado. Estas escamas alternan con los estambres y cierran más o menos la entrada de la corola; son características de la mayor parte de los representantes de la familia de las Borragináceas. Los aquenios maduros —ovoides y punteados— miden hasta 4 mm de longitud.

Esta especie se extiende por la mayor parte del continente europeo, pero falta en el extremo norte, en casi todo el oeste y en varias regiones de la cuenca mediterránea. En Europa central, se encuentra *A. azurea* (sin.: *A. italica*), originaria de las orillas del Mediterráneo y que se caracteriza por su corola azul y sus escamas vellosas.

Número de cromosomas de las células somáticas: *2n = 16*
Planta dicotiledónea
Floración: *julio-octubre*
Tipo de fruto: *aquenio*

Anagallis arvensis

Anchusa officinalis

Andrómeda polifolia

Andrómeda

Descripción

Este pequeño arbusto, de unos 40 cm de altura, es poco abundante; no se encuentra más que en algunas zonas de alta montaña del centro y el norte de Europa.

Un rizoma leñoso y rastrero origina plantas ascendentes o postradas y poco ramificadas. Las hojas son escarchadas en el envés y con márgenes enrollados; en el haz, de color verde oscuro.

Esta planta tóxica figura entre las especies supervivientes de la era glaciar de Europa central, es decir, especies que crecían al final de la era terciaria en las regiones del norte y que fueron empujadas por los glaciares hasta Europa central. Se han mantenido en las montañas altas hasta nuestros días.

La gayuba (*Arctostaphylos uva-ursi*) es una especie afín de hojas grises que crece en forma de arbusto de pequeños tallos postrados, a la manera de los arándanos. Sin embargo, sus hojas son persistentes y carecen de las manchas traslúcidas del arándano. El fruto de la gayuba es una drupa roja con cinco huesos.

Número de cromosomas de las células somáticas: *2n = 48*
Planta dicotiledónea
Floración: *mayo-junio*
Tipo de fruto: *cápsula*

Anemone nemorosa

Nemorosa

Descripción

Planta vivaz, con tallo de 10 a 25 cm, que crece en las arboledas umbrías y los bosques, pero también en las praderas, tanto de tierras bajas como de montaña.

El tallo erecto es sencillo y se desarrolla a partir de un delgado rizoma rastrero. Las hojas del tallo, pecioladas y palmatisectas, tienen la misma forma que las radicales. El folíolo central es trilobulado, y los laterales tienen dos lóbulos y una corta cola.

Las flores nacen en el extremo del tallo, miden de 2 a 4 cm de diámetro y tienen pedúnculos largos. La flor tiene de seis a ocho tépalos, pudiendo llegar hasta 12; el cáliz no se distingue de la corola. Los tépalos son blancos y lisos, con el exterior violáceo. Hay un gran número de estambres en las anteras amarillas, y entre seis y veinte carpelos que producen aquenios con pelos ásperos.

La nemorosa crece en casi toda Europa, pero es bastante rara en la cuenca mediterránea. Se cruza con la nemorosa amarilla, *A. ranunculoides,* pero los híbridos son estériles.

Número de cromosomas de las células somáticas: *2n = 30, pero también se dan otros números: 2n = 28-32, 37, 42, 45, 46. Este hecho depende en gran medida de la diversidad de la especie. Se han descrito numerosas subespecies que se diferencian no sólo desde el punto de vista ecológico, sino también, precisamente, según el número de cromosomas.*
Planta dicotiledónea
Floración: *marzo-mayo*
Tipo de fruto: *aquenio*

Andromeda polifolia

Anemone nemorosa

Anemone ranunculoides

Nemorosa amarilla

Descripción

Esta especie crece, generalmente en sociedad, en los bosques caducifolios y de coníferas. Esta *Anemone* se adapta mejor que la *nemorosa* a los terrenos húmedos.

De un rizoma rastrero, pardo y escamoso, surge un tallo erecto y pubescente, de 15 a 25 cm de altura. Las hojas radicales no se desarrollan o, si lo hacen, tienen pecíolos largos; son tripartitas, con pecíolos más o menos sésiles. Las hojas del tallo son sésiles o con pecíolos cortos.

Lo normal es que en el ápice del tallo haya una sola flor, pero puede haber hasta cinco. Los tépalos —ovalados, de color amarillo dorado y vellosos por fuera— son habitualmente cinco. El número de estambres y carpelos es variable. Los carpelos se transforman en largos aquenios pilosos, provistos de un pico corto y encorvado.

Esta especie tóxica crece prácticamente en toda Europa, a excepción de las islas. Es bastante rara en la zona mediterránea.

Las *Anemone* que forman canastillos densos, con las hojas muy recortadas y las flores más pequeñas, son descritas como ssp. *wockeana*.

Número de cromosomas de las células somáticas: *2n = 32, 30*
Planta dicotiledónea
Floración: *marzo-mayo*
Tipo de fruto: *aquenio*

Angelica sylvestris

Angélica silvestre

Descripción

Es una planta bienal o vivaz que crece en praderas húmedas, en las lindes de los bosques, entre la maleza y en las alisedas. Mide entre 50 y 150 cm de altura.

A partir de un grueso rizoma, con olor a zanahoria y sabor amargo e incluso ardiente, se eleva un grueso tallo lampiño. Es erecto, hueco y rayado, y está recubierto de una especie de escarcha blanquecina.

Las hojas tienen contorno triangular y son bi o tripinnatisectas. Las radicales tienen largos pecíolos y miden hasta 60 cm de longitud. El pecíolo, hueco, está surcado por canales. Las hojas superiores son pequeñas y menos divididas; las más altas, sésiles y envainantes. Las vainas foliares son grandes y abultadas. Las umbelas, situadas en el extremo de las ramas, son densas y están formadas por 20-35 umbélulas, sin brácteas, pero con numerosas bractéolas lineales. Los dientes del cáliz son poco visibles; los de la corola, blancos o rosáceos, y los estambres, dos veces más largos que ésta. Los estilos están curvados.

El fruto, oval, es aplanado. Los aquenios tienen tres finas costillas y anchas alas a los lados. Esta especie se ha extendido por la mayor parte de Europa.

Número de cromosomas de las células somáticas: *2n = 22*
Planta dicotiledónea
Floración: *julio-octubre*
Tipo de fruto: *diaquenio*

Anemone ranunculoides

Angelica sylvestris

Antennaria dioica

Pie de gato

Descripción

Esta planta vivaz, de 5 a 20 cm de altura, crece en bosques claros, landas y pastos.

El rizoma rastrero, de donde sale una planta cubierta por un vello gris y sedoso, presenta unos retoños aéreos también rastreros y cubiertos de hojas. Los tallos erectos son ligeramente ramificados en la parte superior, cerca de la inflorescencia. Las hojas de los retoños aéreos son espatuladas, mientras que las del tallo son lanceoladas, y las de la parte superior, lineales y puntiagudas. Todas son lampiñas y verdes por el haz, y cubiertas de un vello sedoso por el envés.

La inflorescencia agrupa de tres a 13 capítulos con involucros imbricados. Las flores son unisexuales y las de cada sexo están en plantas separadas. Los capítulos de las plantas masculinas son redondeados, y las flores de color blanco; los de las plantas femeninas son oblongos y de color rosa. Los aquenios, desarrollados después de la fecundación, son muy cortos, de 1 mm de longitud.

Esta planta se utiliza por sus propiedades medicinales. Crece prácticamente en toda Europa, pero en el sur solamente en algunas zonas de montaña. *A. carpatica* es una especie afín que crece en los Cárpatos y los Pirineos.

Número de cromosomas de las células somáticas: *2n = 28*
Planta dicotiledónea
Floración: *mayo-julio*
Tipo de fruto: *aquenio*

Anthemis tinctoria

Manzanilla de tintes

Descripción

Esta planta bienal o vivaz, que mide de 20 a 60 cm de altura, se encuentra en colinas soleadas, pendientes pedregosas, baldíos y eriales cubiertos de maleza.

A partir de un rizoma ramificado y con varias yemas, se elevan unos tallos erectos o ascendentes, recubiertos de un vello lanoso, simples o ligeramente ramificados en el ápice. Las ramas tienen una cabezuela solitaria y hojas alternas y pinnatisectas.

Las cabezuelas tienen hasta 4 cm de diámetro. El involucro es cóncavo, y el receptáculo semiesférico y con unas excrecencias lanceoladas, espinosas y enteras. Tanto las flores tubulosas como las liguladas son de color amarillo oro. Los aquenios son lampiños, cuadrangulares y con un reborde estrecho y membranoso en el extremo superior.

Esta planta es una especie muy variable, habida cuenta del hecho de que crece en la mayor parte de Europa, aunque está ausente en algunas islas y varias regiones del noroeste. Sus flores amarillas han sido utilizadas como colorante por su riqueza en pigmentos del tipo de los carotenos y las xantófilas. Otras muchas especies de flores amarillas o naranjas crecen en Europa, aunque el número de las de flores blancas constituye la mayoría. Hay aproximadamente unas 50 especies de este género en Europa.

Número de cromosomas de las células somáticas: *2n = 18*
Planta dicotiledónea
Floración: *julio-septiembre*
Tipo de fruto: *aquenio*

Antennaria dioica

Anthemis tinctoria

Anthericum liliago

Antérico

Descripción

Esta planta vivaz que mide de 30 a 80 cm de altura crece en colinas pedregosas, matorrales y pendientes secas y cubiertas de maleza. Prefiere los suelos calizos.

El tallo erecto está desprovisto de hojas y se eleva a partir de una roseta de hojas radicales puntiagudas. Las brácteas son membranosas. El tallo acaba en un racimo de flores que pueden medir 4 cm de diámetro y se desarrollan en el extremo de unos pedúnculos aislados. Las flores están compuestas por seis tépalos blancos, todos del mismo tamaño, seis estambres y un pistilo. Después de la polinización, que realizan los insectos, y la fecundación, se desarrolla una cápsula triangular y puntiaguda que encierra numerosas semillas de aproximadamente 4 mm de longitud. La germinación necesita relativamente mucho tiempo, y finaliza cuando las reservas nutritivas se han agotado completamente.

Esta especie del sur y el centro de Europa figura entre las plantas legalmente protegidas en numerosos países.

Una especie similar —*A. ramosum*—también es considerada especie protegida. La inflorescencia de esta especie, en panículas y algunas veces en racimos, también está compuesta de flores blancas dispuestas de la misma forma que la especie anterior. Sin embargo, las flores son más pequeñas, pues no miden más que 27 mm de diámetro como máximo. La cápsula también es más pequeña, mientras que las semillas son mayores.

Número de cromosomas de las células somáticas: $2n = 60$
Planta monocotiledónea
Floración: *mayo-julio*
Tipo de fruto: *cápsula*

Anthoxanthum odoratum

Grama de olor

Sin.: grama olorosa

Descripción

Esta hierba vivaz forma densas matas en praderas, pastos y bordes de las carreteras, desde las tierras bajas hasta las zonas de gran altitud. Las numerosas cañas, erectas y lisas, miden de 15 a 45 cm de altura y están provistas de pocas hojas. Las vainas de las hojas son lampiñas, pero pueden ser vellosas como los limbos, que son planos y miden hasta 6 mm de anchura.

Las lígulas tienen 2 mm de longitud y son truncadas.

La larga panícula es lanceolada y está formada por espiguillas de color amarillo verdoso, compuestas por una sola flor. Las glumas son puntiagudas; la inferior tiene de 3 a 5 mm de longitud y forma ovada, mientras que la superior es más alargada. Las glumelas de las dos flores inferiores atrofiadas son pubescentes. Hay únicamente dos estambres, en lugar de tres, como ocurre en la mayor parte de los géneros de la familia de las Gramíneas. Las pequeñas escamas que se encuentran habitualmente sobre la lema en otras especies han desaparecido en ésta. En la madurez del polen y los estigmas, las glumelas se separan de las glumas, con lo que permiten a estambres y estigmas ponerse al descubierto.

La planta es rica en cumarina, sustancia que también se encuentra en el heno y a la que debe su olor.

Número de cromosomas de las células somáticas: $2n = 20$
Planta monocotiledónea
Floración: *abril-junio*
Tipo de fruto: *cariópside*

Anthericum liliago

*Anthoxanthum
odoratum*

Aquilegia vulgaris

Aguileña

Sin.: guileña, pajarilla

Descripción

Esta hermosa planta crece en los bosques caducifolios claros cuyo suelo contiene mucho humus. A partir de un rizoma corto, se desarrolla un tallo erecto y ramificado que puede alcanzar un metro de altura.

Las hojas radicales tienen pecíolos largos; son bipinnatipartidas y con folíolos ovados. Las hojas caulinares tienen pecíolos cortos y son mucho más pequeñas.

En el extremo del tallo puede haber entre tres y diez flores. Éstas tienen pedicelos largos, son colgantes y miden unos 5 cm de diámetro. Pueden ser rosadas, de color azul violáceo oscuro y a veces incluso blancas. Los sépalos son ovales y verdes en su extremo. Los pétalos tienen un espolón ganchudo. Los estambres son amarillos y muy numerosos; los del centro son estériles. El pistilo tiene cinco carpelos. Los frutos son folículos que contienen semillas ovaladas, negras y brillantes, de hasta 2,5 mm de longitud.

La aguileña es una planta venenosa. Crece en toda Europa y está protegida en muchos países. Se la cultiva también como planta de jardín. Según el color de las flores, se distinguen también otras tres especies, que se desarrollan en los Alpes: *A. atrata* tiene flores de color marrón-púrpura; *A. einseleana* tiene flores violetas y espolones erectos, y *A. alpina,* flores azules oscuras de hasta 8 cm de diámetro.

Número de cromosomas de las células somáticas: *2n = 14*
Planta dicotiledónea
Floración: *mayo-julio*
Tipo de fruto: *folículo*

Arctium lappa

Bardana

Sin.: lampazo, lapa, bardana mayor, A. *majus*

Descripción

Esta gran planta, que puede alcanzar de 100 a 200 cm de altura, se encuentra en terrenos baldíos ricos en humus, riberas y zanjas.

El tallo erecto y rayado sale de un sólido rizoma ramificado y rastrero. Es frondoso, muy ramificado y cubierto de pelos, y encierra una médula. Las hojas son pecioladas y su limbo es cordiforme, verde y ligeramente pubescente en el haz, con un vello gris en el envés. El limbo de las hojas radicales puede medir hasta 50 cm de longitud.

Las cabezuelas, situadas a la misma altura, forman unas panículas terminales en el extremo de las ramas. Tienen forma globular y miden hasta 3,5 cm de diámetro. Las brácteas forman alrededor de las cabezuelas una especie de funda erizada de pelos y son casi tan largas como las flores, que presentan un tono rojo violáceo. Los aquenios son largos, negros y ligeramente verrugosos. Cuando están completamente maduros, el extremo de las ramas que sustentan las cabezuelas se seca y cada cabezuela se desmiembra, lo que facilita que puedan engancharse a la piel de los animales cuando éstos rozan la planta. Este modo de diseminación, que recibe el nombre de zoocoria, puede producirse también a través de los aquenios.

La bardana crece en toda Europa salvo en las islas; se extiende también por Asia Menor, Siberia, China y probablemente Japón. Además ha sido introducida en América del Sur y del Norte.

Número de cromosomas de las células somáticas: *2n = 36*
Planta dicotiledónea
Floración: *julio-septiembre*
Tipo de fruto: *aquenio*

Aquilegia vulgaris

Arctium lappa

Arnica montana

Árnica

Descripción

Esta planta vivaz, que mide de 20 a 60 cm de altura, crece en praderas de montaña, pastos, landas, colinas herbáceas y claros de bosques, generalmente evitando los suelos calizos.

Un rizoma subterráneo oblicuo origina una roseta de hojas de 2 a 4 cm de diámetro, de donde emerge un tallo erecto y simple o a veces ligeramente ramificado, que lleva uno o dos pares de hojas opuestas y sésiles.

El tallo remata en un gran capítulo, que mide de 6 a 8 cm de diámetro, detrás del cual hay a menudo dos más. En el involucro se aprecian pelos glandulares. Tanto las flores tubulosas como las liguladas tienen un color parecido a la yema de huevo. Los frutos son unos aquenios con vilanos de color amarillo pálido.

El árnica se recolectaba antiguamente en Europa como planta medicinal, tanto las flores como los rizomas, por lo que ha desaparecido en algunos lugares y actualmente se encuentra en la lista de plantas protegidas en numerosos países.

Una especie afín, *A. angustifolia,* se encuentra en regiones árticas de Escandinavia, Finlandia y Norteamérica, y también en Siberia y Groenlandia. Incluso algunas plantas de la Tierra del Fuego, en la parte más meridional de Sudamérica, son clasificadas como *Arnica angustifolia.*

Número de cromosomas de las células somáticas: *2n = 38*
Planta dicotiledónea
Floración: *junio-agosto*
Tipo de fruto: *aquenio*

Arrhenatherum elatius

Fromental

Descripción

Se puede encontrar esta planta vivaz en praderas, bordes de caminos y terraplenes de las vías del tren, desde las tierras bajas hasta las montañas.

A partir de un rizoma con numerosos retoños, se eleva un manojo de cañas lisas y brillantes que miden de 60 a 120 cm de altura. Las vainas de las hojas son ásperas y lampiñas; los limbos, planos, de 4 a 8 mm de ancho y de color verde amarillento o grisáceo. La lígula es corta y más o menos truncada.

Las flores forman una panícula que puede alcanzar hasta 25 cm de longitud; las ramificaciones son ásperas, a veces violáceas. Las espiguillas tienen dos flores. La flor inferior es masculina y encierra dos estambres; por encima se encuentra la flor hermafrodita. Las glumas son alargadas y lanceoladas. Las glumelas tienen nervios de tacto áspero.

Esta planta comprende dos subespecies. *Elatius* crece en praderas y la parte inferior de su caña no es abultada. La segunda, *bulbosum,* que tiene la parte inferior engrosada en forma de bulbo, crece en praderas secas y bordes de caminos. Las dos subespecies crecen sobre un amplio territorio en el continente europeo, desde las montañas de la cuenca mediterránea hasta las regiones árticas, y desde las islas Canarias hasta el oeste de Siberia. *A. elatius* ha sido introducida en Norteamérica y Australia. Linneo describió esta especie como un tipo de avena *(Avena eliator),* pero es evidente a primera vista la diferencia que existe entre la avena y la planta aquí descrita en la forma de las espiguillas.

Número de cromosomas de las células somáticas: *2n = 28*
Planta monocotiledónea
Floración: *junio-agosto*
Tipo de fruto: *cariópside*

Arnica montana

Arrhenatherum elatius

Artemisia vulgaris

Artemisa

Sin.: hierba de San Juan, altamisa, anastasia, artemisia

Descripción

Las riberas, los caminos y los baldíos constituyen un hábitat favorable para la artemisa. Toda la planta desprende un olor débil, pero desagradable. Los tallos tienen de 40 a 120 (250) cm de altura, son erectos y a menudo están dispuestos en manojos. Son angulosos, pubescentes, rígidos y muy ramificados. Las hojas son lampiñas por el haz y están cubiertas de un vello blanco grisáceo por el envés. Las radicales tienen cortos pecíolos, de 5 a 10 cm de longitud, y son más o menos liradas y pinnatisectas, con un gran lóbulo terminal. El resto de las hojas son sésiles y más pequeñas. Las brácteas de la inflorescencia son simples y lanceoladas.

Las cabezuelas, muy pequeñas, son erectas o colgantes. Están dispuestas en panículas densas. Las brácteas son ovadas y están cubiertas de un vello grisáceo. Las flores tubulosas son amarillas u ocres, y no existen flores liguladas.

Esta planta algo tóxica crece prácticamente en toda Europa. Engloba dos subespecies: *vulgaris,* de tallo muy ramificado, no sobrepasa los 120 cm de altura y crece en riberas, caminos y matorrales; *coarctata,* de tallo no ramificado y que alcanza más de dos metros de altura, crece en las dunas costeras y entre la maleza. Florece más tarde: en octubre o a principios de noviembre.

Número de cromosomas de las células somáticas: *2n = 16*
Planta dicotiledónea
Floración: *julio-septiembre*
Tipo de fruto: *aquenio*

Arum maculatum

Aro

Descripción

Esta planta vivaz que mide entre 20 y 35 cm de altura crece en matorrales y bosques caducifolios, desde las tierras bajas hasta las montañas.

Surge de un tubérculo, a partir del cual se eleva un tallo erecto, escamoso en la base, con hojas largas y pecioladas y de limbo triangular y sagitado. En el haz se aprecian algunas veces unas manchas pardas.

El tallo acaba en un espádice rodeado de una gran espata con la parte basal en forma de cúpula, blanquecina, verdosa o rojiza, con manchas violetas en el interior y de una longitud de hasta 15 cm; está casi totalmente estrangulada en la base y no se abre más que en la parte superior. Las flores situadas en la base del espádice son femeninas; por encima de ellas están las masculinas y, aún más arriba, las estériles. El extremo del espádice es de color pardo violáceo, en forma de maza, sin flores y con la parte inferior escondida en la cúpula. Después de la polinización y la fecundación, se forman unas bayas rojas de aproximadamente 1 cm de diámetro.

El aro es una planta tóxica.

En el este de Europa, se encuentra la especie *A. orientale,* de tubérculos globulares y hojas desprovistas de manchas; se extiende hasta Europa central, República Checa y puede que Dinamarca.

Número de cromosomas de las células somáticas: *2n = 56*
Planta monocotiledónea
Floración: *junio-agosto*
Tipo de fruto: *baya*

Artemisia vulgaris

Arum maculatum

Aruncus dioicus

Arunco

Descripción

Los barrancos sombríos, los matorrales y las praderas de hierba alta constituyen el hábitat de esta planta vivaz, que mide de 100 a 180 cm de altura.

Sus hojas pueden tener hasta 1 m de longitud, son doblemente tripinnadas y tienen dientes irregulares. No hay estípulas.

Las pequeñas flores están dispuestas en panículas, tienen cortos pecíolos y son unisexuales. Generalmente, la planta es dioica. Las plantas femeninas tienen flores de color blanco puro; las masculinas, amarillentas. La flor se compone de cinco sépalos y cinco pétalos, de tres carpelos en las flores femeninas y de 20 a 30 estambres en las masculinas. Después de la polinización, asegurada por los insectos, se desarrollan los folículos.

Esta planta crece en toda Europa central. Entre las plantas similares se encuentra el género *Sibiraea*. El centro de su distribución se encuentra en Asia central, abarcando desde el Altai hasta los montes de Tien-Shan. En Europa no se descubrió un tercer centro de *Sibiraea altaiensis* hasta principios de siglo. Hoy en día no crece más que en algunas zonas de la antigua Yugoslavia. Habida cuenta de la distancia que separa esta región de las localizaciones asiáticas de esta especie —más de 5.000 km—, se deduce que la localización europea no representa más que el vestigio de una distribución antaño mucho más extensa y que *S. altaiensis* es una especie relicta de la era terciaria; algunos descubrimientos paleobotánicos lo confirman.

Número de cromosomas de las células somáticas: *2n = 18*
Planta dicotiledónea
Floración: *junio-julio*
Tipo de fruto: *folículo*

Asarum europaeum

Ásaro

Descripción

Esta discreta planta de unos 5-10 cm de altura brota en los bosques y las malezas, tanto en tierras bajas como en montañas, en la capa de hojas en descomposición.

A partir de un rizoma fino y ramificado, se eleva un tallo ascendente y velloso que porta de dos o cuatro hojas perennes y de largos pecíolos, cuyo limbo —coriáceo y de un color verde oscuro brillante— es redondeado y profundamente recortado en la base. La cara inferior del limbo es más clara.

Las flores tienen cortos pecíolos, son un poco colgantes y desprenden olor a pimienta. La flor es pequeña; se desarrolla casi en el suelo y escapa fácilmente a la atención. El perianto es campanulado, de tres puntas, marrón verdoso en el exterior y violeta púrpura oscuro en el interior. Tiene 12 estambres. El ovario ínfero termina en un estigma de seis lóbulos. La autopolinización es bastante frecuente.

Esta planta tóxica ha sido a veces utilizada como remedio casero para provocar el vómito. El ásaro brota desde el sur de Escandinavia hasta el sur de Francia, el centro de Italia y Macedonia.

Se distinguen cuatro variedades europeas según las sustancias químicas que contiene la planta. Se ha demostrado recientemente que se pueden distinguir igualmente cuatro tipos morfológicos diferentes. Otros estudios mostrarán si hay alguna relación entre grupos botánicos y grupos fitoquímicos.

Número de cromosomas de las células somáticas: *2n = 26*
Planta dicotiledónea
Floración: *marzo-mayo*
Tipo de fruto: *cápsula*

Aruncus dioicus

Asarum europaeum

Aster alpinus

Áster alpino

Descripción

Esta planta vivaz, que puede alcanzar 20 cm de altura, crece en zonas de montaña.

Los tallos son erectos (a veces ascendentes), frondosos, no ramificados y con un solo capítulo. Tanto los tallos como las hojas son ligeramente vellosos. Las hojas radicales son espatuladas y tienen cortos pecíolos. Las caulinares son ovadas, lanceoladas y sésiles, enteras y con tres nervios.

La cabezuela mide cerca de 5 cm de diámetro y sus brácteas son lanceoladas y ciliadas en los bordes. Las flores centrales son de color amarillo oro. Hay hasta 40 flores liguladas en la parte exterior de la cabezuela y su corola mide cerca de 2 cm de longitud; son azuladas, rosas o, excepcionalmente, blancas. Los ovarios originan unos aquenios con vilanos, compuestos por dos filas de pelos.

El áster alpino crece desde Alemania central y el sur de Polonia hasta los Pirineos, los Balcanes y el Cáucaso.

Es una planta ornamental de la que se cultivan numerosas variedades en los jardines de rocalla y que retorna con frecuencia al estado silvestre.

Número de cromosomas de las células somáticas: *2n = 18, 36*
Planta dicotiledónea
Floración: *julio-septiembre*
Tipo de fruto: *aquenio*

Astragalus glycyphyllos

Astrágalo

Sin.: falso regaliz, falso orozuz

Descripción

Se puede encontrar esta planta de 50 a 150 cm de altura en lindes y claros de los bosques y en las zonas de maleza soleadas.

Los tallos angulosos son postrados o rastreros y lampiños. Las hojas imparipinnadas tienen de cuatro a siete pares de folíolos que recuerdan a las hojas de las falsas acacias.

Los densos racimos florales son más cortos que las hojas. Las flores, de hasta 14 mm de longitud, tienen cortos pedúnculos. Las brácteas, en cuyas axilas nacen las flores, son ciliadas y más largas que los pedúnculos florales. El cáliz es campaniforme, blanquecino y más o menos lampiño.

La corola oscila entre un color amarillo verdoso y un pardo crema.

Las vainas están encorvadas y contienen numerosas semillas.

Esta especie crece en la mayor parte de Europa, con excepción del extremo norte. Sin embargo, el astrágalo se encuentra sobre todo en regiones montañosas del sur de Europa.

En Europa central, hay más de 25 especies de astrágalos. Otras crecen incluso sobre los campos de lava del Etna, en las regiones pedregosas semidesérticas situadas en el sur de España o en la cadena montañosa del sureste de Bulgaria. Las plantas que crecen en estas regiones extremadamente secas y cálidas no se parecen mucho al astrágalo que conocemos. Son plantas leñosas, punzantes o incluso espinosas, cuyas flores se abren en las axilas de las hojas donde se ocultan.

Número de cromosomas de las células somáticas: *2n = 16*
Planta dicotiledónea
Floración: *junio-julio*
Tipo de fruto: *vaina*

Aster alpinus

Astragalus glycyphyllos

Atropa bella-donna

Belladona

Descripción

Esta planta vivaz mide de 50 a 150 cm de altura; crece en los claros de los bosques. Es calcícola.

El tallo es grueso, erguido y anguloso. Las hojas son alternas, aunque las de las ramas floridas parecen opuestas. El limbo de las hojas es ovado o elíptico y se estrecha en la base en un corto pecíolo. La hoja es entera, pubescente y de color verde oscuro. Las flores aisladas cuelgan del extremo de los pedúnculos. El cáliz proviene de la soldadura de cinco sépalos. La corola tiene también cinco pétalos, y es estrecha y acampanada; por fuera es de color violeta pardusco y por dentro, amarillo grisáceo con nervios rojos. Los lóbulos de la corola son redondeados y curvados hacia el exterior. Se aprecian cinco estambres de filamentos vellosos en la base y curvados en la parte superior. Las anteras son amarillas. El fruto es una baya, en principio verde y después negra, con el tamaño de una cereza y el interior del cáliz abultado y desplegado en forma de estrella.

La belladona crece principalmente en el sur, el oeste y el centro de Europa, Asia Menor, el Cáucaso y el norte de África.

Aunque es tóxica, tiene propiedades medicinales.

Número de cromosomas de las células somáticas: *2n = 72*
Planta dicotiledónea
Floración: *junio-agosto*
Tipo de fruto: *baya*

Bellis perennis

Maya

Sin.: chiribita, galana, vellorita, margarita enana

Descripción

Es una de las plantas silvestres más frecuentes de las praderas, los pastos y las zonas herbosas; mide de 5 a 15 cm de altura.

El escapo, erguido y pubescente, remata en un único capítulo de unos 15 mm de diámetro. El receptáculo es cónico y hueco. El involucro es doble. El centro del capítulo está formado por flores amarillas, tubuladas y hermafroditas. La parte exterior consta de flores liguladas y blancas, a veces rosas o púrpuras por el envés. Las flores resisten bajas temperaturas. Los aquenios maduros tienen aproximadamente 1 mm de longitud; son lampiños y sin vilano.

Esta planta ha sido utilizada por la medicina popular para la preparación de tisanas.

Crece prácticamente en toda Europa. Ha sido introducida en las islas del mar del Norte, así como en Suecia, Noruega y las Azores. En Europa meridional, crece *B. sylvestris,* que no puede distinguirse de la anterior sin determinar el número de cromosomas, que es 2n = 36 (54). Las flores de estas dos especies se cultivan como plantas ornamentales. Se ha seleccionado un gran número de variedades que se distinguen por el tamaño de los capítulos, la coloración y las dimensiones de las flores liguladas. Se cultivan también variedades con flores dobles.

Número de cromosomas de las células somáticas: *2n = 18*
Planta dicotiledónea
Floración: *marzo-noviembre*
Tipo de fruto: *aquenio*

Atropa bella-donna

Bellis perennis

Bidens tripartita

Cáñamo acuático

Descripción

Esta planta anual de 20 a 100 cm de altura crece en lugares muy húmedos, riberas y zanjas.

Los tallos erectos son muy ramificados, lampiños o pubescentes y a menudo de color marrón rojizo. Las hojas caulinares están de tres a cinco veces divididas.

El limbo se estrecha en pecíolos alados.

El tallo, rematado con unas cabezuelas globulares, aisladas, erectas o colgantes, mide de 15 a 25 mm de diámetro. El involucro está formado por grandes brácteas, en número de cinco a ocho; las internas son pequeñas, ovadas y de color pardo amarillento.

Las flores tubulosas son del mismo color y no existen flores liguladas. Los aquenios están erizados de aguijones, son de color verde pardusco y tienen tres aristas espinosas. En otras especies del género *Bidens,* las espinas («los dientes») son dos, lo que explica el nombre genérico latino.

Esta planta crece en casi toda Europa, con excepción de las regiones más meridionales y septentrionales. De la decena de *Bidens* europeos, esta especie es la más variable. Las numerosas modificaciones de algunos caracteres de las hojas o las cabezuelas se deben probablemente a la influencia del suelo y dependen posiblemente del tiempo de germinación de los aquenios. Por esta razón, es preferible considerar que se trata simplemente de ecotipos.

Número de cromosomas de las células somáticas: *2n = 48*
Planta dicotiledónea
Floración: *julio-octubre*
Tipo de fruto: *aquenio*

Briza media

Cedacillo

Sin.: caracolillo

Descripción

El hábitat de esta especie está constituido por las praderas secas, los pastos y las colinas soleadas, tanto de tierras bajas como de montaña. Es una planta vivaz, bastante frondosa.

Las cañas, finas, lisas y erectas, miden de 20 a 50 cm de altura. Las vainas de las hojas están cerradas. El limbo plano es áspero en los bordes. La lígula es muy corta.

La panícula es erecta y desplegada, y mide hasta 15 cm. Unas largas ramificaciones sustentan numerosas espiguillas, que miden aproximadamente medio centímetro y cuelgan en el extremo; tiemblan con la más ligera brisa, como si alguien agitase la caña. Estas espiguillas a menudo se presentan abultadas, sin arista y con un color violáceo. Las glumas son obovadas, irregulares, asimétricas y desplegadas. Las glumelas inferiores aparecen abultadas.

Esta planta crece en toda Europa, salvo en las regiones árticas y en algunas zonas de la cuenca mediterránea. *B. minor,* especie anual de espiguillas triangulares de unos 3 mm de longitud, crece en los Balcanes y en la cuenca mediterránea. *B. máxima* tiene unas espiguillas blanquecinas y de más de 2 cm de longitud. Es originaria del sur de Europa y se cultiva a veces en los jardines.

Número de cromosomas de las células somáticas: *2n = 14*
Planta monocotiledónea
Floración: *mayo-julio*
Tipo de fruto: *cariópside*

Bidens tripartita

Briza media

Butomus umbellatus

Junco florido

Descripción

Es una planta vivaz de 60 a 150 cm de altura que crece en aguas estancadas y riberas de ríos de débil corriente en prácticamente toda Europa.

A partir de un robusto rizoma horizontal se desarrolla una roseta de hojas radicales con vainas foliares en la base, triangulares y planas en el extremo, aproximadamente de 10 cm de longitud y 1 cm de anchura.

El escapo erecto, cilíndrico y no ramificado, acaba en una hélice de grandes flores que crecen en las axilas de brácteas escamosas y son regulares y hermafroditas. Los sépalos de color rosa verdoso y los pétalos rosas crecen en grupos de tres. Se aprecian nueve estambres.

Esta planta es el único superviviente del orden de las Butomales, lo que es indicativo de su edad. Los restos fósiles muestran que unas plantas similares crecieron en las riberas de los lagos de la era secundaria y se ha encontrado una planta fósil llamada *Butomites cretaceus* que data del periodo Cretácico. Esta planta representa el remanente más antiguo de un grupo de plantas monocotiledóneas que fueron parientes cercanos de unas antiguas plantas dicotiledóneas, hoy extinguidas, excepto los nenúfares blancos y los amarillos, perfectamente adaptados a medios acuáticos. Se supone que las butomáceas y las ninfáceas han tenido ancestros comunes y que las monocotiledóneas provienen de plantas ancestrales dicotiledóneas, y no a la inversa.

Número de cromosomas de las células somáticas: *2n = 26, 39*
Planta monocotiledónea
Floración: *junio-agosto*
Tipo de fruto: *folículo*

Calamagrostis epigejos

Calamagrostis

Descripción

Esta planta vivaz que forma matas mide hasta 150 cm de altura y crece en bosques y matorrales, así como en terrenos arenosos y dunas del litoral. Evita los suelos calizos.

En el suelo se esconde un recio rizoma rastrero que posee numerosos retoños largos y delgados. Las cañas son erectas y rugosas bajo la panícula. Las vainas de las hojas son ásperas. El limbo mide hasta 1 cm de anchura y es áspero y plano, pero puede estar enrollado. La lígula, que puede alcanzar 7 mm de longitud, tiene forma biselada.

Las flores forman una inflorescencia de espiguillas en panícula, que puede tener 30 cm de longitud y es densa y erecta, con ásperas ramificaciones. Las espiguillas individuales tienen un pedúnculo corto y se presentan agrupadas; son verdes o violetas, y pardas cuando están maduras. Las glumas lanceoladas tienen hasta 8 mm de longitud y son alargadas y puntiagudas. La lema membranosa es tres veces más corta que la gluma en la mitad de su longitud, y en la parte posterior presenta una arista corta y un manojo de pelos. Los estambres tienen un corto filamento de color amarillo; las anteras son naranjas o parduscas.

Esta hierba, con excepción de la parte europea de la Rusia y el norte de Escandinavia, crece en casi toda Europa.

Número de cromosomas de las células somáticas: *2n = 28 (35, 42, 49, 56)*
Planta monocotiledónea
Floración: *julio-agosto*
Tipo de fruto: *cariópside*

Butomus umbellatus

Calamagrostis epigejos

Calla palustris

Araceae – **Aráceas**
Bosques

Aro palustre

Descripción

Esta planta vivaz crece en terrenos pantanosos, bordes de estanques y praderas anegadas.

A partir de un rizoma hueco, cilíndrico y articulado, se elevan un tallo erecto de 15 a 30 cm de altura, lampiño y sin hojas, y dos densas filas de hojas con largos pecíolos. El limbo de las hojas es acorazonado y ligeramente puntiagudo. Las flores forman una inflorescencia en espádice, rodeada por una espata verdosa, pero blanca en la parte exterior. El espádice es cilíndrico, y su pedúnculo es corto. Las pequeñas flores no tienen periantio y la mayor parte son hermafroditas; sólo las del extremo superior son masculinas. La polinización se realiza en general gracias a los caracoles. En una flor hermafrodita se aprecian de seis a ocho estambres y un pistilo que, tras la fecundación, origina una baya roja. Las semillas, violetas, están cubiertas de un mucílago viscoso gracias al cual se fijan al cuerpo de los pájaros, de modo que pueden ser transportadas a gran distancia.

Es una planta tóxica. Crece en el centro y algunas zonas del norte de Europa, y está protegida en varios países.

El ácoro verdadero es una especie afín que puebla las riberas de las aguas estancadas de casi toda Europa, sin ser, sin embargo, originaria de este continente. Es nativa del este de Asia, donde florece, lo que no ocurre jamás en Europa.

Número de cromosomas de las células somáticas: *2n = 72 (32)*
Planta monocotiledónea
Floración: *mayo-julio*
Tipo de fruto: *baya*

Calluna vulgaris

Ericaceae – **Ericáceas**
Brezales

Brecina

Descripción

Esta planta crece en brezales, terrenos pantanosos secos invadidos por la vegetación, pinares y lindes de los bosques.

Es un arbusto postrado, de 25 a 50 cm de altura, con ramas cubiertas de hojas. Éstas, que presentan forma de aguja y bordes arrollados, son aparentemente huecas y están provistas de dos pequeños dientes en la base.

Las flores colgantes forman racimos terminales. Brotan en las axilas de las brácteas, en el extremo de cortos pedicelos. El cáliz rosa violáceo es membranoso, brillante, con cuatro divisiones y persistente después de la floración. A primera vista no se observa la corola porque su tamaño es la mitad que el del cáliz. En el interior de la flor, se encuentran ocho estambres y un pistilo compuesto por cuatro carpelos. El fruto es una cápsula pardusca que se abre mediante cuatro valvas que contienen muchas semillas pequeñas. Esta especie crece en la mayor parte de Europa, en Asia Menor y en Siberia occidental, y además ha sido introducida en América del Norte.

Las asociaciones vegetales (hayedos, pinares, pastos alpinos, turberas, etc.) están formadas por especies diversas en las diferentes regiones del hemisferio norte. Los brezales están formados por una sola especie, la brecina. Por el contrario, un género próximo, el brezo propiamente dicho *(Erica)*, abarca por lo menos 500 especies, de las cuales 15 o 20 crecen en Europa y el resto en el sur de África.

Número de cromosomas de las células somáticas: *2n = 16*
Planta dicotiledónea
Floración: *julio-octubre*
Tipo de fruto: *cápsula*

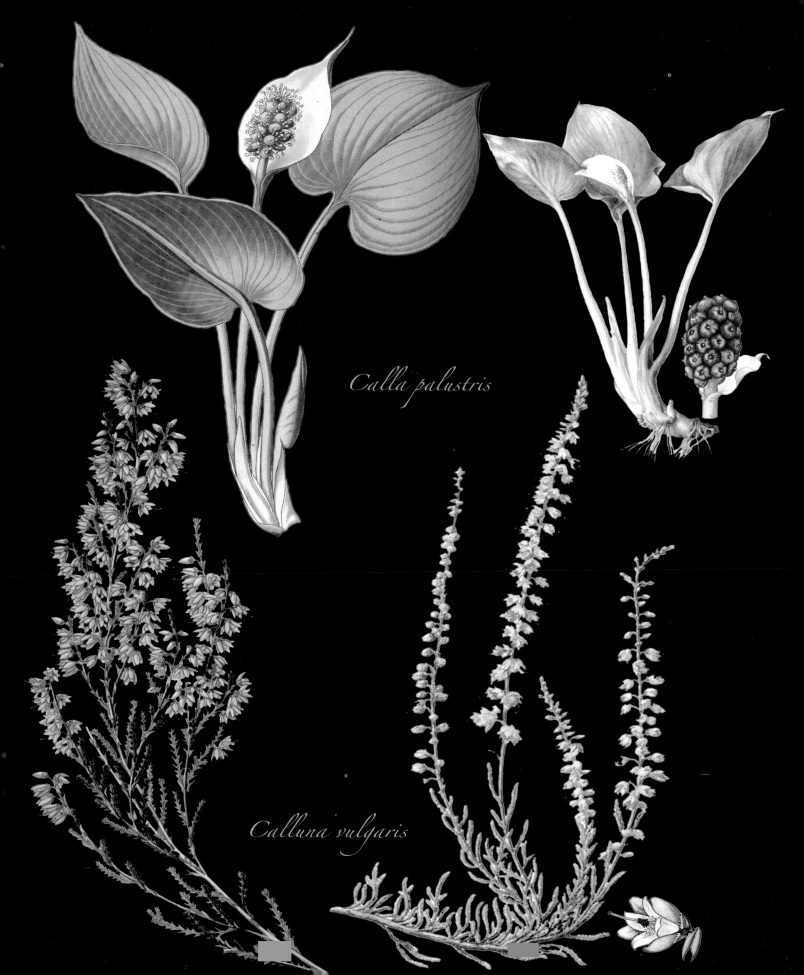

Calla palustris

Calluna vulgaris

Caltha palustris

Hierba centella

Descripción

La hierba centella, que mide de 10 a 30 cm de altura, crece cerca de los manantiales, en las praderas húmedas, en las zanjas y en las orillas de los cursos de agua.

Tiene tallos ascendentes y a veces enraizados. Los limbos redondeados de las hojas son cordados o reniformes, de color verde oscuro brillante y con el borde dentado. Las hojas radicales tienen pecíolos largos; las caulinares, cortos, y las superiores son sésiles.

Las flores son de un amarillo vivo y brillante. Suelen tener cinco sépalos, aunque puede llegar a haber diez. El número de estambres es elevado, pero variable. En los ovarios súperos hay de cinco a diez carpelos. Los jóvenes botones florales se utilizan a veces para sustituir a las alcaparras. Después de la polinización y la fecundación de los óvulos, el pistilo se transforma en un folículo que se separa del tallo al madurar; está torcido hacia el envés y la punta forma un pico de 1,5 mm aproximadamente. Las semillas son dispersadas por las lluvias o las crecidas.

Esta especie tiene muchas subespecies en Europa, pero es rara en el Mediterráneo. Crece también en Asia y América del Norte.

La hierba centella es ligeramente tóxica.

Las variedades de flores dobles son cultivadas habitualmente en los jardines.

Número de cromosomas de las células somáticas: *2n = 32 (18-80)*
Planta dicotiledónea
Floración: *abril-mayo*
Tipo de fruto: *folículo*

Campanula patula

Campánula aplanada

Descripción

Es una planta bienal o vivaz que crece en las praderas y cerca de los matorrales. Alcanza de 15 a 60 cm de altura.

Los tallos, erectos o ligeramente ascendentes, son angulosos. Las hojas son alargadas, elípticas u ovadas. Las radicales tienen cortos pecíolos; las caulinares son sésiles y poco numerosas, y se transforman progresivamente en brácteas.

Las flores tienen largos pedúnculos y forman una panícula poco densa. Los lóbulos del cáliz son lanceolados o sagitados y alcanzan aproximadamente la mitad de la longitud de la corola. Ésta tiene forma de embudo, mide hasta 35 mm de longitud y es de color azul pálido o azul oscuro, aunque excepcionalmente se pueden encontrar plantas de flores blancas. La corola está dividida hasta la mitad en lóbulos alargados, ovados, puntiagudos y lampiños. Las cápsulas presentan tres poros en la base.

Esta planta crece en las montañas europeas, con excepción de las regiones del noroeste y el sur. Existen algunas subespecies en ciertos macizos montañosos.

El rapónchigo (*C. rapunculus*) tiene una densa raíz con la que se preparaba una apreciada ensalada. Esta especie se extiende por el sur de una zona limitada por Holanda y Polonia. Antaño fue cultivada sobre todo en la cuenca mediterránea.

Número de cromosomas de las células somáticas: *2n = 20*
Planta dicotiledónea
Floración: *junio-julio*
Tipo de fruto: *cápsula*

Caltha palustris

Campanula patula

Capsella bursa-pastoris

Bolsa de pastor

Descripción

Esta mala hierba común crece en baldíos, cunetas y sembrados, pero también en parques y jardines. Mide de 5 a 50 cm.

Es anual o bienal. La raíz es cilíndrica y ligeramente leñosa. Tiene uno o varios tallos erectos. Las hojas radicales forman una roseta basal. Son pinnatífidas, pero pueden ser enteras; son pecioladas. Sobre el tallo, a menudo ramificado, brotan las hojas caulinares, que son envainantes en la base. Las pequeñas flores forman racimos densos que se alargan cuando envejecen. Se componen de cuatro sépalos y cuatro pétalos ovales prolongados por una uñeta. Son blancas y miden de 2 a 3 mm. Los frutos son silículas triangulares, aplastadas, de 6 a 9 mm de longitud.

Las semillas cordiformes, de tres caras, casi lisas, son de color marrón claro. Una sola planta puede producir hasta 75.000 semillas.

Esta especie crece en toda Europa. Distinta de ella es *C. heegeri,* cuyo tallo, muy ramificado, lleva unas silículas ovales no aplastadas. En tiempos, crecía en el oeste de Alemania (Palatinado) y actualmente sigue presente en Moravia.

Número de cromosomas de las células somáticas: *2n = 32*
Planta dicotiledónea
Floración: *marzo-noviembre*
Tipo de fruto: *silícula*

Cardamine pratensis

Marrubio

Sin.: astabatán

Descripción

El marrubio, que mide de 20 a 40 cm de altura, es una planta vivaz que crece en las praderas húmedas, tanto de tierras bajas como de montañas.

Un rizoma rastrero origina un tallo erecto, lampiño y no ramificado. Las hojas radicales, imparipinnadas y pecioladas, forman una roseta; el folíolo terminal, el más grande, es habitualmente trilobulado. Las hojas contienen cinco veces más vitamina C que el limón.

La inflorescencia es un racimo terminal que agrupa flores en número de siete a 20. Los cuatro sépalos son de color amarillo verdoso, violetas en la punta y con un reborde blanco. Los pétalos, también cuatro, son ligeramente violáceos, con nervios de color violeta muy visibles. Las flores son ricas en néctar. Los seis estambres tienen unas anteras amarillas. El ovario se transforma en una silicua de 4 cm de longitud.

Esta especie, extremadamente variable, se divide en cinco especies menores: *C. crassifolia,* que crece en los Pirineos; *C. nymani,* que se encuentra en el norte de Europa; *C. matthiolii,* de Europa central y el norte de la península balcánica, y *C. palustris* y *C. rivularis,* originarias del noroeste y el centro de Europa.

Estas especies menores se diferencian por la forma de las hojas y los folíolos, el aspecto y las ramificaciones de los tallos, el número y el tamaño de las piezas del perianto y el color de la corola.

Número de cromosomas de las células somáticas: *2n = 28--34, 38-44, 48*
Planta dicotiledónea
Floración: *abril-mayo*
Tipo de fruto: *silicua*

Capsella bursa-pastoris

Cardamine pratensis

Cardo almizclero

Descripción

Esta planta, en general bienal, mide de 30 a 100 cm de altura y crece en bordes de caminos, colinas soleadas, baldíos secos y landas.

Los tallos, erectos, alados y espinosos, están ligeramente ramificados en el extremo superior. Las hojas alargadas y lanceoladas son pinnatisectas y sus lóbulos son espinosos.

Las cabezuelas son colgantes; el involucro esférico está compuesto de varias filas de brácteas solapadas. La corola, de color rojo violáceo, está formada por flores tubulosas y con cinco lóbulos. Los aquenios miden hasta 4 mm de longitud, presentan arrugas transversales y tienen unos vilanos de 15 a 20 mm de longitud.

Este cardo crece sobre todo en el centro y el oeste de Europa.

La subespecie *nutans,* muy común, tiene unas cabezuelas de 4 cm de diámetro como máximo que se presentan inclinadas y nunca aisladas. La subespecie *macrolepsis* tiene unas cabezuelas que pueden alcanzar 8 cm de diámetro; se presentan en general aisladas y lampiñas o con algunos pelos diseminados.

Las cabezuelas de la subespecie *alpicola* son tan grandes como las de la especie anterior; también se presentan aisladas, pero son vellosas. Se encuentran generalmente en tierras altas.

Las brácteas de las tres subespecies descritas tienen largas espinas y un nervio central muy desarrollado, caracteres por los cuales se distinguen de la subespecie alpina *platylepsis*.

Número de cromosomas de las células somáticas: *2n = 16*
Planta dicotiledónea
Floración: *julio-septiembre*
Tipo de fruto: *aquenio*

Carrizo de primavera

Sin.: *Carex verna*

Descripción

Es una planta vivaz de 10 a 40 cm de altura que se encuentra en colinas secas, praderas y pastos.

A partir de un rizoma rastrero que forma numerosos retoños, se elevan unos tallos finos, a menudo curvos, triangulares y más o menos lisos. Las hojas, más cortas que el tallo, tienen, como máximo, 2 mm de anchura y son planas, a veces acanaladas en la parte inferior, rígidas y ásperas. Las vainas de las hojas son mates y de color pardo.

De dos a cuatro espiguillas se encuentran en posición adyacente y son sésiles, pero algunas veces la más baja está más separada y tiene un corto pedúnculo. La terminal es masculina y mide 1,5 cm de longitud. Las inferiores, femeninas, alargadas y densas, miden 1 cm. Las brácteas parecen glumas, las cuales, en las flores femeninas, son ovadas, puntiagudas, brillantes y de color ocre, y suelen poseer una arista. Los folículos maduros son triangulares y erectos, al principio verdes, después rojizos y finamente vellosos.

Esta especie, que crece casi en toda Europa, pertenece a un género extremadamente rico. Sólo en Europa central, se pueden encontrar más de cien especies.

Número de cromosomas de las células somáticas: *2n = 62, 64, 66, 68*
Planta monocotiledónea
Floración: *abril-mayo*
Tipo de fruto: *folículo*

Carduus nutans

Carex caryophyllea

Carlina acaulis

Ajonjero

Sin.: cardo plateado

Descripción

Esta planta vivaz crece en pendientes secas y soleadas, terrenos herbosos y bosques claros y secos.

El tallo, en general, está atrofiado. Las hojas, en roseta basal, son espinosas, rígidas y de color verde claro. Las cabezuelas son grandes, pues miden hasta 15 cm de diámetro. Las brácteas exteriores tienen forma de hojas; las del centro son de color pardo y dentadas. Las brácteas interiores son lineales, puntiagudas, blancas y brillantes en el haz, y amarillentas en el envés. Cuando el tiempo es soleado, se disponen en forma de estrella.

Las flores brotan en el receptáculo carnoso de la inflorescencia y son blancas o rosas. Los niños suelen comer este receptáculo, cuyo sabor recuerda al de la avellana. Los aquenios maduros miden 5 mm de longitud y el vilano se compone de pelos plumosos.

Se distinguen dos subespecies: *acaulis,* con un tallo prácticamente inexistente y hojas superiores apiñadas, y *simplex,* con un tallo que puede alcanzar 50 cm de altura y está siempre cubierto de hojas. Esta última especie prefiere los suelos calizos.

Ssp. *acaulis* crece desde el centro de Francia hasta Bielorrusia, y por el sur hasta España y el norte de Grecia. Ssp. *simplex* no crece ni en el norte ni en el noreste del área de extensión de la especie.

Número de cromosomas de las células somáticas: *2n = 20*
Planta dicotiledónea
Floración: *julio-septiembre*
Tipo de fruto: *aquenio*

Carum carvi

Alcaravea

Sin.: carvi, comino de prado

Descripción

Esta planta anual que mide de 20 a 80 cm crece en campos, praderas y pastos, tanto en tierras bajas como en montañas. Además, es cultivada por sus frutos, que son utilizados para usos culinarios.

El tallo es erecto, anguloso, rayado y poco ramificado. Se endereza a partir de una raíz ramificada, cuyo olor es parecido al de la zanahoria. Las hojas son de dos a tres veces pinnadas, con folíolos lineales.

Las umbelas, formadas por ocho a 16 umbélulas, se encuentran en el extremo de las ramas. Las umbélulas son densas, y los pedicelos tienen diversas longitudes. Los involucros y los involucrillos en general no existen. El cáliz tiene dientes poco visibles. La corola es blanca o rosa, con pétalos muy recortados. Los frutos son diaquenios, de 5 mm de longitud y rayados en el dorso.

Esta planta crece en toda Europa, con excepción de la cuenca mediterránea; es muy frecuente como planta cultivada. Las otras especies de alcaravea europeas tienen por lo general los frutos más pequeños; algunas crecen en peñascos en las montañas, en particular en los Balcanes, los Alpes y los Apeninos. Sin embargo, sólo la alcaravea crece en cultivo; sus frutos se utilizan como especia y sus aceites, para la fabricación de algunos medicamentos o licores.

Número de cromosomas de las células somáticas: *2n = 20*
Planta dicotiledónea
Floración: *mayo-julio*
Tipo de fruto: *diaquenio*

Carlina acaulis

Carum carvi

Centaurea cyanus

Azulejo

Sin.: clavel de San Juan, liebrecilla, (A)ciano (menor),
Cyanus arvensis, Centaurea segetum

Descripción

Esta planta anual, que mide de 30 a 60 cm de altura, es una mala hierba de sembrados y baldíos.

El tallo, erecto y anguloso, suele ser ramificado. Las hojas son pubescentes, pero rápidamente se vuelven lampiñas. Son lanceoladas, no divididas, o bien liradas y pinnatisectas. Las hojas radicales tienen pecíolos; las caulinares son sésiles.

En el extremo de las ramas, se encuentran las cabezuelas, erectas y aisladas. El involucro mide hasta 14 mm de longitud. Las flores son violáceas en el centro y hermafroditas, mientras que las de la parte exterior, únicamente femeninas, son más grandes y de color azul.

Los aquenios maduros, de 3 mm de longitud, son pubescentes y con un vilano compuesto por dos filas de pelos.

Entre las especies de Europa central, la más conocida, aparte del azulejo, es *C. montana*, planta vivaz de hojas anchas y brácteas con un reborde oscuro que sólo crece en suelos calizos. *C. triumfettii* es un elemento decorativo en peñascos y estepas de un gran número de países de Europa; esta planta cubierta de un vello gris, de hojas sedosas, tiene, como la especie anterior, flores centrales violetas y flores marginales azules.

Número de cromosomas de las células somáticas: *2n = 24*
Planta dicotiledónea
Floración: *mayo-septiembre*
Tipo de fruto: *aquenio*

Centaurea jacea

Cártamo silvestre

Sin.: *Jacea communis*

Descripción

Esta planta vivaz crece en praderas, bordes de caminos y colinas soleadas; mide de 30 a 100 cm de altura.

Sus tallos erectos son angulosos y frondosos. Las hojas radicales, pecioladas, lanceoladas, ovadas, no divididas y con pequeños dientes separados, forman una roseta. Van disminuyendo de tamaño hacia el extremo superior, donde se transforman en brácteas.

Los tallos acaban en unas cabezuelas con tres filas de brácteas ovadas. Las externas tienen unos apéndices lanceolados; las medianas, unos apéndices membranosos, redondeados y de color pardo oscuro, a veces incluso blancos. Los apéndices de las brácteas interiores no están divididos. La forma, el color y el aspecto de los apéndices son caracteres de determinación importantes en el marco de esta especie.

Las flores de esta planta son rojas o rosadas. Las marginales de la cabezuela son grandes, pero estériles.

El cártamo silvestre crece en toda Europa, con excepción de las islas.

En Europa central, se cuentan de cinco a diez subespecies; *pratensis* tiene aquenios con un corto reborde membranoso, lo que la diferencia de otras subespecies, como *angustifolia, amara, subjacea* y *oxylepis*. Las diferentes subespecies se distinguen por la forma de las hojas y la forma y la coloración de los apéndices de las brácteas.

Número de cromosomas de las células somáticas: *2n = (22), 44*
Planta dicotiledónea
Floración: *junio-octubre*
Tipo de fruto: *aquenio*

Centaurea cyanus

Centaurea jacea

Centaurium erythraea

Centaura menor

Sin.: *C. minus, C. umbellatum*

Descripción

Esta planta anual o bienal se encuentra en las lindes y los claros de los bosques, pero también en los herbazales secos; mide entre 10 y 40 cm de altura.

Las hojas, que forman una roseta basal, son obovadas y obtusas, y se estrechan en la base formando un largo pecíolo. De esta roseta se eleva un tallo erecto, de sección triangular, que se ramifica en horquilla en la parte superior. Las hojas caulinares son ovadas, alargadas, enteras, lanceoladas y sésiles.

La inflorescencia es laxa y está formada por flores sésiles o de pedúnculo corto. El cáliz es pentadentado y tiene forma de tubo. La corola, de color rosa rojizo, presenta lóbulos desplegados. Las cápsulas, en forma de cilindro estrecho, tienen hasta 10 mm de longitud.

Esta especie crece en toda Europa y muchos de sus rasgos característicos son variables, por ejemplo la ramificación, la forma y el tamaño de las hojas, la densidad de la inflorescencia, etc. Las plantas europeas están algunas veces agrupadas en subespecies. A pesar de esto, no es difícil identificar la especie *C. pulchellum*, que difiere de las anteriores por estar ramificada en la base, no formar roseta basal y tener flores con largos pedúnculos. Pero la diferencia es sobre todo ecológica: se encuentra fuera de los bosques, en praderas húmedas o pantanosas, en turberas, y, la mayor parte de las veces, sobre suelos calizos o salinos.

Número de cromosomas de las células somáticas: *2n = 40*
Planta dicotiledónea
Floración: *julio-octubre*
Tipo de fruto: *cápsula*

Cephalanthera damasonium

Cefalantera blanca

Sin.: *C. alba, C. grandiflora*

Descripción

Esta planta vivaz mide de 20 a 60 cm de altura. Prefiere los suelos calizos y crece sobre todo en bosques de pinos y robles.

A partir de un rizoma rastrero, se eleva un tallo glabro, ligeramente curvo, escamoso en la base y completamente cubierto de hojas alargadas o lanceoladas, al menos cuatro veces más largas que anchas.

Las flores, situadas en el extremo superior del tallo, forman espigas de tres a ocho unidades en las axilas de unas brácteas lanceoladas. Las seis piezas del periantio son alargadas, de color blanco amarillento y con cinco nervios. Las piezas externas son más grandes que las internas. El labio es un tercio más corto que el periantio y es de color amarillo en la parte interior.

Esta orquídea crece prácticamente en toda Europa; en casi todos los países de Europa central, figura entre las especies protegidas. *C. longifolia* es una especie menos frecuente, con flores de un color blanco puro y una inflorescencia que comprende hasta 20 flores. Las hojas son diez veces más largas que anchas. Se han encontrado híbridos entre *C. damasonium* y *C. longifolia* o *C. rubra*. La excepcional capacidad de hibridación de las cefalanteras culmina con los cruces entre *C. damasonium* y *Epipactis helleborine*.

Número de cromosomas de las células somáticas: *2n = 32, 36*
Planta monocotiledónea
Floración: *mayo-junio*
Tipo de fruto: *cápsula*

Centaurium erythraea

Cephalanthera damasonium

Cerastium arvense

Caryophyllaceae – **Cariofiláceas**
Colinas

Cerastio arvense

Descripción

Esta planta vivaz de 5 a 30 cm de altura forma matas en suelos arenosos de colinas soleadas y en las lindes de los bosques.

Los numerosos tallos semirrastreros o ascendentes, que enraizan a menudo, llevan hojas alargadas o lanceoladas, con pelos cortos y largos cilios en la base. En las axilas de estas hojas, nacen brotes frondosos y estériles. El par de hojas más elevado está muy alejado de las demás.

Las cimas dicótomas están formadas por flores pentámeras. Las brácteas oblongas son obtusas y presentan habitualmente una ancha membrana seca. Los pedúnculos florales son persistentes. La corola infundibuliforme está formada por pétalos blancos bífidos, dos veces más largos que los sépalos. La cápsula madura es tres veces más larga que el cáliz.

Con excepción de las regiones más septentrionales, esta especie crece en toda Europa.

En Europa central, se encuentra la subespecie *arvense,* y en el suroeste y en los Alpes, la subespecie *strictum*. La subespecie *glandulosum* es endémica de los Tatras, y en los Cárpatos orientales se encuentra la *lerchenfeldianum*.

Número de cromosomas de las células somáticas: *2n = 72*
Planta dicotiledónea
Floración: *abril-julio*
Tipo de fruto: *cápsula*

Chelidonium majus

Papaveraceae – **Papaveráceas**
Baldíos

Celidonia mayor

Sin.: golondrinera, hirundinaria

Descripción

Es una planta rústica y vivaz que crece en baldíos, matorrales y bosquecillos.

El tallo erecto y ramificado alcanza de 30 a 50 cm de altura. Es cilíndrico y ligeramente velloso, y contiene un látex anaranjado. Las hojas inferiores son pecioladas y las superiores sésiles.

Las flores, amarillas, tienen unos 20 cm de diámetro. El cáliz está compuesto por dos sépalos verdes caducos, y la corola, por cuatro pétalos. Hay gran número de estambres amarillos con filamentos abultados. El pistilo alargado está formado por dos carpelos y se transforma en una cápsula linear que puede alcanzar los 5 cm de longitud y se asemeja a una vaina. Las semillas son negras, reniformes y de hasta 15 mm de longitud.

La celidonia es una planta ligeramente tóxica, muy utilizada como remedio casero para curar las verrugas.

Crece en toda Europa, pero no es originaria del norte.

Es una especie muy variable, en particular en lo referente a la forma y la división de las hojas. Se han descrito más de 20 variedades.

Número de cromosomas de las células somáticas: *2n = 12*
Planta dicotiledónea
Floración: *mayo-octubre*
Tipo de fruto: *cápsula*

Cerastium arvense

Chelidonium majus

Chrysanthemum leucanthemum

Margaritón

Descripción

Las praderas, los pastos, las landas, los caminos y las colinas cubiertas de hierba se adornan desde la primavera hasta el otoño con las cabezuelas blancas y amarillas del margaritón.

El tallo de esta planta vivaz, de 30 a 60 cm de altura, se eleva a partir de un corto rizoma. Es erecto, simple o con algunas ramas que terminan en una cabezuela. Las hojas radicales son espatuladas y se estrechan bruscamente cerca de la base. Las superiores son lineales o alargadas, ovadas, aserradas y sésiles, con una base redondeada. Las hojas más altas son dentadas o enteras.

Las cabezuelas tienen de 3 a 6 cm de diámetro, aunque en las formas cultivadas en jardines pueden alcanzar los 15 cm. El involucro es semiesférico y verde; las brácteas, alargadas y anchas, están solapadas y tienen bordes de un color pardo claro u oscuro. El disco central está formado por flósculos tubulosos amarillos, mientras que la parte exterior está constituida por flósculos radiales blancos. Estos últimos son de 1 a 2 cm más largos que el involucro. Los aquenios tienen surcos.

El margaritón crece prácticamente en toda Europa, siendo menos frecuente en el extremo norte. En Europa central, se pueden distinguir tres especies menores, el mismo número que se encuentra en Europa meridional. Se distinguen por la forma de las hojas y de los aquenios, y por su hábitat.

Número de cromosomas de las células somáticas: *2n = 18*
Planta dicotiledónea
Floración: *mayo-septiembre*
Tipo de fruto: *aquenio*

Chrysanthemum vulgare

Tanaceto

Descripción

Esta planta vivaz mide de 50 a 150 cm de altura. Crece en lugares herbosos, en bordes de caminos, riberas y baldíos cubiertos de maleza.

Un rizoma rastrero del que sale un gran número de raíces origina unos tallos erectos, rígidos, angulosos y frondosos.

Las hojas, ovadas y alargadas, son bi o tripinnatisectas, de color verde oscuro en el haz y cubiertas de puntos glandulares en el envés. Toda la planta desprende un olor característico, particularmente cuando se frota con los dedos.

Las pequeñas cabezuelas están dispuestas en densos corimbos. La cabezuela, de aproximadamente 10 mm de diámetro, está formada sólo por flósculos tubulosos, de color amarillo oro, ya que no hay flósculos radiales. El receptáculo es lampiño. Los aquenios maduros tienen una forma ovoide y un reborde dentado.

El tanaceto crece prácticamente en toda Europa y ha sido cultivado como planta ornamental o medicinal, por lo que se ha aclimatado en numerosos países, como Irlanda. Esta especie ha sido clasificada también dentro del género *Tanacetum,* debido a la ausencia de flósculos radiales.

Número de cromosomas de las células somáticas: *2n = 18*
Planta dicotiledónea
Floración: *julio-septiembre*
Tipo de fruto: *aquenio*

Chrysanthemum
leucanthemum

Chrysanthemum
vulgare

Chrysosplenium alternifolium

Hepática dorada

Descripción

Esta especie, que mide de 5 a 20 cm de altura, crece en abundancia en los suelos húmedos y sombríos de los bosques, cerca de los manantiales, tanto en las tierras bajas como en las montañas.

Es una planta vivaz que forma matas a partir de un rizoma largo, delgado y escamoso. El tallo triangular está ramificado en horquilla. Las hojas radicales tienen largos pecíolos y un limbo ligeramente pubescente, brillante, reniforme y dentado. Se aprecian de dos a cuatro hojas caulinares, cordiformes, alternas y con cortos pecíolos. Las flores, pequeñas y amarillas, brotan en las axilas de unas brácteas de color amarillo verdoso. Los sépalos presentan extremos redondeados. La corola está ausente. La flor incluye ocho estambres. Las cápsulas ovoides están encerradas en un cáliz persistente.

Con excepción del extremo norte de Europa occidental y de la cuenca mediterránea, esta planta crece en toda Europa.

Ch. tetrandrum es una especie afín, más pequeña, completamente lampiña y con una flor que sólo tiene cuatro estambres.

Ch. oppositifolium, especie de hojas opuestas que se encuentra en Europa central, crece cerca de manantiales de montaña, en terrenos pantanosos sombríos y en los peñascos calizos.

Número de cromosomas de las células somáticas: *2n = 48*
Planta dicotiledónea
Floración: *marzo-junio*
Tipo de fruto: *cápsula*

Cichorium intybus

Achicoria

Descripción

Esta planta vivaz, que alcanza de 50 a 150 cm de altura, crece en eriales, terrenos baldíos y bordes de caminos.

Los tallos rígidos son erectos, ramificados y angulosos. Las hojas radicales, pecioladas, lobuladas y más o menos vellosas en el envés, forman una roseta. Las hojas del tallo se parecen a las radicales, pero son sésiles. Las del ápice son alargadas, casi lanceoladas. Cuando sufren una herida, dejan escapar un látex blanco.

Las flores están agrupadas en capítulos que miden hasta 40 mm de diámetro. Todas las flores son liguladas y sólo se abren por la mañana. Las brácteas exteriores son ovadas, desplegadas y más cortas que las inferiores, que son erectas. La corola es de color azul vivo o, algunas veces, blanca o rosada. Los aquenios tienen un reborde velloso.

La subespecie *sativum* se cultiva por sus gruesas raíces, de las que se obtiene la achicoria. Las plantas silvestres de la subespecie *intybus* tienen una raíz dura.

Una especie afín es *C. endivia,* con cuyas hojas pecioladas (blanqueadas) se preparan ensaladas.

Número de cromosomas de las células somáticas: *2n = 18*
Planta dicotiledónea
Floración: *julio-septiembre*
Tipo de fruto: *aquenio*

Chrysosplenium
alternifolium

Cichorium intybus

Cicuta virosa

Cicuta menor

Sin.: *etusa*

Descripción

Esta planta vivaz crece en riberas cenagosas, lugares anegados y zanjas. Mide entre 50 y 150 cm.

El tallo es tuberoso en la base, erecto, hueco y acanalado. En el ápice, las ramas están dispuestas en verticilos. Las hojas radicales tienen largos pecíolos y son bi o tripinnasectas y de superficie áspera. Las hojas caulinares tienen cortos pecíolos, son sésiles y están menos divididas.

Las flores forman densas umbelas que tienen largos pedúnculos, sin involucro de brácteas o con una o dos brácteas lineales solamente. Las flores son en general blanquecinas. Los frutos son ovoides, con costillas y un cáliz poco visible.

La cicuta menor está extendida por casi toda Europa; su área de distribución abarca, aproximadamente, desde la línea que forman Madrid, Nápoles y Salónica hasta el norte del continente.

La planta desprende un débil olor —para algunos es como el de los ratones— y contiene un gran número de alcaloides venenosos, de los cuales el más importante es la cicutoxina. Actualmente, el envenenamiento de ganado a causa de la cicuta menor es poco frecuente; en praderas cultivadas, gracias al drenaje, esta planta ha desaparecido. Es la única representante de su género, pero existen otras similares, como la cicuta mayor (*Conium maculatum*).

Número de cromosomas de las células somáticas: *2n = 22*
Planta dicotiledónea
Floración: *julio-octubre*
Tipo de fruto: *diaquenio*

Cirsium oleraceum

Cirsio oleráceo

Descripción

Esta especie vivaz que mide de 50 a 150 cm de altura crece en praderas húmedas, riberas a menudo anegadas y proximidades de los manantiales.

De un grueso y nudoso rizoma surge un tallo erecto, finamente rayado, que no lleva más que algunas ramas cortas en el extremo y es hueco. Las hojas son suaves, no punzantes, y de color verde claro. Las radicales son ovadas o elípticas, no divididas, aunque pueden tener unos lóbulos bien marcados. Las hojas superiores son ovadas y lanceoladas.

En el extremo del tallo, se encuentran agrupadas las cabezuelas, que se apoyan sobre grandes brácteas. Las flores son de color amarillo pálido, casi blancas, aunque a veces pueden ser rojizas. Los aquenios maduros son ligeramente angulosos y miden hasta 4 mm de longitud.

Los *Cirsium* de flores amarillas o blancas son poco numerosos en Europa. *C. spinosissimum* es una especie menor de montaña que se encuentra en los Alpes y los Apeninos y cuyas cabezuelas aparecen con frecuencia reunidas en grupos de 10. En los Pirineos se halla *C. glabrum,* con tallos que no sustentan más que una única cabezuela de flores amarillentas; en el sur de España, se encuentra una especie similar, de corola blanquecina: *C. albicans.*

Número de cromosomas de las células somáticas: *2n = 34*
Planta dicotiledónea
Floración: *junio-septiembre*
Tipo de fruto: *aquenio*

Cicuta virosa

Cirsium oleraceum

Clinopodium vulgare

Clinopodio

Sin.: *Calamintha clinopodium*

Descripción

Esta planta vivaz, que crece en matorrales y bosques claros, mide de 30 a 60 cm de altura. Tiene un rizoma rastrero y tallos simples o poco ramificados, con escasas hojas. Éstas son ovadas, enteras, ligeramente vellosas y de pecíolo corto.

En la axila de las hojas superiores, se desarrollan unos verticilos axilares formados por 10-20 flores. El cáliz tiene forma de tubo, es velloso y tiene dos labios. Las flores tienen cortos pedúnculos de 15 mm de longitud. La corola es de color carmín, aunque a veces pueda ser rosada o incluso blanca. El tubo de la corola es más o menos erecto y dos veces más largo que el cáliz. El labio inferior es unas dos veces más largo que el superior.

Esta planta se extiende por todo el continente europeo, hasta el círculo polar ártico.

La limonera *(Melissa officinalis)*, originaria del este de la cuenca mediterránea, es una planta medicinal similar al clinopodio. Posee esencias terpénicas, como el citral, al que debe su característico olor. Se utiliza como remedio casero contra la flatulencia y las náuseas y como estimulante del apetito.

Número de cromosomas de las células somáticas: *2n = 20*
Planta dicotiledónea
Floración: *julio-agosto*
Tipo de fruto: *aquenio*

Colchicum autumnale

Cólquico (de otoño)

Sin.: hermodátil, quitameriendas

Descripción

Esta planta vivaz adorna praderas y terrenos pantanosos.

Se eleva a partir de un bulbo de 3 a 7 cm de longitud, enterrado profundamente en el suelo y cubierto por una vaina membranosa. En primavera, un retoño aparece sobre el bulbo, que durante el verano se transforma en un corto tallo que permanece escondido bajo el suelo. Este tallo tiene dos o tres vainas membranosas y algunas yemas escamosas. En otoño, las flores aparecen en la superficie.

En general hay una única flor, que tiene un largo tubo floral, el cual emerge unos 15 cm por encima del suelo. La flor es una de las más grandes, ya que puede medir 50 cm, aunque la mayor parte se encuentra escondida bajo el suelo. El perianto tiene forma de embudo y seis lóbulos; es de color violáceo, raramente blanco. La planta permanece en reposo hasta la primavera; cuando el tallo comienza a brotar, su parte inferior engrosa y forma un nuevo bulbo al lado del antiguo, que muere cuando las materias nutritivas se han agotado. Cinco o seis hojas grandes, carnosas y lanceoladas aparecen sobre el tallo a la vez que una cápsula ovoide, alargada y dehiscente. Las semillas tienen un apéndice carnoso que adquiere un aspecto gelatinoso con la humedad y que utilizan para ser diseminadas por los animales al adherirse a sus patas.

El cólquico se extiende por toda Europa y es tóxico. El ganado evita en general esta planta, pero se dan algunos casos de envenenamiento en animales jóvenes.

Número de cromosomas de las células somáticas: *2n = 38*
Planta monocotiledónea
Floración: *septiembre*
Tipo de fruto: *cápsula*

Clinopodium vulgare

Colchicum autumnale

Convallaria majalis

Lirio de los valles

Descripción

Se encuentra en arboledas, bosques claros y matorrales. Es una planta vivaz que mide de 10 a 25 cm de altura.

De un rizoma ramificado, se elevan dos hojas pecioladas y lanceoladas, con una vaina escamosa en la base. Toda la planta es lampiña.

El escapo erecto acaba en un racimo de flores pedunculadas colgantes, de fragancia penetrante y color blanco, regulares y hermafroditas. El periantio es campanulado y tiene unos lóbulos cortos y desplegados. La baya es de color rojo en la madurez. El lirio de los valles crece en casi toda Europa hasta los Urales y el Cáucaso; ha sido introducida en Norteamérica.

Esta planta desprende un agradable perfume, pero es tóxica, ya que contiene gran cantidad de glucósidos y alcaloides venenosos. Está protegida en casi todos los países de Europa central. Sin embargo, cada primavera se recogen grandes cantidades de plantas en estado silvestre, debido a la demanda existente, aunque se cultiva en numerosas explotaciones hortícolas para después venderse en el mercado.

Número de cromosomas de las células somáticas: $2n = 38$
Planta monocotiledónea
Floración: *mayo-junio*
Tipo de fruto: *baya*

Convolvulus arvensis

Correhuela

Sin.: corregüela, albohol, altabaquillo, correyuela

Descripción

Esta planta vivaz y voluble mide de 30 a 100 cm de altura y crece en campos, viñas, jardines, terrenos baldíos y dunas.

El tallo, postrado o voluble, está ramificado y puede ser pubescente o lampiño. Las hojas, de largos pecíolos, tienen limbos sagitados; las superiores son más pequeñas. Las flores crecen aisladas o en grupos de dos o tres en el extremo de largos pedúnculos. El cáliz, nacido de la soldadura de cinco sépalos, mide unos 5 mm de longitud y puede presentar a veces un vello blanco en los bordes. La ancha corola infundibuliforme resulta de la soldadura de cinco pétalos blancos o rosas, a veces casi rojos. Los filamentos de los estambres son de color violeta. Unos nectarios naranjas rodean el pistilo. La cápsula

ovoide puede tener 8 mm de longitud y está recubierta en sus dos terceras partes por el cáliz persistente.

Las flores de la correhuela se abren por la mañana y se marchitan la tarde del mismo día. Esta planta crece en toda Europa, pero es bastante variable en lo referente a tamaño, color de las flores y forma y aspecto del limbo.

Como planta ornamental se cultiva a veces *C. tricolor,* que se caracteriza por un tallo no voluble, sino solamente ascendente o erecto, con hojas lanceoladas, sésiles y flores tricolores: azules en la parte exterior, blancas en la zona media y amarillas en el interior.

Número de cromosomas de las células somáticas: $2n = 48\ (50)$
Planta dicotiledónea
Floración: *junio-agosto*
Tipo de fruto: *cápsula*

Convallaria majalis

Convolvulus arvensis

Coronilla varia

Coronilla morada

Sin.: arvejilla morada, carolina

Descripción

Esta planta vivaz, que mide de 30 a 100 cm de altura, crece en pastos, praderas, lindes de bosques, terraplenes y terrenos baldíos.

A partir de un rizoma ramificado, crece un tallo ascendente y trepador. Las hojas pinnadas, de 5 a 10 cm de longitud, tienen largos pecíolos y hasta 10 pares de folíolos. Estos folíolos finos y puntiagudos tienen cortos pecíolos. Las estípulas son muy pequeñas y no están soldadas.

Las flores forman umbelas de 10 a 12 flores. Cada flor pedunculada crece en la axila de una pequeña bráctea. El cáliz campaniforme presenta cortos dientes. La corola es rosa o blanca. El estandarte rojo oscuro o violeta es más corto que las alas blancas o que la quilla picuda, que es de color violeta oscuro en la punta. El fruto es una vaina encorvada hacia la parte superior, con unos débiles estrechamientos (de tres a seis).

Esta planta crece sobre todo en el centro y el sur de Europa. Se cultiva con frecuencia y ha sido introducida en el oeste y el norte del continente europeo. Es tóxica.

Las especies afines de Europa central son todas de flores amarillas: *C. emerus* es un arbusto que mide más de un metro de altura y tiene cabezuelas bímeras; *C. vaginalis* es una herbácea con cabezuelas de hasta diez flores; *C. coronata* tiene hasta veinte flores por cabezuela.

Número de cromosomas de las células somáticas: *2n = 24*
Planta dicotiledónea
Floración: *junio-septiembre*
Tipo de fruto: *vaina*

Corydalis cava

Violeta bulbosa

Sin.: *C. bulbosa*

Descripción

Esta planta vivaz florece en los bosques a principios de primavera. Presenta un tubérculo hueco, del tamaño de una nuez.

El tallo, vigoroso y erecto, alcanza de 10 a 30 cm de altura y sustenta dos hojas pecioladas, con uno o dos segmentos, doblemente trifoliadas y de color verde grisáceo.

En el extremo del tallo hay un racimo de flores erecto y denso. Las flores que brotan en la axila de las brácteas son azules, rosadas o amarillentas. El cáliz, formado por dos sépalos, se marchita rápidamente cuando no está ausente.

De los cuatro pétalos, los dos internos son alargados y los dos externos forman dos labios, uno superior y otro inferior. El superior se prolonga en un largo espolón curvado en el extremo, donde se acumula el néctar que atrae a los insectos.

La flor no tiene más que dos estambres. El ovario súpero origina una cápsula que encierra numerosas semillas redondas y brillantes, provistas de un apéndice.

Esta planta es venenosa. Se encuentra en casi toda Europa, a excepción de las regiones septentrionales y la mayor parte de la cuenca mediterránea. Una especie próxima, *C. solida*, difiere por sus brácteas incisas y digitadas y por su tubérculo lleno.

Número de cromosomas de las células somáticas: *2n = 16*
Planta dicotiledónea
Floración: *marzo-abril*
Tipo de fruto: *cápsula*

Coronilla varia

Corydalis cava

Crepis mollis

Crepis suave

Descripción

Esta planta vivaz que mide de 30 a 90 cm de altura se encuentra en praderas húmedas y zonas de montaña.

Un tallo erecto y frondoso, lampiño o a veces velloso como las hojas se eleva a partir de un rizoma negro. Las hojas son suaves, enteras o ligeramente dentadas. Las radicales, elípticas u ovadas y pecioladas. Las caulinares de la parte media del tallo, alargadas y unidas por una base redondeada o ligeramente cordiforme. Las hojas del extremo superior son lineales y lanceoladas.

El tallo lleva unos capítulos de unos 35 mm de diámetro. El involucro es doble, de color verde oscuro y cubierto de glándulas y pelos estrellados. La corola es amarilla y dos veces más larga que el involucro. Los aquenios tienen una veintena de costillas lisas; el vilano es de color blanco puro, suave y flexible.

En esta especie, extendida sobre todo en el centro y el sureste de Europa, se distinguen tres subespecies: *mollis,* que crece en praderas de montaña y zonas de hierbas altas; *succisifolia,* en riberas de cursos de agua, manantiales y zonas húmedas de matorrales, y *velenovskyi,* que aparentemente crece sólo en el valle del Elba. Estas subespecies se distinguen por la vellosidad y la forma de hojas y pedúnculos.

Número de cromosomas de las células somáticas: $2n = 12$
Planta dicotiledónea
Floración: *junio-septiembre*
Tipo de fruto: *aquenio*

Cyclamen europaeum

Pamporcino

Sin.: pan de puerco, artanita, artanica, *C. purpurascens*

Descripción

Esta planta ornamental, de 10 a 20 cm de altura, crece sobre todo en los bosques de pinos y abetos de montaña.

A partir de un tubérculo subterráneo, se eleva un corto tallo escamoso y una roseta de hojas carnosas y perennes. Éstas tienen largos pecíolos; son acorazonadas y finamente dentadas en los bordes. Son de color verde oscuro (a menudo con manchas blancas) por el haz, y rojizas o purpúreas por el envés.

El escapo remata en una flor olorosa. Los sépalos son verdes y los pétalos, de color rojo carmín, un poco más oscuro en la garganta. La base de las piezas florales está soldada en un tubo. Los pétalos son recurvados. En el momento de la fructificación, los pedúnculos se enrollan en espirales dirigidas hacia el suelo.

Esta especie de bellas flores olorosas forma parte en numerosos países europeos de las plantas legalmente protegidas.

Crece desde el suroeste de Francia hasta los Cárpatos occidentales y el centro de la antigua Yugoslavia. En Europa central, no se encuentra más que en Baviera, Austria y el sur de la República Checa.

Otras especies de *Cyclamen* crecen en el sur de Europa. Son especies supervivientes de la era terciaria y están protegidas por ello.

Número de cromosomas de las células somáticas: $2n = 34$
Planta dicotiledónea
Floración: *julio-octubre*
Tipo de fruto: *cápsula*

Crepis mollis

Cyclamen europaeum

Cynoglossum officinale

Cinoglosa

Sin.: lengua de perro, viniebla, lapilla, lengua canina

Descripción

Esta planta bienal, que mide de 30 a 80 cm de altura, crece en baldíos secos, céspedes abandonados y matorrales.

El tallo —muy velloso, erecto y anguloso— está ramificado. Los densos tallos laterales, que luego aumentan de longitud, parten de las axilas de las hojas. Las hojas inferiores tienen pecíolos largos y son lanceoladas; las hojas superiores son sésiles, semiamplexicaules, alargadas y lanceoladas. Son vellosas o pubescentes por las dos caras.

Las densas inflorescencias se alargan cuando envejecen. Las flores individuales son pedunculadas y colgantes. Las piezas del cáliz son ovadas; las de la corola, de color pardo rojizo o, a veces, rosa, miden unos 6 mm. Las cuatro núculas son ovoides y están cubiertas de espinas ganchudas.

Se encuentra esta especie en la mayor parte de Europa, con excepción de los extremos norte y sur. En Europa central, crecen otras especies de cinoglosa: *C. columnae,* anual, originaria de la cuenca mediterránea, con flores de color azul oscuro, y *C. germanicum,* con corola violácea. Crecen sólo en suelos calizos, desde el centro de Inglaterra hasta Italia, en Bulgaria y en Ucrania.

Número de cromosomas de las células somáticas: *2n = 24*
Planta dicotiledónea
Floración: *abril-julio*
Tipo de fruto: *aquenio*

Cynosurus cristatus

Cola de perro

Sin.: cinosuro de crestas

Descripción

Esta planta vivaz, de numerosos y cortos retoños, crece en praderas y pastos.

A partir de un corto rizoma de color oscuro, se eleva una fina caña de 20 a 60 cm de altura, lisa al igual que las vainas, que están cerradas en toda su longitud. La caña es nudosa, cilíndrica, la mayor parte de las veces simple y, dejando aparte la inflorescencia, no ramificada y en general hueca. Cuando una caña se dobla, el nudo situado por debajo del punto de flexión es estimulado unilateralmente en el crecimiento y el tallo se endereza.

Los limbos tienen de 2 a 3 mm de anchura, son rayados y más tarde se presentan arrollados. Son cortos y ásperos cerca de la punta. Las lígulas que se encuentran en el límite del limbo y de la vaina miden menos de 1 mm y son truncadas.

La caña remata en una panícula simple que puede alcanzar 10 cm de longitud. Las espiguillas están formadas por dos filas situadas en el extremo de cortas ramificaciones. Al lado de cada espiguilla fértil, se desarrolla una estéril semejante a una cresta, debido a la posición de unas cortas glumelas inferiores (lemas), que pueden ser hasta 10. Una espiguilla fértil está compuesta de tres o cuatro flores. Las glumas son puntiagudas, mientras que las lemas son lanceoladas, bidentadas y provistas de una arista corta.

Esta planta crece en casi toda Europa, con excepción de Escandinavia y el norte de Rusia.

Número de cromosomas de las células somáticas: *2n = 14*
Planta monocotiledónea
Floración: *junio-julio*
Tipo de fruto: *cariópside*

Cynoglossum officinale

Cynosurus cristatus

Cypripedium calceolus

Zapatito de dama

Descripción

Esta planta crece en bosques cálidos y claros. Prefiere los suelos calizos.

El tallo erecto mide de 15 a 50 cm de altura, es escamoso en la base y lleva tres o cuatro, a veces incluso cinco, hojas alternas y envainantes. El limbo es ancho, elíptico o lanceolado.

El tallo no sustenta en general más que una sola flor, raramente dos, tres o cuatro. Ésta es grande y erguida, y nace en la axila de una bráctea semejante a una hoja. Los dos tépalos externos laterales están soldados en una pieza floral bidentada. El tépalo externo superior es ovado y lanceolado, mientras que los laterales internos se presentan desplegados. Todos ellos son de color marrón rojizo. El labio tiene de 3 a 4 cm de longitud y es fuertemente convexo en la parte inferior. La parte anterior es redondeada y de color amarillo claro, y la interior está punteada de rojo. El ginostemo es triangular y a él están soldados los dos estambres; el estigma es trilobulado.

Esta planta crecía antaño en toda Europa, pero hoy en día está ausente en Bélgica, Holanda, Sajonia y Schleswig-Holstein, y prácticamente ha desaparecido en Gran Bretaña. A pesar de encontrarse en la lista de especies protegidas en la mayor parte de los países de Europa central, es frecuentemente recogida en el campo, lo que hace que sea cada vez menos habitual en estado silvestre.

Número de cromosomas de las células somáticas: *2n = 20*
Planta monocotiledónea
Floración: *mayo-junio*
Tipo de fruto: *cápsula*

Dactylis glomerata

Dáctilo ramoso

Sin.: dáctilo apelotonado, dáctilo aglomerado, grama en jopillos

Descripción

Es una hierba vigorosa que crece en densas matas; es de color verde vivo o verde grisáceo y mide de 30 a 120 cm de altura. El dáctilo crece en praderas y pastos, al borde de las carreteras y en otros lugares herbosos.

Presenta cañas erectas o ligeramente ascendentes. Las vainas de las hojas son más o menos ásperas, cerradas y con dos filos. El limbo suele ser plano. Las lígulas puntiagudas miden hasta 10 mm de longitud.

La panícula es en principio estrecha y densa, con unas espiguillas aglomeradas en el extremo de las ramificaciones, pero después se vuelve simple y lobulada. Las ramificaciones son ásperas y divididas otra vez en el extremo. Las espiguillas son planas, verdes y formadas por tres o cuatro flores. Las glumas son lanceoladas, provistas de una corta arista y ciliadas.

Esta planta crece en casi toda Europa y ha sido introducida en Sudamérica, Australia y Nueva Zelanda. Es bastante variable en este territorio tan amplio.

En algunos lugares se cultivan variedades que tienen hojas con rayas blancas o amarillas.

D. polygama (sin.: *D. aschersoniana*) es una especie afín, de un verde claro y siempre estolonífera. La inflorescencia es menos densa y las espiguillas suelen estar formadas por cinco o seis flores. Crece en los bosques mixtos y los claros de los bosques de Europa central.

Número de cromosomas de las células somáticas: *2n = 28*
Planta monocotiledónea
Floración: *mayo-agosto*
Tipo de fruto: *cariópside*

Cypripedium calceolus

Dactylis glomerata

Dactylorhiza majalis

Orquis de hojas anchas

Sin.: *Orchis latifolia*

Descripción

Esta planta crece en praderas húmedas, terrenos pantanosos cubiertos de maleza, turberas y landas húmedas, así como en las zanjas.

A partir de dos pseudobulbos subterráneos se eleva, hasta 60 cm de altura, un tallo erecto, hueco, rayado, abultado y rojizo en la parte superior. Las hojas caulinares son alternas, envainantes, desplegadas, lineales y lanceoladas o elípticas. En el haz de color verde oscuro, se observan a menudo unas manchas pardas e irregulares.

Las flores, que forman densas inflorescencias en el extremo superior del tallo, brotan en las axilas de unas brácteas lanceoladas, rojas y abultadas. Las tres piezas florales externas son ovadas y lanceoladas, desplegadas o encorvadas hacia la parte trasera. De las tres piezas internas, las dos laterales se parecen a las externas y la central forma un labio trilobulado, prolongado en la base por un espolón hueco y ligeramente inclinado. Este espolón está vacío porque las flores no tienen néctar. Se trata de flores engañosas. Su color varía entre el rosa claro y el rojo denso. Las piezas del periantio presentan manchas. Los polinios son verdes. La cápsula contiene un gran número de semillas.

Número de cromosomas de las células somáticas: *2n = 80*
Planta monocotiledónea
Floración: *mayo-julio*
Tipo de fruto: *cápsula*

Daphne mezereum

Lauréola hembra

Sin.: loriguillo, torvisco, mezéreo, mezereón

Descripción

Este arbusto vivaz de 30 a 50 cm de altura crece en bosques ricos en humus y sotobosques, sobre todo en suelos calizos.

Las ramas son sólidas, pero flexibles; las hojas alternas están agrupadas en sus extremos.

Esta planta florece pronto en primavera, cuando las hojas del año anterior aún no se han caído. En las axilas de éstas, crecen manojos de flores purpúreas y tetrámeras, de fuerte olor. El cáliz es coloreado, como la corola, y sus sépalos, soldados en la base, forman un tubo. La flor presenta heterostilia y, por lo tanto, las flores son polinizadas por los insectos, que son atraídos tanto por la fragancia como por el llamativo aspecto de las flores. El polen germina únicamente sobre los estigmas de flores de un tipo diferente de aquel del que provienen. Las hojas brotan cuando éstas ya han caído.

Los frutos —unas drupas rojas— constituyen el alimento de algunos pájaros, que esparcen, por medio de sus heces, las semillas no digeridas.

La lauréola hembra es una planta tóxica. Está protegida en la mayor parte de los países de Europa central.

Se cultiva no solamente la variedad de flores rosas, sino también la de flores blancas (var. *alba*), de drupas amarillas.

En los jardines de rocalla, como plantas ornamentales, se cultivan también unas especies de Europa occidental, como son *D. pontica y D. alpina. D. arbusculo,* de flores de color rosa vivo, es endémica en las mesetas de Eslovaquia.

Número de cromosomas de las células somáticas: *2n = 18*
Planta dicotiledónea
Floración: *febrero-marzo*
Tipo de fruto: *drupa*

Dactylorhiza majalis

Daphne mezereum

Daucus carota

Dauco vulgar

Sin.: zanahoria silvestre

Descripción

Esta planta mide de 30 a 80 cm de altura; crece en praderas poco húmedas, cunetas, pastos y taludes.

A partir de una raíz característica, se eleva un tallo pubescente, oloroso, erecto y rayado, con hojas dos o tres veces pinnadas. Las radicales son pecioladas, las caulinares sésiles, y todas ellas están provistas de una pequeña vaina foliar.

Las flores forman densas umbelas, que son planas durante la floración y adquieren después forma esférica. El involucro está compuesto de numerosas estípulas recortadas. La flor central de la umbela suele ser de color violeta oscuro, y las otras habitualmente blancas o amarillentas; las flores laterales son radiales. Los frutos, elípticos u ovoides, miden hasta 4 mm de longitud. Los aquenios están erizados de aguijones y presentan tres surcos principales.

Esta especie crece en toda Europa, con excepción de las islas Feroe, Islandia y Spitzberg. Las variedades seleccionadas de la subespecie *sativus* tienen una raíz grande y dulce, de color rojizo, anaranjado o blanquecino, que es comestible. Hay una decena de especies similares en Europa.

Número de cromosomas de las células somáticas: *2n = 18*
Planta dicotiledónea
Floración: *mayo-octubre*
Tipo de fruto: *diaquenio*

Delphinium consolida

Espuela de caballero

Sin.: consólida real,
Consolida regalis

Descripción

Esta planta anual, que mide entre 60 y 100 cm de alto, es una mala hierba de los campos de trigo, sobre todo en los países cálidos. Se la encuentra también en las praderas y los pastos. La planta entera es lampiña o levemente vellosa. El tallo erecto se ramifica en su mitad superior y tiene hojas ternatisectas.

Las flores, cuyos sépalos son azules oscuros o, en ocasiones, rosas y blancos, forman inflorescencias bastante pobres. El sépalo superior se prolonga en un espolón; los pétalos son azules.

Tras la polinización y la fecundación, se forman folículos lampiños.

La espuela de caballero es tóxica y se utiliza como planta medicinal.

Esta especie crece en la mayor parte de Europa, y su límite septentrional se extiende hasta el sur de Escandinavia. Está ausente en casi todas las islas del sur y en los Balcanes.

Una especie afín, *D. ajacis,* se cultiva a veces como planta ornamental. Tiene inflorescencias densas y abundantes, con flores azules, y el pico de los folículos es muy puntiagudo. Cultivada también para la decoración, *D. orientale* tiene flores violetas y folículos con el pico puntiagudo bruscamente torcido. Se plantan también con frecuencia cultivares de flores rojas y blancas.

Número de cromosomas de las células somáticas: *2n = 16*
Planta dicotiledónea
Floración: *junio-septiembre*
Tipo de fruto: *folículo*

Daucus carota

Delphinium consolida

Deschampsia cespitosa

Grama de monte

Descripción

Es una planta vivaz de 50 a 150 cm de altura, densa, que forma matas y crece en praderas y bosques húmedos, desde las tierras bajas hasta las montañas.

Tiene numerosas cañas erectas y lisas, salvo bajo la inflorescencia, donde son rugosas. Las vainas pueden ser lisas o ásperas; los limbos de las hojas son planos y miden de 2 a 3 mm de anchura. Los nervios paralelos son muy visibles en el haz. Con tiempo seco, los limbos se presentan arrollados. Las lígulas, de 6 a 8 mm de longitud, son puntiagudas y blanquecinas.

La inflorescencia es una panícula piramidal y desplegada que puede medir 20 cm de longitud. Las ramificaciones son ásperas, y también aparecen desplegadas en el momento de la floración. Las espiguillas, situadas en el extremo de cortas ramificaciones, son violáceas o, raramente, verdes o amarillas. Las glumas son alargadas, obtusas, con un reborde membranoso, y violáceas en el extremo superior. Las glumelas son también violáceas, bordeadas de blanco, obtusas y dentadas con una arista corta.

Se distinguen dos subespecies: *cespitosa,* de espiguillas de 4 a 5 mm de longitud, formadas en general por dos a cinco flores, y *parviflora,* de espiguillas de 1,5 a 2,5 mm solamente y a menudo con una única flor.

Número de cromosomas de las células somáticas: *2n = 26*
Planta monocotiledónea
Floración: *junio-agosto*
Tipo de fruto: *cariópside*

Dianthus carthusianorum

Clavel de los cartujos

Descripción

Esta planta vivaz, que mide de 15 a 60 cm de altura, florece en colinas soleadas, en las tierras bajas y al pie de las montañas.

Del rizoma surgen unas matas de tallos erectos, lampiños y apenas ramificados. Estas matas están formadas por cortos tallos desprovistos de flores o por largos tallos floríferos.

Las hojas son opuestas, lineales y puntiagudas, con una vaina foliar en la base.

Las flores, más o menos sésiles, forman cabezuelas. Las brácteas coriáceas tienen una larga punta espinosa. El cáliz es cilíndrico y pentadentado; la corola lleva una uñeta larga, dentada y roja. *D. deltoides* se distingue por el dibujo de sus pétalos. La flor posee 10 estambres con anteras de color violeta oscuro. Los insectos aseguran la polinización.

El clavel de los cartujos crece prácticamente en toda Europa. Es variable; se han descrito algunas subespecies, entre las que se incluye ssp. *latifolius,* planta vigorosa que forma densas inflorescencias de color púrpura oscuro y que presenta hojas de 3 a 5 mm de ancho. Crece en los Alpes y los Cárpatos, en general en suelos calizos. Otra especie descrita, ssp. *vaginatus,* es una planta de poca altura que se encuentra en los Alpes y evita los suelos calizos; el limbo de sus hojas no mide más de 2 o 3 mm de ancho.

Número de cromosomas de las células somáticas: *2n = 30*
Planta dicotiledónea
Floración: *mayo-agosto*
Tipo de fruto: *cápsula*

Deschampsia cespitosa

Dianthus carthusianorum

Dianthus superbus

Clavelito

Descripción

Se encuentra este clavel en las tierras bajas, pero también en montañas, arboledas y los suelos ricos en humus; es una planta vivaz, de 30 a 60 cm de altura.

Tiene un rizoma leñoso y tallos cilíndricos y erguidos, con ramificaciones en la parte superior. Las hojas son opuestas, lanceoladas y ásperas en los bordes; las radicales son obtusas y las caulinares, puntiagudas.

Las flores, que miden unos 4 cm de diámetro, forman cimas bíparas. El cáliz de estas flores es oloroso, cilíndrico y violáceo. Los pétalos rosas se estrechan para formar una uñeta blanca; están profundamente hendidos y únicamente la parte central es alargada e indivisa. El fruto es una cápsula.

Esta especie más bien mediterránea crece sin embargo en toda Europa, con excepción de las regiones más occidentales y meridionales. Da lugar a tres subespecies que difieren en la longitud, la forma y la coloración de los pétalos, así como en el aspecto general de la planta. Ssp. *superbus* es una planta que crece en regiones situadas a poca altitud. Ssp. *alpestris* es una especie vigorosa de montaña. Por último, ssp. *autumnalis* florece aproximadamente un mes más tarde, en bosques claros y arboledas.

Número de cromosomas de las células somáticas: *2n = 30*
Planta dicotiledónea
Floración: *junio-agosto*
Tipo de fruto: *cápsula*

Dictamnus albus

Díctamo blanco

Sin.: fraxinela, chitán, fresnillo

Descripción

Esta planta vivaz, con su característico rizoma blanco y leñoso, crece en matorrales y bosques claros, pero sólo sobre suelos calizos.

Su tallo erecto, no ramificado y velloso, mide entre 60 y 120 cm de altura. En la parte superior, está cubierto de glándulas negras. Las hojas radicales son sésiles y simples, y las caulinares, imparipinnadas y pecioladas. Las hojas están cubiertas de un fino vello y se pueden ver a contraluz las pequeñas glándulas que contienen esencias aromáticas con olor a limón.

Hasta su sexto año, la planta no forma racimos de flores simétricas. Los estambres maduran antes que los pistilos. Este elemento de cinco carpelos origina cinco folículos que, por su disposición y su aspecto, recuerdan a una cápsula. Cuando el fruto madura y se seca, las paredes se desgarran y las semillas son proyectadas hasta 2 m de distancia.

Se trata de una especie termófila euroasiática. El díctamo blanco tiene un característico olor a limón, que se manifiesta sobre todo a pleno sol. Este olor es producido por sustancias aromáticas segregadas por las glándulas que cubren casi totalmente la planta. Estas esencias volátiles pueden inflamarse por encima de las matas de fraxinelas en días especialmente tórridos.

Número de cromosomas de las células somáticas: *2n = 36*
Planta dicotiledónea
Floración: *junio-julio*
Tipo de fruto: *folículo*

Dianthus superbus

Dictamnus albus

Digitalis grandiflora

Digital de flores grandes

Sin.: *D. ambigua*

Descripción

En arboledas, matorrales y pastos, tanto de tierras bajas como de montaña, puede encontrarse esta planta vivaz, de 60 a 120 cm de altura.

El tallo, que surge de un rizoma, es simple y erguido, y está recubierto de pelos glandulares en su parte superior. Las hojas radicales y las caulinares inferiores son alternas, largas y lanceoladas, y se estrechan en la base formando un pecíolo alado. Las hojas superiores son más pequeñas y sésiles; las del ápice se transforman en brácteas.

Las flores forman un racimo simple y denso. La corola es de color ocre claro, con manchas pardas en el interior y glándulas viscosas por fuera. Los cuatro estambres están soldados a la corola y son didínamos (dispuestos en dos pares, uno mayor que otro). La polinización es realizada por los insectos, pero la autopolinización también puede producirse. La cápsula con dos celdillas encierra unas semillas de color naranja.

Tanto esta especie como la anterior contienen sustancias medicinales. Además de cultivarse, también se recoge en estado silvestre y por eso está protegida en muchos países europeos. También se cultiva por sus propiedades medicinales la especie balcánica *D. lanata,* que contiene asimismo eficaces glucósidos cardiotónicos, de enorme importancia para la medicina moderna. Es necesario recordar que unas pocas semillas son suficientes para provocar graves envenenamientos.

Número de cromosomas de las células somáticas: *2n = 56*
Planta dicotiledónea
Floración: *junio-septiembre*
Tipo de fruto: *cápsula*

Digitalis purpurea

Dedalera

Sin.: digital, villoria

Descripción

Esta planta bienal de 40 a 140 cm de altura se encuentra en las lindes de los bosques o en los matorrales.

El tallo es erguido, simple y pubescente. Las hojas radicales y las más bajas de las caulinares tienen largos pecíolos alados. El limbo tiene forma ovada o lanceolada. Las hojas disminuyen de tamaño hacia el extremo superior y son sésiles; las más altas se transforman en brácteas.

Las flores, que forman un racimo simple, rara vez terminado por una flor radialmente simétrica, crecen en las axilas de las brácteas y son colgantes. El cáliz está formado por cinco sépalos soldados. La corola, en forma de campana tubulada, tiene cuatro o cinco lóbulos poco visibles y es roja, con unas manchas oscuras en el interior, bordeadas de blanco. Las cápsulas maduras son ovoides, vellosas y encerradas en un cáliz persistente.

Esta especie puede considerarse una planta medicinal, pues contiene glucósidos cardiotónicos, pero al mismo tiempo es peligrosamente tóxica. La dedalera crece en el oeste y el suroeste de Europa. Ha sido cultivada como planta medicinal y ornamental, por lo que se ha aclimatado en algunas regiones del este.

Esta planta es una especie excepcionalmente variable. Algunos ejemplares de la Península Ibérica tienen flores blancas, amarillas o rosadas (ssp. *heywoodii*).

Número de cromosomas de las células somáticas: *2n = 56*
Planta dicotiledónea
Floración: *junio-julio*
Tipo de fruto: *cápsula*

Digitalis grandiflora

Digitalis purpurea

Echinops sphaerocephalus

Cardo erizo

Descripción

Esta vigorosa planta vivaz, que puede llegar a medir hasta 2 m de altura, crece en baldíos secos, colinas soleadas y riberas expuestas al sol. Los tallos son erectos, angulosos, cubiertos de un vello blanco, glandulares en el extremo superior y simples o ligeramente ramificados. Las hojas radicales son pecioladas; el resto, sésiles y envainantes. Son ovadas, alargadas y pinnatífidas. Los lóbulos de las hojas son dentados, cubiertos de pelos glandulares en el haz y de un vello blanco o gris en el envés.

Las cabezuelas forman unas esferas de 4 a 8 cm de diámetro que se apoyan en unas brácteas vellosas y de color amarillo pálido. Cada cabezuela mide unos 2 cm de longitud. Las brácteas exteriores son cortas; las interiores, dos veces más largas, y se estrechan en una fina punta. Las flores son de color azul grisáceo o, con menor frecuencia, azul pálido. Las anteras son grises. Después de la polinización, se desarrolla un aquenio cubierto de pelos grises y sedosos que puede alcanzar 8 mm de longitud. El vilano está formado por pequeñas escamas, divididas hasta la mitad.

El cardo erizo crece en el centro y el sur de Europa. En el sur de Grecia y la península balcánica, se conocen dos subespecies.

Número de cromosomas de las células somáticas: $2n = 32$
Planta dicotiledónea
Floración: *junio-agosto*
Tipo de fruto: *aquenio*

Echium vulgare

Viborera morada

Sin.: viperina

Descripción

Esta planta bienal mide de 25 a 100 cm de altura y se encuentra en el borde de los caminos y en los pastos secos.

El tallo, simple y erguido, porta hojas lineales y lanceoladas, cubiertas de cerdas extendidas que crecen a partir de unas verrugas parduscas o blanquecinas.

Las flores son erguidas y forman racimos en las axilas de las hojas. Las divisiones del cáliz llevan manojos de pelos. La corola infundibuliforme tiene dos labios y mide unos 12 mm de diámetro y 20 mm de longitud. Rosa antes de la floración, se vuelve azul cuando la flor se abre. Los aquenios triangulares son verrugosos y dentados en los bordes.

Se encuentra prácticamente en toda Europa. En Europa central crece la especie afín *E. lycop-* *sis* (sin.: *E. plantagineum*), de flores violetas. Crece en los mismos lugares que *E. vulgare,* pero se extiende más bien por Europa meridional y occidental. El número de cromosomas de sus células somáticas es $2n = 16$.

Unas flores de color rojo oscuro caracterizan la especie *E. russicum* (sin.: *E. rubrum*), originaria del sureste de Europa, aunque se extiende por Europa central hasta República Checa.

Número de cromosomas de las células somáticas: $2n = 32$
Planta dicotiledónea
Floración: *mayo-octubre*
Tipo de fruto: *aquenio*

Echinops sphaerocephalus

Echium vulgare

Epilobium angustifolium

Onagraceae – **Onagráceas**
Claros de los bosques

Adelfilla rosada

Sin.: *Chamaerion angustifolium*

Descripción

Esta planta vivaz mide entre 60 y 120 cm de altura. Crece en los claros de los bosques y en terrenos herbáceos subalpinos. Es calcífuga.
A partir de un rizoma rastrero, brotan unos tallos cilíndricos, simples y erectos, casi completamente lampiños. Las hojas finas son alternas, lineales y lanceoladas, y están provistas de un corto pecíolo en la base. Son finamente dentadas y más o menos arrolladas, y los nervios muy visibles en el envés. Antaño se utilizaban las hojas para falsificar el té.
Las flores forman racimos densos, foliosos en la base. Los capullos florales son puntiagudos y las flores abiertas tienen aproximadamente 1 cm de diámetro. El cáliz está formado por cuatro sépalos, rojos en el exterior y vellosos. Los pétalos son obovados y de color rojo o,

más raramente, blanco. Las cápsulas, lineales y pubescentes, contienen un gran número de semillas con vilano que son diseminadas por el viento.
Esta especie está extendida por toda Europa. *E. dodonaei* se distingue por sus hojas estrechas, lineales o lanceoladas y rígidas. Es una especie que crece en riberas arenosas, terraplenes, canteras y lugares similares, donde sus flores rosas se abren hasta el mes de octubre.

Número de cromosomas de las células somáticas: *2n = 36*
Planta dicotiledónea
Floración: *julio-septiembre*
Tipo de fruto: *cápsula*

Epilobium montanum

Onagraceae – **Onagráceas**
Bosques

Adelfilla montana

Descripción

Esta planta vivaz mide de 20 a 80 cm de altura y crece tanto en bosques abiertos como en claros del bosque.
Unos tallos desnudos, ramificados en el extremo, brotan a partir de un corto rizoma. En el tallo se distinguen dos líneas de pelos; es velloso en la parte superior, con glándulas bien visibles. El extremo del tallo es colgante antes de la floración, y se endereza en el momento de ésta. Las hojas radicales son opuestas, las caulinares alternas. Todas ellas son ovadas, redondeadas en la base, irregularmente dentadas y puntiagudas. Los nervios son vellosos tanto en el haz como en el envés de la hoja.
Las brácteas son estrechas, lanceoladas y de dientes agudos. Las flores forman un racimo terminal. El cáliz está formado por cuatro sépalos verdes; la corola, por cuatro pétalos erectos, rosas o rojos, recorridos por venas oscuras, dos veces más largos que los sépalos.

Los estambres forman dos círculos de cuatro elementos cada uno. La cápsula madura es pubescente y glandular.
Esta especie crece en la mayor parte de Europa.
La especie afín *E. collinum* presenta tallos ramificados desde la base, hojas más pequeñas, de un color verde grisáceo, y cápsulas tomentosas, pero desprovistas de glándulas. Crece en colinas pedregosas y peñascos soleados, en bosques claros y entre la maleza; en general no crece en suelos calizos. *E. alpestre* vive en las montañas y se caracteriza por sus hojas dispuestas en verticilos de tres o cuatro elementos.

Número de cromosomas de las células somáticas: *2n = 36*
Planta dicotiledónea
Floración: *junio-julio*
Tipo de fruto: *cápsula*

Epilobium angustifolium

Epilobium montanum

Epipactis helleborine

Epipactis de hojas anchas

Descripción

Esta especie, que mide entre 20 y 50 cm de altura, crece en bosques mixtos y matorrales, tanto en tierras bajas como de montaña.

Un tallo verde y erecto, generalmente pubescente y a veces con un tinte violáceo en el extremo superior, se eleva a partir de un corto y robusto rizoma. En la base del tallo, se aprecian unas escamas parduscas, por encima de las cuales se encuentran las hojas, sésiles, envainantes y ligeramente pubescentes por el envés, que por su forma varían entre ovales y lanceoladas. Hacia la parte superior del tallo, las hojas se estrechan hasta hacerse lineales.

Las flores forman una densa espiga simple cuyo perfume recuerda al de la valeriana. El pedúnculo de la flor está girado 180º, de modo que el labio superior se transforma en el inferior y viceversa; esto recibe el nombre de resupinación.

El periantio es acampanado. Las tres piezas externas son verdes en la parte exterior y de color pardo púrpura en la interior. De las tres piezas internas, las dos laterales son similares a las externas y la tercera forma un labio púrpura dividido en dos partes, más cortas que las otras piezas del periantio. La parte anterior del labio forma un saco con dos protuberancias. Los insectos aseguran la polinización, pero existe igualmente la autopolinización.

Esta bella planta se recoge con frecuencia para formar ramos, a causa de lo cual su existencia se encuentra amenazada.

Número de cromosomas de las células somáticas: *2n = 38, 40*
Planta monocotiledónea
Floración: *julio-octubre*
Tipo de fruto: *cápsula*

Erica herbacea

Brezo alpino

Sin.: *E. carnea*

Descripción

Este pequeño arbusto, de medio metro de altura y muy ramificado, crece en los bosques de pinos de montaña y en terrenos baldíos cubiertos de vegetación, con preferencia por los suelos calizos.

Sus tallos ascendentes o erectos están cubiertos por hojas lineales, perennes, lampiñas y brillantes.

Las flores están dispuestas en densos racimos. Son colgantes y de color rojo carne, pero pueden ser también blancas. Los cuatro sépalos están soldados, sus extremos son puntiagudos y rojizos. La corola en forma de campana de medio centímetro de longitud está constituida por cuatro pétalos soldados. Tiene cuatro cortos dientes y es más larga que el cáliz.

Los ocho estambres tienen las anteras púrpuras. Los carpelos son lampiños y de color rojo oscuro. Un largo estilo sale de la flor. Los insectos aseguran la polinización.

Esta especie está considerada como un elemento atlántico y se encuentra sobre todo en el oeste y el suroeste de Europa.

Los dos nombres *E. carnea* y *E. herbacea* fueron asignados por Linneo, quien describió primero las plantas que florecen en primavera y después los ejemplares de otoño. Esta planta ha recibido el nombre específico de *herbacea*, aunque se trata de un arbusto. *E. arborea* es un arbusto o un pequeño árbol cuya gruesa raíz leñosa se utiliza para fabricar pipas.

Número de cromosomas de las células somáticas: *2n = 24*
Planta dicotiledónea
Floración: *marzo-junio*
Tipo de fruto: *cápsula*

Epipactis helleborine

Erica herbacea

Eriophorum angustifolium

Erióforo

Descripción

Esta planta vivaz de 30 a 60 cm de altura crece en las turberas y los terrenos pantanosos, tanto en tierras bajas como en altura.

Es una planta que forma matas poco densas; el tallo es cilíndrico, y las hojas, acanaladas y cubiertas por vainas pardas, lineales, de unos 6 mm de anchura y triangulares en toda su longitud o solamente en la punta. El borde de las hojas es áspero.

La inflorescencia está compuesta por tres a cinco pequeñas espigas que se encuentran en el extremo de unos pedúnculos lampiños. Las brácteas lanceoladas son de color pardo, con un reborde membranoso y blanco. El periantio se desarrolla bajo la forma de algunos pelos lisos que se alargan después de la floración y forman sobre la espiga un ma-

nojo blanco. El viento asegura la polinización. Los aquenios son obovados, alargados, triangulares y alados.

Salvo en la cuenca mediterránea, esta planta se encuentra en toda Europa.

E. latifolium es una especie afín de anchas hojas planas que presenta un gran número espiguillas y pedúnculos florales rugosos. Los pelos son casi blancos y todos de la misma longitud.

Número de cromosomas de las células somáticas: *2n = 58*
Planta monocotiledónea
Florecían: *abril-julio*
Tipo de fruto: *aquenio*

Erodium cicutarium

Alfilerillo de pastor

Descripción

Esta planta anual o bienal, de una altura entre 10 y 40 cm, crece en eriales, campos arenosos, baldíos, viñedos y pastos.

El tallo erecto es a menudo ramificado. Es completamente velloso, pero raramente lleva pelos glandulares.

A diferencia de otros miembros de la familia, esta planta tiene hojas imparipinnadas. Las hojas radicales están dispuestas en roseta y las caulinares tienen cortos pecíolos.

La inflorescencia está formada por flores en número de tres a ocho, con pedúnculos hasta tres veces más largos que las brácteas. Éstas están soldadas en la base. Los sépalos tienen de tres a cinco nervios y puntas cortas.

La corola es hasta dos veces más larga que el cáliz. Las flores son de color carmín o violeta. El fruto mide hasta 4 cm de longitud; está provisto de un pico y es ciliado.

Esta especie existe en la mayor parte de Europa. Como es muy variable, la división en especies menores es problemática; éstas, consideradas a menudo subespecies, se distinguen por ciertos rasgos poco visibles de los frutos o por el número de cromosomas. Aparte de *E. cicutarium* propiamente dicha, se distinguen tres especies menores que crecen en terrenos arenosos y dunas, en particular en el litoral del noroeste y el oeste de Europa: *E. lebelii* (sin.: *E. glutinosum*), *E. danicum* y *E. balii*.

Número de cromosomas de las células somáticas: *2n = 40*
Planta dicotiledónea
Floración: *abril-octubre*
Tipo de fruto: *esquizocarpo*

Eriophorum angustifolium

Erodium cicutarium

Eryngium campestre

Eringio

Descripción

Esta planta vivaz y espinosa forma matas globosas de una altura entre 20 y 50 cm y se desarrolla en colinas soleadas y terrenos arenosos herbáceos.

Los tallos son erguidos, lampiños, vigorosos y finamente rayados. Están ramificados a partir del tercio inferior. Las hojas radicales de las plantas jóvenes son simples, alargadas, dentadas y espinosas. Las hojas caulinares inferiores de las plantas con flores tienen largos pecíolos; son pinnatífidas, con dientes en forma de espina. Las hojas caulinares de la parte superior son sésiles, más simples y más pequeñas. Las flores están aglomeradas en cabezuelas. Las brácteas son espinosas y más largas que las cabezuelas. Los dientes del cáliz son espinosos; los pétalos no tienen más que la mitad de la longitud del cáliz y son blancos o verdosos. Los frutos son aplanados y escamosos. Cuando están maduras, las matas que esta planta forma se rompen y son dispersadas por el viento a grandes distancias. Por eso, en algunos países recibe el nombre de cardo corredor o corredor de las estepas.

El eringio crece en el centro y el sur de Europa. No existen en Europa más que 25 especies, de las cuales algunas pueden adornar las rocallas o los jardines alpinos. *E. giganteum,* de Asia central, se caracteriza por sus enormes cabezuelas; *E. maritimum* adorna las arenas del litoral.

Número de cromosomas de las células somáticas: *2n = 14, 48*
Planta dicotiledónea
Floración: *junio-septiembre*
Tipo de fruto: *diaquenio*

Euphorbia cyparissias

Euforbia

Descripción

Esta planta de 10 a 30 cm de altura crece en colinas soleadas, terrenos baldíos secos y zonas de maleza expuestas a la luz.

A partir de un rizoma leñoso y ramificado, se desarrollan manojos de tallos de los que fluye, cuando sufren alguna herida, un látex blanco que contiene glucósidos tóxicos. Los tallos carecen de hojas en la base, pero más arriba tienen muchas hojas alternas, sésiles, desplegadas, lineales y lampiñas.

La inflorescencia es muy compleja; recibe el nombre de ciatio. Las brácteas, anchas y ovadas, son puntiagudas y amarillas; enrojecen al mismo tiempo que el fruto. Las «falsas flores» aisladas se alzan en medio de pequeñas brácteas. En realidad son pequeñas inflorescencias en las cuales, alrededor de una flor femenina pedunculada, formada únicamente por el pistilo, hay de ocho a 12 flores masculinas, reducidas a un solo estambre. En el borde de la inflorescencia, se aprecian cuatro glándulas redondeadas, bicornes, amarillentas y, más tarde, parduscas.

El ovario de tres celdillas, que es en realidad una flor femenina reducida, lleva tres estilos y se transforma en una cápsula finamente verrugosa, que se resquebraja en la madurez y cuyas semillas son proyectadas lejos de la planta madre.

A excepción de los extremos norte y sur, se encuentra esta especie en toda Europa.

Número de cromosomas de las células somáticas: *2n = 20, 40*
Planta dicotiledónea
Floración: *abril-mayo*
Tipo de fruto: *cápsula*

Eryngium campestre

Euphorbia cyparissias

Euphorbia helioscopia

Lechetrezna

Descripción

Esta planta anual mide de 5 a 40 cm de altura y crece en campos arcillosos, jardines, viñedos y terrenos baldíos.

El tallo cilíndrico erecto está cubierto de hojas alternas que se pierden en el momento de la fructificación. Las hojas, entre obovadas y espatuladas, son sésiles. Las brácteas son grandes.

La inflorescencia está dispuesta de la misma forma que en la especie precedente. Las brácteas son obovadas y obtusas. La inflorescencia contiene pequeñas glándulas elípticas, de color amarillento. Las cápsulas son lampiñas, lisas y finamente punteadas.

Esta planta es probablemente originaria de la cuenca mediterránea. Puede encontrarse en toda Europa, con excepción del extremo norte; también en Asia y el norte de África, y ha sido introducida en Australia y Nueva Zelanda. Como todas las euforbias, deja escapar un látex blanco cuando sufre alguna herida. Gracias a esto, se distinguen en los desiertos africanos las euforbias de los cactus, a los cuales se parecen a primera vista.

Algunas especies forman árboles y alcanzan hasta 20 m de altura. Es el caso de *Hevea brasiliensis,* cuyo látex proporciona el caucho.

Número de cromosomas de las células somáticas: *2n = 42*
Planta dicotiledónea
Floración: *mayo-octubre*
Tipo de fruto: *cápsula*

Falcaria vulgaris

Falcaria

Descripción

Esta planta bienal o vivaz, que mide entre 30 y 100 cm de altura, crece en colinas soleadas.

Los tallos, erectos, cilíndricos y finamente rayados, sustentan unas ramas desplegadas. Las hojas son rígidas y están dentadas en el borde. Las radicales son simples o trilobuladas, y las de la parte central están una o dos veces divididas.

Las pequeñas flores blancas forman umbelas encerradas por entre cuatro y ocho brácteas lineales. El fruto es un diaquenio pardo amarillento de unos 4 mm de longitud.

Esta especie crece desde el norte de Francia y la zona central de Rusia hasta el sur de Europa, pero está ausente en las islas (Creta, Córcega, Sicilia, etc.). Ha sido introducida en Holanda, Bélgica y el continente americano.

A veces se encuentran ejemplares que, llegado julio, todavía no han florecido, cuando lo normal es que florezcan mucho antes. Su follaje está cubierto de esporas de un hongo parásito *(Aecidium falcariae),* que suele ser de color naranja. Las plantas así atacadas no florecen y sus hojas caen con la llegada del otoño; no es, por tanto, una planta anual, ya que su evolución exige un mínimo de dos años.

Número de cromosomas de las células somáticas: *2n = 22*
Planta dicotiledónea
Floración: *julio-octubre*
Tipo de fruto: *diaquenio*

Euphorbia helioscopia

Falcaria vulgaris

Festuca pratensis

Graminae (Poaceae) – **Gramíneas (Poáceas)**
Praderas

Festuca de los prados

Sin.: cañuela de los prados,
cañuela común, *F. eliator*

Descripción

La festuca crece y florece en praderas, terrenos herbosos y landas cubiertas de maleza. Es vivaz y forma matas que miden de 30 a 120 cm de altura.

Las cañas de esta hierba son ascendentes y lisas; en general llevan tres hojas, con vainas abiertas y lisas. Los limbos son también lisos y miden hasta 20 cm de longitud y 5 mm de anchura; son más o menos ásperos en el haz y lisos en el envés.

Las espiguillas, formadas por cinco a ocho flores, tienen de 9 a 12 mm de longitud. En la base de estas espiguillas, se encuentran dos glumas que, en esta especie, tienen forma lanceolada. Las glumelas inferiores son membranosas en la punta y no tienen aristas.

Las gramíneas son, en general, plantas anemófilas, lo que se refleja en la forma de los estambres. Los filamentos son finos y las anteras contienen una gran cantidad de polen y están unidas al filamento por la zona media, lo que facilita el balanceo al menor soplo de viento, con lo que se liberan los granos de polen. Éstos caen sobre los estigmas plumosos de otras flores. Las flores son proterogínicas, lo que significa que los estigmas maduran antes que los estambres. Por lo tanto, no hay posibilidad de autopolinización.

Número de cromosomas de las células somáticas: *2n = 14*
Planta monocotiledónea
Floración: *junio-julio*
Tipo de fruto: *cariópside*

Filipendula ulmaria

Rosaceae – **Rosáceas**
Praderas

Reina de los prados

Sin.: ulmaria

Descripción

Esta vigorosa planta vivaz, que mide entre 100 y 150 cm de altura, crece en las praderas húmedas y de hierbas altas, en las zanjas y cerca de los manantiales.

A partir de un rizoma articulado rastrero, se desarrolla un tallo erecto, rígido, glabro y poco ramificado. Las hojas, imparipinnadas, cuentan con entre cinco y nueve segmentos de forma ovada y puntiaguda; el folíolo terminal es palmatilobado. Las estípulas son anchas, cordiformes y dentadas.

Las pequeñas flores forman una densa inflorescencia. Los sépalos son poco aparentes, obovados; los pétalos olorosos, de color blanco amarillento, tienen una uñeta. Los estambres son dos veces más largos que los pétalos. Se cuentan de seis a diez carpelos. La polinización se asegura por medio de los insectos. Los folículos, lisos y glabros, miden 2 mm de longitud.

Con la excepción de las islas y la cuenca mediterránea, esta especie crece en casi toda Europa.

En Europa central se distinguen dos subespecies: ssp. *ulmaria,* que puede alcanzar 2 m de altura, con inflorescencias laxas y folículos glabros, se encuentra en casi toda Europa; ssp. *picbaueri,* cuyo tallo no tiene más que un metro de altura, tiene inflorescencias densas y folículos vellosos. Crece desde la parte oriental de Austria y República Checa hasta Bulgaria.

Número de cromosomas de las células somáticas: *2n = 14*
Planta dicotiledónea
Floración: *julio-agosto*
Tipo de fruto: *folículo*

Festuca pratensis

Filipendula ulmaria

Filipendula vulgaris

Filipéndula

Descripción

Esta planta vivaz que mide de 30 a 60 cm de altura crece en colinas no húmedas y en suelos ricos en caliza.

Un corto rizoma origina un tallo erecto, cilíndrico, folioso en la base, mientras que la parte superior está casi desprovista de hojas. Éstas tienen más de 20 pares de folíolos, cada uno de los cuales es profundamente inciso. Se observa una alternancia de grandes y pequeños folíolos; las estípulas reniformes son dentadas.

Las inflorescencias están compuestas por seis flores simples. Los pétalos son blancos o rosas. Los estambres son tan largos como los pétalos. Hay de nueve a 12 carpelos. Los folículos vellosos miden hasta 4 mm de longitud.

Esta especie crece en la mayor parte del continente europeo y se extiende por el norte hasta Trondheim, en Noruega.

Aparte de la reina de los prados y la filipéndula, no existe ninguna otra especie de este género en Europa. Algunas especies norteamericanas o asiáticas de flores blancas, rosas o rojas se cultivan como plantas ornamentales en jardines y parques.

Número de cromosomas de las células somáticas: *2n = 14*
Planta dicotiledónea
Floración: *junio-julio*
Tipo de fruto: *folículo*

Fragaria vesca

Fresa silvestre

Descripción

La fresa común crece en los linderos y los claros de los bosques; puede medir de 5 a 20 cm de altura.

En las axilas de una roseta de hojas radicales, se desarrollan unos estolones que pueden enraizar y unos tallos erectos, tan largos como las hojas o un poco mayores. Éstas tienen largos pecíolos y tres folíolos con estípulas lanceoladas y enteras. Los tallos, los pedúnculos, las hojas y las estípulas son pubescentes.

Los pedúnculos florales son largos, el calículo es más o menos tan largo como el cáliz. Las puntas del cáliz se curvan cuando se forma el fruto. Los pétalos son obovales y de color blanco puro, y miden hasta 8 mm de longitud. La flor lleva 20 estambres. Tras la polinización (realizada por los insectos) y la fecundación, el receptáculo se hace carnoso y unos aquenios se forman en su superficie: así nace la fresa. Las fresas maduras tienen unos 2 cm de longitud, son rojas, azucaradas y se pueden arrancar fácilmente.

Esta especie se extiende sobre la mayor parte de Europa. La especie *E. moschata* es muy similar; sus tallos son claramente más largos que las hojas, y sus frutos son verdosos, con un matiz rojizo en el lado expuesto al sol. *F. viridis* tiene un cáliz persistente adherido a la fresa; sus flores son amarillas y el fruto, blanco amarillento con la punta roja.

Número de cromosomas de las células somáticas: *2n = 14*
Planta dicotiledónea
Floración: *mayo-septiembre*
Tipo de fruto: *aquenios sobre un receptáculo carnoso*

Filipendula vulgaris

Fragaria vesca

Galanthus nivalis

Amaryllidaceae – **Amarilidáceas**
Bosques

Campanilla de invierno

Descripción

Esta planta florece a principios de primavera en las praderas de los valles y en bosques mixtos y pinares.

La campanilla de invierno es una planta vivaz de 10 a 20 cm de altura. El bulbo subterráneo tiene tres escamas pardas y a partir de él se elevan dos hojas lineales, obtusas, de 1 cm de ancho y 10 cm de longitud, que se sitúan justo por encima del suelo. Estas hojas presentan un color verde grisáceo y están rodeadas en la base por una vaina escamosa.

El escapo erecto sustenta varias flores colgantes que brotan en la axila de una bráctea verde con bordes blancos. Los tres tépalos internos son más cortos y obovados, y presentan una mancha verde en la incisión. Los seis estambres tienen anteras amarillas. El fruto es una cápsula.

Esta planta se cultiva a menudo con fines ornamentales. Se encuentra diseminada por toda Europa, aunque en algunas regiones ha desaparecido.

En algunos países, las partes subterráneas están protegidas, lo que significa que se pueden recolectar las flores, pero no desenterrar los bulbos.

En el sur de Europa, en Crimea, el Cáucaso y Asia Menor, crecen algunas especies similares, pero ninguna es tan apreciada en Europa central como la campanilla de invierno.

Número de cromosomas de las células somáticas: *2n = 24*
Planta monocotiledónea
Floración: *febrero-marzo*
Tipo de fruto: *cápsula*

Galeobdolon luteum

Labiatae – **Labiadas**
Bosques

Ortiga muerta amarilla

Sin.: *Lamium galeobdolon,
Lamiastrum galeobdolon*

Descripción

Esta planta vivaz, de 15 a 45 cm de altura, crece en bosques mixtos y matorrales.

Es lampiña o pubescente, tiene estolones frondosos y se parece mucho a la ortiga blanca, aunque se diferencian en el color de las flores. Los tallos son simples y llevan hojas. Éstas presentan largos pecíolos y tienen un limbo ovado con bastos dientes en el borde y a menudo con manchas blancas. Las brácteas tienen un corto pecíolo y son puntiagudas.

Las flores, en número de seis a ocho, se sitúan apretadas alrededor del escapo y brotan en la axila de las brácteas. Son sésiles y miden hasta 2 cm de longitud. El cáliz es tubulado, abierto y con dientes espinosos. La corola de color amarillo claro presenta un tubo casi erecto, un labio superior en forma de casco y un labio inferior con tres lóbulos. Las anteras son amarillas y lampiñas. Los aquenios maduros son negros y están provistos de un apéndice carnoso y blanco. Este apéndice es apreciado por las hormigas y gracias a ellas los frutos pueden ser diseminados.

Esta especie crece en la mayor parte de Europa, pero es más rara en la cuenca mediterránea y en el norte.

Número de cromosomas de las células somáticas: *2n = 18*
Planta dicotiledónea
Floración: *abril-julio*
Tipo de fruto: *aquenio*

Galanthus nivalis

Galeobdolon luteum

Galium odoratum

Aspérula olorosa

Sin.: Asperilla,
Asperula odorata

Descripción

Esta planta vivaz de 15 a 30 cm de altura es abundante en los bosques de hoja caduca, sobre todo en los hayedos.

El tallo, erecto y cuadrangular, es liso y lampiño. Las hojas, de color verde vivo, están dispuestas en verticilos de seis a nueve piezas. Las radicales son ovadas y alargadas, y las caulinares son lanceoladas. Todas ellas son enteras, lampiñas, ásperas en el borde y ligeramente espinosas en la punta. Las brácteas son muy pequeñas.

El cáliz atrofiado forma un reborde en la base de la corola, que tiene forma de embudo, es de color blanco, mide 6 mm de longitud y está dividida en cuatro lóbulos. Los insectos aseguran la polinización. El fruto está cubierto por pelos ganchudos.

Esta planta contiene altas concentraciones de cumarina, por lo que tiene valor como condimento. La planta seca conserva su perfume característico, lo que explica la costumbre de ponerla entre la ropa.

En la mayoría de los libros antiguos, esta planta está clasificada dentro del género *Asperula*, asignado por Linneo. Actualmente, se distinguen los géneros *Galium* y *Asperula*, según el número de nervios de la hoja, el número de hojas de cada verticilo y la longitud del tubo de la corola. Considerando estas características, se clasifica esta planta olorosa dentro del género *Galium*.

Número de cromosomas de las células somáticas: $2n = 44$
Planta dicotiledónea
Floración: *mayo-junio*
Tipo de fruto: *diaquenio*

Galium verum

Galio amarillo

Sin.: cuajaleche (amarillo), hierba sanjuanera

Descripción

Esta especie crece en abundancia en lugares secos, praderas, pastos, colinas soleadas y bordes de caminos.

Unos tallos de 30 a 60 cm de altura, erectos o ascendentes, se elevan a partir de un rizoma rastrero. Son cilíndricos y lampiños o ligeramente pubescentes. Las hojas están agrupadas en verticilos de ocho a 12 piezas y son lineares, arrolladas en los bordes y puntiagudas, de color verde oscuro en el haz y pubescentes en el envés, con un nervio muy marcado.

Las flores forman densas panículas terminales. La corola es de color amarillo vivo y mide entre 2 y 3 mm de diámetro. Los lóbulos de los pétalos son puntiagudos y las flores desprenden un olor a miel. Los frutos son lampiños y lisos o verrugosos.

Esta planta se utilizaba antiguamente en la fabricación de quesos por su capacidad de provocar la coagulación de la leche.

El galio amarillo se ha considerado una especie colectiva que engloba dos especies menores en Europa central: *G. verum* propiamente dicha, de tallos postrados o ascendentes, hojas de 1 mm de anchura e inflorescencias densas, y *G. wirtgenii,* de tallos erectos, hojas de 2 mm de anchura e inflorescencias laxas. Esta última es inodora y crece sobre todo en tierras bajas.

Número de cromosomas de las células somáticas: $2n = 22, 44$
Planta dicotiledónea
Floración: *(mayo) junio-octubre*
Tipo de fruto: *diaquenio*

Galium odoratum

Galium verum

Genista tinctoria

Retama de tintoreros

Sin.: retama de tintes,
hiniesta de tintes

Descripción

Este pequeño arbusto, que puede alcanzar 60 cm de altura, crece en los bosques claros o en sus lindes, así como en los brezales secos.

Las hojas alternas (elípticas o lanceoladas) son casi sésiles y sus estípulas están atrofiadas. Son lampiñas y de color verde oscuro por el haz y más claras y ciliadas por el envés, con nervios muy visibles. El tallo es corto, ascendente y muy ramificado.

Las flores están dispuestas en racimos. Los pedúnculos son tan largos como el cáliz y llevan dos brácteas lanceoladas. El cáliz es liso, pentalobulado y caduco. La corola es lisa y de color amarillo dorado, con un estandarte ovoide. Tras la fecundación, se forma una vaina que contiene de seis a diez semillas.

Esta planta se encuentra en la mayor parte del continente europeo. Hay numerosos asentamientos que son ligeramente diferentes unos de otros.

La retama de tintoreros contiene flavonas (por ejemplo luteolina), y por eso sus hojas y sus flores se utilizaban antiguamente para fabricar tintes.

G. germanica se diferencia de esta especie por tener ramas espinosas, hojas sésiles y vainas vellosas, además de por florecer un mes antes.

Número de cromosomas de las células somáticas: *2n = 48, 96*
Planta dicotiledónea
Floración: *junio-septiembre*
Tipo de fruto: *vaina*

Gentiana asclepiadea

Genciana con hojas de asclepias

Descripción

Las lindes de los bosques y matorrales subalpinos y los pastos de hierba alta constituyen el hábitat de esta hermosa planta vivaz que alcanza una altura de 30 a 60 cm.

Unos tallos simples y oblicuos, provistos de numerosas hojas opuestas, se elevan a partir de un fino rizoma. Estas hojas son sésiles, lanceoladas y puntiagudas. La planta es completamente lampiña.

En las axilas de las hojas superiores, se desarrollan, en grupos de dos o tres, unas flores que forman un racimo estrecho. Las flores inferiores tienen pedúnculos cortos y las superiores son sésiles. La flor tiene un cáliz acampanado. La corola es gamopétala y de color azul oscuro, con manchas rojizas por dentro. En algunas ocasiones, se pueden observar también flores blancas. El fruto es una cápsula alargada y pedunculada, con numerosas semillas aladas, de unos 2 mm de longitud. Esta especie crece sobre todo en las montañas de Europa central; en otros lugares del continente, es menos frecuente. En los Alpes se encuentra hasta los 2.200 m de altitud.

En varios países, la genciana forma parte de las especies protegidas, ya que es arrancada con frecuencia debido a sus bellas flores, lo que ha amenazado su existencia.

Número de cromosomas de las células somáticas: *2n = 44*
Planta dicotiledónea
Floración: *agosto-septiembre*
Tipo de fruto: *cápsula*

Genista tinctoria

Gentiana asclepiadea

Gentiana pneumonanthe

Genciana de turbera

Descripción

Se encuentra esta planta vivaz en las praderas húmedas y pantanosas y las landas húmedas; mide de 20 a 40 cm de altura.

A partir de un grueso rizoma, se elevan tallos erectos, un poco angulosos, que sostienen unas hojas sésiles, estrechas y de bordes ligeramente arrolladas.

Las flores crecen en las axilas de las hojas superiores (de una a tres en cada axila). Las flores superiores son sésiles y las inferiores tienen cortos pedúnculos. El cáliz es campaniforme y está dividido hasta la mitad en lóbulos lineales, separados por una membrana correosa. La corola, también en forma de campana, es de color azul vivo con cinco bandas punteadas de verde; es más pálida en la base. A veces puede ser azul claro, rosa o blanca. El fruto es una cápsula.

Esta genciana se encuentra en la mayor parte de Europa, pero no crece en muchas islas. Se la considera una especie protegida en la mayor parte de los países de Europa central.

Entre las gencianas de diferentes colores, se encuentran, por ejemplo, *G. lutea* o *G. punctata,* de corola amarilla, punteada de violeta oscuro, y *G. pannonica,* de corola azul violáceo o pardo violáceo, con puntos oscuros en la garganta. Todas estas especies embellecen las montañas del centro de Europa y son frecuentemente arrancadas por los turistas a causa de sus hermosos colores.

Las raíces de la genciana amarilla tienen varias propiedades medicinales.

Número de cromosomas de las células somáticas: *2n = 26*
Planta dicotiledónea
Floración: *julio-octubre*
Tipo de fruto: *cápsula*

Gentianella ciliata

Genciana ciliada

Descripción

Esta planta bienal o vivaz, que mide entre 5 y 25 cm, crece sobre todo en las zonas herbosas de los bosques claros y entre la maleza. Prefiere los suelos calizos.

Un fino rizoma origina unos tallos erectos, cuadrangulares. Las hojas, que son opuestas, lineales y puntiagudas, tienen un solo nervio y los bordes ligeramente rugosos.

Las flores brotan en el extremo de los tallos o las ramas. El cáliz es cilíndrico y está dividido en lóbulos lanceolados. La corola es de color azul vivo, y tiene forma de trompeta y lóbulos extendidos; la boca de la corola es lampiña. El fruto es una cápsula.

Esta especie está extendida por la mayor parte de Europa, con excepción de la zona norte. En la mayoría de los países europeos, está protegida por la ley.

Los representantes del género *Gentianella* son notables por su polimorfismo estacional y ecológico. Por ejemplo, *G. campestris* es una planta típica de las tierras bajas en otoño, pero también florece en primavera y se encuentra en las montañas. Esto sucede también con otras especies, como *G. germanica, G. austriaca, G. aspera* y *G. lutescens.*

Número de cromosomas de las células somáticas: *2n = 44*
Planta dicotiledónea
Floración: *agosto-octubre*
Tipo de fruto: *cápsula*

Gentiana pneumonanthe

Gentianella ciliata

Geranium robertianum

Hierba de San Roberto

Sin.: geranio de San Roberto

Descripción

Es una planta anual de 20 a 40 cm de altura que crece en lindes y claros de los bosques o entre la maleza; brota sobre todo en suelos ricos en nitrógeno.

Estas plantas de olor desagradable tienen tallos de color rojo, quebradizos y erizados de pelos. Las hojas radicales se secan muy pronto. Las caulinares, opuestas, tienen largos pecíolos y un limbo de contorno triangular. Son hojas orbiculares, de tres o cinco lóbulos, e incisas.

Las cimas dicótomas están compuestas de dos flores y son más largas que las brácteas. Aquéllas, situadas en el extremo de cortos pedicelos, son erectas. El cáliz envuelve la base de la flor y más tarde también el fruto. La corola está compuesta de cinco folíolos obovados, de color rojo carmín claro, con una larga uñeta. En el interior de la flor hay diez estambres con anteras de color pardo rojizo y polen naranja. El ovario súpero resulta de la soldadura de cinco carpelos. El fruto maduro es esquizocárpico y picudo, y se descompone, a partir de la base, en cinco segmentos monospermos.

La hierba de San Roberto crece en la mayor parte de las regiones europeas, con excepción del extremo norte, tanto en tierras bajas como en montañas.

La especie afín *G. purpureum* tiene flores más pequeñas, una corola púrpura y estambres con anteras y polen amarillo. Crece en el sur y el oeste de Europa, incluyendo Gran Bretaña.

Número de cromosomas de las células somáticas: *2n = 64*
Planta dicotiledónea
Floración: *mayo-octubre*
Tipo de fruto: *esquizocarpo*

Glechoma hederacea

Hiedra terrestre

Descripción

Las lindes de los bosques, los matorrales y las praderas constituyen el hábitat de esta especie vivaz, que alcanza una altura de 10 a 40 cm.

Unos tallos ascendentes se elevan a partir de un rizoma rastrero; son ramificados y tienen en la base unos retoños con hojas de hasta 1 m de longitud. Estos tallos son vellosos y forman raíces adventicias en los nudos. Las hojas tienen un limbo reniforme o cordiforme y son pecioladas.

En las axilas de las hojas medias y superiores, brotan, reunidas en grupos de dos o tres, flores de 1 a 2 cm de longitud. El cáliz es tubulado, con dos labios poco desarrollados y cinco dientes. La corola, de color azul violáceo, es de dos a cuatro veces más larga que el cáliz. En la garganta de la corola, se aprecia una corona de pelos. El labio superior tiene dos lóbulos y el inferior tres, color violeta oscuro.

Esta planta crece en la mayor parte del continente europeo y en Asia. También ha sido introducida en Norteamérica.

Las flores amarillas de esta planta se utilizan, por su olor agradable, como especia en rellenos y sopas.

G. hirsuta se distingue de la especie anterior por estar cubierta de pelos gruesos y largos, y por sus flores, que pueden tener 3 cm de longitud. Es una planta que crece sobre todo en el este y el sureste de Europa.

Número de cromosomas de las células somáticas: *2n = 18*
Planta dicotiledónea
Floración: *abril-julio*
Tipo de fruto: *aquenio*

Geranium robertianum

Glechoma hederacea

Hedera helix

Hiedra

Descripción

Los troncos de los árboles caducifolios, los peñascos y los muros están a menudo cubiertos por la única liana de Europa, la hiedra, que puede alcanzar hasta 20 m de longitud. También se cultiva para decoración de jardines, parques, cementerios y otros lugares, bajo la forma de numerosos cultivares.

Esta liana de hoja perenne presenta unas raíces de fijación: los zarcillos. Sus hojas son coriáceas, sin estípulas y de dos formas diferentes. Sobre las ramas floríferas, se desarrollan unas hojas ovales y alargadas, mientras que, sobre las ramas desprovistas de flores, las hojas pueden ser tri o pentalobuladas.

Las flores forman pequeñas umbelas que se desarrollan en las axilas de unas brácteas escamosas. Estas flores son regulares y hermafroditas. Los pétalos, caducos, son pardos por fuera y verdes por dentro. Los frutos son bayas redondas y negras, de aproximadamente 1 cm de diámetro, que contienen de tres a cinco semillas.

La hiedra se encuentra en casi toda Europa y en el norte de África.

Estas plantas, tanto cultivadas como silvestres, son bastante variables. En Francia e Italia, se encuentra una hiedra de frutos amarillos, de la subespecie *poetarum.* Algunas veces en parques y jardines se cultiva la especie *H. colchica,* originaria del Cáucaso y de Anatolia, que no fue descubierta hasta el siglo XIX.

Número de cromosomas de las células somáticas: $2n = 48$
Planta dicotiledónea
Floración: *septiembre-octubre*
Tipo de fruto: *baya*

Helianthemum nummularium

Heliántemo

Sin.: *H. chamaecistus*

Descripción

Crece en colinas soleadas, pastizales y matorrales secos; mide de 6 a 50 cm de altura.

Es una planta vivaz semileñosa, con numerosos tallos postrados o ascendentes, provistos de manojos de pelos. Las hojas, que tienen estípulas alargadas, son lineales u ovadas y vellosas por el envés.

Las flores forman racimos de dos a 15 flores provistas de pedicelos. Los dos sépalos externos son lanceolados, y los tres internos, más largos (hasta 10 mm), ovales y con cuatro nervios. Los cinco pétalos ovales, de 15 mm de longitud, son de color amarillo vivo o, más raramente, amarillo claro o naranja. El pistilo, que es ovoide y tomentoso, se transforma, después de la polinización (llevada a cabo por los insectos), en una cápsula de tres celdillas.

Esta especie está extendida por toda Europa, con excepción de las regiones más septentrionales. Se distinguen a menudo en Europa central cuatro subespecies: ssp. *nummularium,* ssp. *obscurum* (termófilas), ssp. *grandiflorum* y ssp. *glabrum* (de montaña). Se las distingue por el aspecto de las hojas y por el aspecto y la longitud de los sépalos.

Número de cromosomas de las células somáticas: $2n = 20$
Planta dicotiledónea
Floración: *mayo-septiembre*
Tipo de fruto: *cápsula*

Hedera helix

Helianthemum nummularium

Helleborus viridis

Eléboro verde

Descripción

Esta planta vivaz crece en los bosques claros y prefiere los suelos calizos. Mide de 15 a 40 cm de altura.

El tallo es erecto, poco ramificado y carente de hojas; está teñido de rojo por la parte inferior y es lampiño y a veces velloso hacia el ápice. Las hojas radicales no pasan el invierno. Tienen pecíolos y limbos alargados. Poseen de siete a 11 folíolos estrechos, lanceolados y dentados. Son más pálidas, más o menos vellosas, con nervaduras salientes en el haz. Sus hojas caulinares tienen una vaina en la base.

Las flores cuelgan del extremo de largos pedúnculos. El cáliz verde está formado por sépalos alargados; la corola tiene de ocho a 12 pétalos amarillo verdoso, abovedados y provistos de nectarios. Al igual que todos los representantes de esta familia, el número de estambres es elevado y variable. Los carpelos, de tres a cinco, están soldados a la base. El fruto es un folículo provisto de un pico, que se abre por la sutura ventral.

El eléboro crece sobre todo en Europa occidental y central. En el este de Europa, se cultiva como planta decorativa y embellece en primavera numerosos jardines.

Número de cromosomas de las células somáticas: *2n = 32*
Planta dicotiledónea
Floración: *marzo-abril*
Tipo de fruto: *folículo*

Hepatica nobilis

Hepática

Descripción

Ésta es una de las primeras flores de la primavera; suele crecer en los bosques caducifolios, aunque también se puede encontrar en las lindes de los bosques de coníferas.

A partir de un rizoma rastrero, surge un brote de 15 a 20 cm de alto que tiene una flor en su extremo y hojas de pecíolos largos con limbos cordiformes trilobulados. El color del limbo indica hasta cierto punto la ubicación de la flor. Las plantas que crecen sobre un suelo rico en humus tienen hojas de un verde vivo, mientras que las que lo hacen en suelos pobres poseen un limbo amarillo verdoso. El tallo está cubierto de pelos. Las hojas caulinares crecen de tres en tres en un mismo verticilo. Son pequeñas y enteras, y están situadas justo debajo de la flor, imitando un cáliz.

Las flores son hermafroditas y nacen en el ápice del tallo. El cáliz y la corola no están diferenciados. Los tépalos, en número de cuatro a diez, son de color violeta claro u oscuro, y pueden ser, en ocasiones, rosas o casi blancos. Los insectos efectúan la polinización, pero la planta puede también autopolinizarse.

Es una planta ligeramente tóxica.

Los aquenios de la hepática poseen un pico que contiene un aceite muy buscado por las hormigas, lo que asegura, de manera indirecta, la difusión de esta planta.

La hepática crece en la mayor parte del continente europeo.

Número de cromosomas de las células somáticas: *2n = 14*
Planta dicotiledónea
Floración: *febrero-mayo*
Tipo de fruto: *aquenio*

Helleborus viridis

Hepatica nobilis

Heracleum sphondylium

Branca

Sin.: ursina falsa

Descripción

Esta planta vivaz, de 50 a 250 cm de altura, crece sobre todo en zanjas y praderas húmedas y en las riberas de los ríos. Los tallos, cubiertos de pelos ásperos, son erectos, huecos, angulosos y rayados; raramente son lampiños. Las hojas tienen formas muy diversas: las de la base tienen pecíolos acanalados y las de la parte superior, sésiles y más pequeñas, vainas foliares poco visibles.

En el extremo de las ramas se encuentran grandes umbelas, que suelen estar formadas por flores hermafroditas. Las umbelas laterales, a menudo más pequeñas, sobre todo por flores masculinas. El involucro, si lo hay, sólo está presente en las umbelas laterales, que pueden tener de una a seis brácteas. Los dientes del cáliz son anchos. Las corolas son radiales y, habitualmente, de color blanco, aunque también pueden tener matices amarillos, verdes o rosas. Los frutos —elípticos y lampiños— tienen tres costillas en el dorso y unas alas estrechas a los lados.

Esta especie puede verse en casi toda Europa, principalmente en el noroeste.

H. mantegazzianum, originaria del suroeste asiático, es particularmente vigorosa y mide hasta 5 m de altura. En Europa central fue en un principio cultivada en parques, a partir de los cuales se ha extendido considerablemente en los últimos tiempos. Contiene sustancias fotosensibles que provocan ampollas cuando la piel entra en contacto con la planta en presencia de luz solar.

Número de cromosomas de las células somáticas: *2n = 22*
Planta dicotiledónea
Floración: *junio-octubre*
Tipo de fruto: *diaquenio*

Hieracium aurantiacum

Vellosilla naranja

Descripción

Esta planta vivaz de praderas de montaña se eleva a partir de un rizoma que posee numerosos retoños subterráneos y escamosos, o aéreos y cubiertos de hojas. Los tallos, erectos o ascendentes, miden de 20 a 40 cm de altura.

Las hojas radicales —suaves y de color verde oscuro— forman una roseta y son lanceoladas o cocleariformes, con los bordes lisos o ligeramente dentados. Se aprecian cuatro hojas caulinares, que tienen glándulas y algunos pelos. El tallo lleva hasta 12 capítulos, de los cuales el central está situado en la parte más baja de la inflorescencia. Esta planta es uno de los pocos miembros de su género con flores naranjas. Las brácteas son oscuras y están bordeadas de blanco.

El número de cromosomas es muy variable; así, esta especie puede formar las llamadas especies transitorias con otros *Hieracium* de montaña. Sin embargo, no es de las más variables de su género, aunque forma dos subespecies, una de las cuales es ssp. *carpaticola,* con brácteas la mitad de largas y que difiere además en otras características. Ambas se extienden por el centro y el norte de Europa.

Número de cromosomas de las células somáticas: *2n = 27, 36, 45, 54, 63*
Planta dicotiledónea
Floración: *julio-septiembre*
Tipo de fruto: *aquenio*

Heracleum sphondylium

Hieracium aurantiacum

Hieracium pilosella

Compositae– **Compuestas**
Praderas

Vellosilla

Sin.: oreja de ratón, pelosilla, pelusilla,
Pilosella officinarum

Descripción

La vellosilla crece en praderas secas, pastos, entre la hierba y en las tierras de barbecho; mide de 5 a 30 cm.

Las hojas, lanceoladas u obovadas, forman una roseta basal. Son de color verde o gris por el haz, blancas por el envés y pubescentes por ambas caras. De la roseta se eleva un tallo erecto y sin hojas. La planta forma unos retoños alargados y delgados que llevan largos pelos, y algunas hojas que van siendo más pequeñas según se acercan al extremo.

El tallo generalmente remata en un único capítulo terminal (muy ocasionalmente en dos). El involucro es ovoide y pubescente.

La corola es amarilla, y las flores marginales llevan unas bandas de un tono rojizo en el exterior.

Esta especie es completamente independiente desde el punto de vista evolutivo; no presenta subespecies.

La vellosilla crece en toda Europa, con excepción de algunas islas (Islandia, Azores, Creta, etc.).

Número de cromosomas de las células somáticas: *2n = 18, 27, 36, 45, 54, 63*
Planta dicotiledónea
Floración: *mayo-octubre*
Tipo de fruto: *aquenio*

Hyoscyamus niger

Solanaceae– **Solanáceas**
Baldíos

Beleño (negro)

Sin.: chupamieles

Descripción

Mide de 10 a 50 cm de altura; se desarrolla en baldíos secos y eriales. Prefiere los suelos ricos en nitrógeno.

El tallo, erecto, es anguloso y está cubierto de pelos lanosos y glandulares. Las hojas son alternas: las radicales tienen cortos pecíolos; las caulinares, envainantes, son sésiles.

En las axilas de las brácteas superiores, brotan unas flores sésiles que forman inflorescencias en monocasio. El cáliz es tubulado y sus lóbulos son puntiagudos. La corola infundibuliforme es vellosa en la parte exterior. Los lóbulos de la corola son amarillos y presentan nervaduras violáceas. La garganta es de color violeta rojizo. Existen cinco estambres, dos de los cuales son más cortos, con filamentos pubescentes y anteras violetas. El fruto es una cápsula que contiene hasta 200 semillas. Una sola planta, con unas 50 cápsulas, produce alrededor de 10.000 semillas. Éstas pueden permanecer en el suelo varios años antes de germinar. Ésta es la razón que hace de esta planta una mala hierba difícil de erradicar. Es también tóxica, ya que contiene hiosciamina y otros alcaloides venenosos. Las semillas se parecen a las de la amapola y pueden producirse confusiones peligrosas, ya que unas pocas semillas de beleño pueden provocar un envenenamiento.

Número de cromosomas de las células somáticas: *2n = 34*
Planta dicotiledónea
Floración: *mayo-septiembre*
Tipo de fruto: *cápsula*

Hieracium pilosella

Hyoscyamus niger

Hypericum perforatum

Hierba de San Juan

Sin.: hipérico

Descripción

Se encuentra esta planta vivaz de 30 a 90 cm de altura en colinas soleadas, entre la hierba, en los brezales, la maleza y los bosques claros.

Un rizoma muy ramificado origina un tallo erecto, ramificado en el extremo y más o menos glandular; unos tallos laterales muy ramificados también, pero desprovistos de flores, se desarrollan a su lado. Las hojas alargadas parecen acribilladas por pequeños orificios (ojos); son en realidad glándulas de aceites. Las hojas de la base son redondeadas y sésiles, y las de la parte superior tienen un corto pecíolo. Se arrollan un poco cuando el tiempo es seco. Las flores, de unos 3 cm, forman cimas. El cáliz es puntiagudo y tiene manchas negras; la corola es de color dorado. Hay de 50 a 60 estambres, que forman tres pequeños haces. Los frutos son cápsulas. Esta especie crece en la mayor parte del continente europeo, con excepción de las islas más septentrionales. Por tanto, no es sorprendente que sea tan variable y que se hayan descrito muchas subespecies o incluso especies aparentemente diferentes. Hoy en día se reconocen las subespecies *veronense, angustifolia y latifolium,* que se distinguen de la subespecie *perforatum* por la forma y el tamaño de las hojas, la longitud de los lóbulos del cáliz y el tamaño de las flores.

Número de cromosomas de las células somáticas: *2n = 32.*
Planta dicotiledónea
Floración: *julio-septiembre*
Tipo de fruto: *cápsula*

Impatiens noli-tangere

Nometoques

Descripción

El nometoques es una planta anual de 50 a 120 cm de altura, que crece en bosques húmedos de árboles de hoja caduca y mixtos. Los tallos carnosos y lampiños son erectos y ramificados en un tercio de su longitud. Las hojas alternas tienen largos pecíolos, con un limbo ovado y puntiagudo.

Las flores, amarillas, grandes y colgantes, forman racimos. Tienen tres sépalos cuya parte trasera se prolonga en un espolón encorvado. Los cinco pétalos, de los cuales el interior es el de mayor tamaño, están punteados de rojo por dentro. Tanto los carpelos como los estambres están soldados entre sí, estos últimos por su filamento. Tras la fecundación, se desarrolla una cápsula provista de valvas, de unos 25 mm. Cuando está madura, las valvas se abren bruscamente y las semillas son proyectadas lejos de la planta.

El nometoques crece en la mayor parte de Europa. No se conocen especies afines. Todas las demás han «inmigrado». Algunas son silvestres y otras domésticas. Por ejemplo, una *Impatiens* de flores pequeñas (*I. parviflora*) invade hoy en día bosques húmedos, zonas de maleza del litoral, parques y jardines; proviene de Asia central y Siberia meridional. *I. glandulifera* (sin.: *I. roylei*) es una especie que puede alcanzar 2 m de altura, tiene hojas opuestas o verticiladas y se cultiva por sus grandes flores rosa púrpura; llega a ser silvestre con facilidad. Proviene de los bosques situados al pie del Himalaya.

Número de cromosomas de las células somáticas: *2n = 20*
Planta dicotiledónea
Floración: *julio-septiembre*
Tipo de fruto: *cápsula*

Hypericum perforatum

Impatiens noli-tangere

Iris pseudacorus

Ácoro bastardo

Descripción

Se puede encontrar esta planta en riberas y matorrales, desde las tierras bajas hasta las estribaciones de las montañas.

Es una planta vivaz que se eleva a partir de un recio y ramificado rizoma. El tallo, erecto, mide de 50 a 150 cm de altura y es aplanado y ramificado. Las hojas, de color verde vivo, tienen forma de espada y miden hasta 3 cm de ancho, con la misma longitud que el tallo.

Las flores brotan en el extremo de largos pedúnculos, en las axilas de las brácteas. Los tépalos forman un tubo de color amarillo vivo. Los lóbulos de los tépalos exteriores se presentan desplegados; son de color amarillo oscuro y están recorridos por unos nervios pardo violáceos. Los tépalos interiores son erectos, lineales y más cortos que los lóbulos del estigma, bajo los cuales se encuentran escondidos tres estambres. Los insectos aseguran la polinización. El fruto es una cápsula triangular que contiene numerosas semillas aplanadas.

Esta notable planta está protegida en República Checa y en Alemania, pero merecería estar protegida también en otros países, ya que ha desaparecido por completo en muchos lugares de Europa.

Otras especies de *Iris* están también protegidas, como, por ejemplo, *I. sibirica,* de flores azul violáceo, que crece en praderas húmedas y terrenos pantanosos. Un rasgo destacable de ésta es que el tallo es cilíndrico y nada aplanado, como en la mayor parte de los otros Iris.

Número de cromosomas de las células somáticas: *2n = 34*
Planta monocotiledónea
Floración: *mayo-junio*
Tipo de fruto: *cápsula*

Jasione montana

Botón azul

Descripción

Crece en suelos arenosos de pastos, baldíos y pinares, pero nunca lo hace en suelos calizos; mide de 10 a 60 cm de altura y es bienal.

Esta planta tiene tallos erectos, simples o, con mayor frecuencia, ramificados. Presenta diferentes tipos de hojas: las radicales son largas, lanceoladas y romas, y suelen marchitarse antes de que nazcan las flores; las caulinares inferiores son alargadas, y las superiores y las medias, lanceoladas. Todas tienen bordes ondulados y finamente dentados y son sésiles.

Las flores están agrupadas en cabezuelas terminales de unos 15 mm de diámetro. Las brácteas del involucro son ovadas, y los lóbulos del cáliz, lineales. La corola, que es de color violeta claro o, algunas veces, casi blanco, mide hasta 15 mm de longitud y está dividida hasta la base en lóbulos lineales. La cápsula madura tiene forma cilíndrica.

Esta planta, muy variable, crece en casi toda Europa, el norte de África y Asia Menor.

J. laevis (sin.: *J. perennis*) es una especie muy diferente. Sus hojas no son onduladas en los bordes y posee unas cabezuelas de 30 mm de diámetro. Esta especie de Europa occidental tampoco crece en suelos calizos y prefiere los lugares arenosos y herbáceos.

Número de cromosomas de las células somáticas: *2n = 12*
Planta dicotiledónea
Floración: *julio-septiembre*
Tipo de fruto: *cápsula*

Iris pseudacorus

Jasione montana

Knautia arvensis

Escabiosa

Sin.: saetilla, viuda silvestre, *Scabiosa arvensis*

Descripción

Las flores de esta planta embellecen sembrados, praderas, pastos, baldíos, caminos y lindes de bosques en casi toda Europa.

Un rizoma ramificado origina un tallo erecto de 30 a 80 cm de altura, simple o ramificado y habitualmente lampiño en el extremo superior. Las hojas radicales son de color verde grisáceo, mates y obovadas. Las caulinares son liradas.

Las flores forman cabezuelas en el extremo de unos pedúnculos vellosos y a veces glandulares. Estas cabezuelas pueden ser hermafroditas o pistiladas. Las primeras miden de 3 a 4 cm de diámetro; las segundas, solamente de 15 a 20 mm. La corola es de color azul violáceo o, con menor frecuencia, rojo violáceo o blanco amarillento. Los aquenios maduros miden de 5 a 6 mm de longitud y están cubiertos de pelos.

Esta especie, muy variable, engloba varias especies menores. *K. arvensis* propiamente dicha tiene unas flores azules o de color rojo violáceo y unas hojas caulinares divididas. Crece en praderas, eriales y bordes de caminos.

K. kitaibelii tiene unas flores de color blanco amarillento y unas hojas caulinares nada o apenas divididas. Crece en praderas, bordes de caminos, lindes de los bosques y terraplenes de las vías férreas.

K. pannonica tiene unas flores de color azul violáceo y cubiertas de pelos grises, con hojas pinnatisectas.

Número de cromosomas de las células somáticas: *2n = 20, 40*
Planta dicotiledónea
Floración: *mayo-octubre*
Tipo de fruto: *aquenio*

Lamium album

Ortiga muerta

Sin.: ortiga blanca, lamio blanco

Descripción

Esta planta vivaz, que mide entre 20 y 40 cm de altura, se encuentra en los matorrales y las escombreras. Prefiere los suelos ricos en nitrógeno.

Los tallos son simples, lampiños en la base y, habitualmente, violáceos. Las hojas tienen pecíolos largos, son ovadas y puntiagudas, con la base cordiforme o redondeada, y tienen el borde dentado. Las brácteas se asemejan a las hojas superiores, pero sus pecíolos son más cortos.

Las hojas forman verticilos en las axilas de las brácteas. El cáliz es bífido y campaniforme, y tiene dientes lanceolados. La corola es blanca o amarillenta. El tubo de la corola es curvo. Las anteras de los estambres son de color pardo oscuro.

Esta especie se extiende por la mayor parte de Europa, pero es bastante rara en el sur y en las islas está completamente ausente. Crece también en Asia y ha sido introducida en Norteamérica.

Las flores de esta planta son utilizadas en la industria farmacéutica y en medicina popular como tisanas contra la bronquitis.

En Europa crecen más de 15 especies de ortigas, pero las que tienen flores blancas son poco frecuentes; en el oeste de la cuenca mediterránea, se encuentra *L. flexuosum,* de flores blancas tirando a rosadas, y, en el sur de Europa, *L. bifidum.*

Número de cromosomas de las células somáticas: *2n = 18*
Planta dicotiledónea
Floración: *abril-julio*
Tipo de fruto: *aquenio*

Knautia arvensis

Lamium album

Lamium maculatum

Lamio maculado

Descripción

Esta planta vivaz, de 10 a 50 cm de altura, crece entre los matorrales y en los bosques mixtos. Prefiere los suelos ricos en nitrógeno. Presenta retoños subterráneos o aéreos y, dejando a un lado el color de las flores, es muy parecida a la ortiga muerta *(Lamium album)*. Los tallos —cuadrangulares y simples— son rojizos en la base y están cubiertos de pelos erectos. Las hojas son puntiagudas y suelen tener manchas blancas en el haz. Su pecíolo mide hasta 4 cm de longitud.

Los verticilos crecen en las axilas de las brácteas. En las inflorescencias, a veces hay pequeñas bractéolas. Las flores son sésiles y miden hasta 3 cm de longitud. El cáliz es acampanado y abierto, con largos dientes puntiagudos. La corola suele ser de color rojo rosado; su tubo es curvo y muy llamativo. El labio superior es pubescente y el inferior trilobulado; el lóbulo central presenta un dibujo violáceo. Las anteras son de color pardo violeta o rojo. Los aquenios maduros, de tres ángulos, son verdes. Esta especie se encuentra por toda Europa.

L. purpureum es una especie similar, cuyas flores son del mismo color, es decir, rojas, pero el tubo de la corola es erecto y presenta en el interior una corona de pelos bien visibles; las flores son un poco más pequeñas y las hojas presentan bastos dientes.

Número de cromosomas de las células somáticas: *2n = 18*
Planta dicotiledónea
Floración: *abril-octubre*
Tipo de fruto: *aquenio*

Lathraea squamaria

Escuamaria

Descripción

Esta planta mide de 10 a 25 cm de altura y no tiene clorofila, por lo que parasita las raíces de los árboles de hoja caduca o incluso de coníferas. Crece de forma aislada en los bosques ricos en humus y sobre todo a baja altitud.

Es vivaz; el rizoma es grueso, escamoso y ramificado. El tallo, de color rosa o blanco, es vigoroso, carnoso, erguido y lampiño. Las hojas, aparentemente coloreadas, también son escamosas, alternas y acorazonadas.

Las flores están dispuestas en racimos simples. Cada flor, pedunculada, brota en la axila de una bráctea redondeada y tiene un cáliz rosa, campaniforme y pentalobulado, cubierto de pelos glandulares, y una corola infundibuliforme. Ésta es rosa y bilabiada; el labio inferior es rojo. Se pueden apreciar cuatro estambres, dos de los cuales son más pequeños y están soldados por los filamentos al tubo de la corola. Los insectos aseguran la polinización. Se ha observado igualmente la autopolinización en unas flores que no estaban abiertas (cleistogamia). La fertilización da lugar al desarrollo de una cápsula unilocular con varias semillas gruesas.

El parasitismo no es muy raro en la familia de las Escrofulariáceas, pero la mayor parte de sus especies no son más que parásitos parciales, es decir, plantas verdes que no toman de su huésped más que las materias minerales disueltas en el agua. La escuamaria es un parásito completo que debe obtener de su huésped los productos de la fotosíntesis, ya que ella no tiene clorofila.

Número de cromosomas de las células somáticas: *2n = 42*
Planta dicotiledónea
Floración: *junio-agosto*
Tipo de fruto: *cápsula*

Lamium
maculatum

Lathraea squamaria

Lathyrus vernus

Órovo vernal

Sin.: *Orobus vernus*

Descripción

Se encuentra en el estrato herbáceo de los bosques; es una planta vivaz que mide de 20 a 40 cm de altura.

Los tallos, erectos o ascendentes, angulosos, escamosos en la base y provistos de hojas en la parte superior, no son ramificados. Las hojas son paripinnadas, con dos o tres pares de folíolos lampiños, brillantes en el envés y un poco más pálidos en el haz, y un raquis que acaba en punta. Las estípulas miden hasta 2 cm de longitud y son semisagitadas.

La inflorescencia es un racimo laxo. Puede encontrarse uno en el extremo, y tal vez otros dos o tres en las axilas de las hojas. El cáliz, campaniforme y pentalobulado, es habitualmente pardo o violeta. La corola es simétrica, de color rojo violeta y con las alas más bien azules. Tras la fecundación, se desarrolla una vaina de un color marrón pardo, inclinada hacia el extremo inferior, que encierra de ocho a 14 semillas abigarradas, lisas y lenticulares. El órovo vernal crece en la mayor parte de Europa, igual que *L. niger*, cuyas hojas tienen de cuatro a seis pares de folíolos que ennegrecen al secarse.

Número de cromosomas de las células somáticas: *2n = 14*
Planta dicotiledónea
Floración: *mayo-septiembre*
Tipo de fruto: *vaina*

Ledum palustre

Romero de los pantanos

Descripción

Este arbusto de hoja perenne que alcanza los 150 cm de altura crece en turberas y bosques pantanosos, desde las tierras bajas hasta las montañas, y a veces incluso en areniscas sombrías y cubiertas de musgo.

Las hojas están cubiertas en el envés por un tomento rojizo, como las ramas jóvenes. En caso de sequía prolongada, las hojas, normalmente dispuestas en horizontal, toman una posición vertical, lo que reduce la superficie expuesta a los rayos solares. Las flores blancas forman bellas umbelas y contienen néctar. Los estambres son más largos que los pétalos, los cuales en esta especie, a diferencia de otras Ericáceas, son libres, no están soldados. La polinización está asegurada por los insectos, probablemente atraídos por el olor picante de la planta. Los frutos, por su disposición, hacen pensar en un surtidor del que cuelgan las cápsulas, de 10 a 15 mm de longitud. Estas cápsulas contienen una gran cantidad de semillas que son dispersadas por el viento.

El romero de los pantanos puede llegar a los 30 años de edad. Contiene sustancias venenosas; se utilizaba antaño en medicina popular y contra los insectos dañinos. Hoy, está protegido en numerosos países. Crece en el norte y el centro de Europa, pero ha desaparecido de muchos lugares.

Número de cromosomas de las células somáticas: *2n = 52*
Planta dicotiledónea
Floración: *mayo-junio*
Tipo de fruto: *cápsula*

Lathyrus vernus

Ledum palustre

Lilium martagon

Azucena silvestre

Descripción

Esta planta vivaz tiene un tallo de 30 a 100 cm de altura y crece en los bosques de hoja caduca, entre los matorrales, y en las praderas de hierbas altas.

El bulbo, de color amarillo oro, enterrado en el suelo, origina un tallo erecto que posee en la parte inferior 2 o 3 verticilos visibles, de hojas ovadas, lanceoladas y de cortos pecíolos. En la parte superior, se encuentran unas hojas alternas, sésiles, que se transforman en pequeñas brácteas, de cuyas axilas brotan las flores pedunculadas.

Las flores, olorosas, son colgantes. El periantio está formado por seis tépalos de color rosa pardusco o azul y generalmente con manchas oscuras. Los tépalos, curvados hacia la parte posterior, están soldados en la base. Seis largos estambres de anteras amarillas y un largo estilo culminado por el estigma sobresalen de la flor. Estas flores contienen un néctar azucarado que atrae a los insectos, en particular a las polillas.

La azucena silvestre ha pagado cara su belleza y su fragancia, ya que ha desaparecido en numerosos lugares. Actualmente, sólo se puede encontrar esta planta esporádicamente en Europa.

En praderas de montaña, peñascos cubiertos de maleza y zonas de matorrales situados en laderas, crece *L. bulbiferum*. Posee unos bulbillos de multiplicación en la axila de las hojas superiores. Sus pequeñas flores naranjas, erectas, tienen unas manchas pardas en la parte interior.

Número de cromosomas de las células somáticas: *2n = 24*
Planta monocotiledónea
Floración: *junio-agosto*
Tipo de fruto: *cápsula*

Linaria vulgaris

Pajarita

Descripción

Esta planta vivaz mide entre 20 y 50 cm. Crece en sembrados, baldíos y cunetas.

El tallo es lampiño, por lo general simple, y está densamente cubierto por hojas alternas y sésiles, lanceoladas, lineares y enteras.

Las flores están dispuestas en un racimo cónico, que se alarga con el tiempo. El cáliz está formado por cinco piezas. La corola es bilabiada y de color amarillo azufre; la parte abombada del labio inferior, que cierra la garganta de la corola, es naranja. El labio superior es bilabiado y el inferior, trilobulado. La corola se prolonga en un espolón ligeramente curvo. El fruto es una cápsula ovoide, más larga que el cáliz, que contiene unas semillas planas, verrugosas y provistas de anchas alas. Esta planta se multiplica fácilmente, ya que un solo individuo puede producir más de 30.000 semillas.

Esta especie existe en la mayor parte del continente europeo, con excepción del extremo norte y la cuenca mediterránea.

L. angustissima es una especie muy poco frecuente, con hojas estrechas, que se encuentra a veces en las colinas pedregosas del centro y el sureste de Europa. Por el contrario, *L. arvensis,* de pequeñas corolas violetas, es una mala hierba común en los sembrados, sobre todo los de suelos arenosos.

Número de cromosomas de las células somáticas: *2n = 12*
Planta dicotiledónea
Floración: *junio-octubre*
Tipo de fruto: *cápsula*

Lilium martagon

Linaria vulgaris

Listera ovada

Descripción

Esta planta vivaz mide de 20 a 50 cm de altura, y se puede encontrar en bosques húmedos y entre los matorrales.

Un rizoma cilíndrico origina un grueso tallo de color verde claro que lleva en la base dos hojas opuestas, rígidas, anchas y ovadas. El tallo es cuadrangular y lampiño por debajo de las hojas, y cilíndrico y pubescente por encima de ellas.

Las flores forman una espiga laxa y erecta. Las brácteas son más cortas que la parte pedunculada del ovario, que es ovoide y se estrecha bruscamente. Las piezas que forman el periantio son de color amarillo verdoso o únicamente verdes, inclinadas unas hacia las otras y bordeadas de violeta claro. El labio tiene un nervio central de color verde.

Todas las especies del género *Listera,* como todos los miembros de la familia de las Orqui-dáceas, están protegidas en muchos países de Europa.

Entre las orquidáceas se encuentran plantas autótrofas, pero también plantas saprofitas, es decir, que viven sobre materias orgánicas en descomposición. Éstas crecen con frecuencia en los trópicos, pero incluso en Europa central pueden encontrarse especies saprofitas. La menos frecuente es *Epipogium aphyllum,* planta de color amarillo cera, sin raíz, sin hojas y de notables flores amarillas. Un poco más abundante es *Corallorhiza bifida,* con un rizoma ramificado y pequeñas flores de un color amarillo vivo. La tercera y más común es la llamada nido de pájaro *(Neottia nidus-avis).*

Número de cromosomas de las células somáticas: *2n = 34*
Planta monocotiledónea
Floración: *mayo-julio*
Tipo de fruto: *cápsula*

Cizaña alargada

Descripción

Esta planta, que puede medir hasta 60 cm de altura, es una mala hierba de los sembrados, en particular en los de lino y serradella *(Ornithopus sativus),* esta última cultivada como forraje en el centro y sobre todo en el suroeste de Europa. Es una planta calcífuga.

Esta hierba de color verde amarillento tiene unas cañas delgadas, frágiles, más o menos nudosas y ásperas en la parte superior. Las vainas de las hojas son lisas y los limbos miden de 2 a 3 mm de anchura; son planos y lisos, pero pueden ser rugosos en el haz. Las espiguillas, de 7 a 10 mm de longitud, están formadas por cuatro a ocho flores y son densas, desplegadas en la base y de un verde vivo. La gluma es más corta que la espiguilla, pero dos veces más larga que la glumela inferior más próxima, la cual no tiene aristas.

La cizaña embriagante *(Lolium temulentum)* presenta unas espiguillas más largas que pueden tener hasta 25 mm de longitud y unas glumas de 15 a 30 mm. Las cariópsides son atacadas con frecuencia por la roya y entonces son muy tóxicas, ya que ésta produce un alcaloide venenoso que se concentra en los frutos. Algunas especies de *Lolium,* por ejemplo el vallico perenne *(Lolium perenne)* o el ray-grass italiano, también llamado vallico de Italia *(L. multiflorum),* se añaden a las mezclas de semillas para césped.

Número de cromosomas de las células somáticas: *2n = 14*
Planta monocotiledónea
Floración: *mayo-septiembre*
Tipo de fruto: *cariópside*

Listera ovata

Lolium remotum

Lotus corniculatus

Cuernecillo

Descripción

Esta planta vivaz, de 5 a 40 cm de altura, crece en praderas, pastos y lindes de los matorrales.

A partir de un rizoma, crecen tallos postrados o ascendentes, débilmente ramificados. Son lampiños o vellosos por zonas, al igual que las hojas, que son pinnadas y de color verde grisáceo por el envés, y tienen cinco folíolos.

Las flores forman umbelas laxas. Crecen en el extremo de un largo pedúnculo, que puede alcanzar los 10 cm, y están compuestas por entre tres y seis flores de 13 mm de longitud como máximo. Las flores tienen cortos pedicelos, un cáliz dentado y una corola de color amarillo vivo, a menudo rojiza en la parte exterior. En tiempo seco, es verdosa. El estandarte es ovado, las alas son anchas y la quilla tiene un pico vuelto hacia arriba. Las vainas maduras son de color marrón pardo y las valvas se enrollan en espiral después de abrirse.

L. comiculatus crece en la mayor parte de Europa. En Europa central forma dos subespecies, que se diferencian por los pelos del tallo y de las hojas: *hirsutus,* que prefiere las praderas secas y calizas, y *comiculatus,* más frecuente en las praderas húmedas y no calizas.

Número de cromosomas de las células somáticas: $2n = 24$
Planta dicotiledónea
Floración: *mayo-octubre*
Tipo de fruto: *vaina*

Luzula campestris

Luzula campestre

Descripción

Esta especie vivaz que mide de 5 a 15 cm de altura crece en sembrados, praderas, pastos, bosques claros y bordes secos de caminos, sobre todo en tierras bajas.

Los tallos, agrupados en manojos, se elevan desde un rizoma rastrero y llevan unas hojas lineales, puntiagudas y cubiertas de numerosos cilios.

Las flores están dispuestas en espigas. Las brácteas son más cortas que las flores y generalmente enteras. Los tépalos, a menudo ciliados, son lanceolados, puntiagudos, más o menos de la misma longitud, pardos y con un ancho reborde membranoso. La cápsula es obtusa, ovoide y sin pico. Las semillas suelen presentar un largo apéndice.

La luzula se considera a veces una especie colectiva que agrupa cuatro especies. *L. campestris* propiamente dicha tiene cortos retoños y de dos a cinco espigas, casi sésiles, en la inflorescencia. Las anteras de los estambres son de dos a seis veces más largas que los filamentos. Las especies menores *Luzula multiflora, L. sudetica* y *L. pallescens* difieren en las características morfológicas de las flores y las semillas.

Número de cromosomas de las células somáticas: $2n = 12$
Planta monocotiledónea
Floración: *marzo-junio*
Tipo de fruto: *cápsula*

Lotus corniculatus

Luzula campestris

Lychnis flos-cuculi

Flor del cuco

Sin.: flor del cuclillo

Descripción

Es en las praderas, tanto de tierras bajas como de montañas, donde crece esta planta vivaz de 20 a 60 cm de altura y tallo erecto y lampiño. A partir de una roseta de hojas radicales, se desarrolla un tallo ligeramente anguloso, poco frondoso, viscoso bajo los nudos, ramificado en horquilla en la parte superior y a menudo rojizo. Las hojas de la base tienen forma de lengüeta, acaban en punta y se van estrechando hacia la base en un largo pecíolo. Las hojas caulinares son lanceoladas y lineales. Las flores están agrupadas en cimas dicótomas, brotan en las axilas de unas brácteas membranosas y miden de 2 a 4 cm de diámetro. El cáliz es un tubo campaniforme con cinco dientes bien visibles. Los pétalos, rosas o rojos (raramente se encuentran flores blancas), están recortados en cuatro tiras desiguales. La cápsula madura es cilíndrica.

Esta especie crece prácticamente en toda Europa.

Con frecuencia se cultiva como planta ornamental *L. coronaria,* de pétalos púrpuras indivisos y hojas recubiertas de pelos de aspecto sedoso. Es originaria del sur de Europa, aunque también crece en muchos lugares de Europa occidental y central en estado silvestre. *Lychnis flos-jovis* es una planta tomentosa blanquecina, de pétalos divididos, que se ha aclimatado en Europa central, a pesar de ser originaria de los Alpes, en altitudes que llegan a sobrepasar los 1.000 m.

Número de cromosomas de las células somáticas: *2n = 24*
Planta dicotiledónea
Floración: *junio-agosto*
Tipo de fruto: *cápsula*

Lychnis viscaria

Cambronera

Sin.: *Viscaria vulgaris, V. viscosa, Steris viscaria*

Descripción

Es una planta vivaz de 30 a 60 cm de altura que crece en pastizales, suelos arenosos, terrenos baldíos y colinas soleadas.

El tallo, erecto, lampiño y rojizo, se eleva a partir de una roseta de hojas radicales. Bajo los nudos de las hojas superiores, es viscoso. Esta particularidad explica su nombre genérico latino. Las hojas caulinares son opuestas, lampiñas y ciliadas en la base, con ápices puntiagudos y bordes lisos. Las hojas radicales son lanceoladas y se estrechan en largos pecíolos, mientras que las caulinares son sésiles.

La cambronera presenta unas panículas tricótomas estrechas. Las brácteas son ciliadas y rojizas. Las flores pentámeras que brotan en las axilas de estas brácteas tienen cortos pedúnculos. El cáliz, en forma de tubo, mide unos 10 mm de longitud y es lampiño. Los pétalos son grandes, rojos, a veces blancos, oblongos y emarginados. Las cápsulas ovadas se abren por medio de cinco dientes.

Esta especie crece prácticamente en toda Europa, aunque es menos abundante en el suroeste.

Una especie afín es *Lychnis alpina,* que presenta un pequeño tallo no viscoso, una inflorescencia de una veintena de flores y un cáliz de unos 5 mm de longitud. Crece en los Alpes, los Pirineos y probablemente algunas zonas de los Apeninos.

Número de cromosomas de las células somáticas: *2n = 24*
Planta dicotiledónea
Floración: *mayo-julio*
Tipo de fruto: *cápsula*

Lychnis flos-cuculi

Lychnis viscaria

Lysimachia nummularia

Hierba de la moneda

Descripción

Esta planta vivaz, que presenta tallos de 10 a 50 cm de longitud, crece en praderas húmedas, jardines, zanjas y orillas de los ríos.

El tallo, cuadrangular, es rastrero y suele formar raíces en los nudos. Es lampiño y tiene flores opuestas y redondeadas, de cortos pecíolos, enteras y punteadas de rojo.

Las flores, con cortos pedúnculos, se forman en las axilas de las hojas medias del tallo. El cáliz está dividido hasta la base en lóbulos cordiformes y puntiagudos. La corola, de un color amarillo vivo, está punteada de rojo oscuro en la parte interior, y los pétalos son obovados y obtusos. Los estambres tienen filamentos glandulares. Las cápsulas son globulares y más cortas que el cáliz persistente.

Esta especie está extendida por la mayor parte de Europa. Aunque se han determinado cuatro citotipos (poblaciones que se diferencian en el número de cromosomas), no parece que esta especie sea muy variable. Sin embargo, algunas veces, las flores están agrupadas de dos en dos en vez de aisladas, y hay algunas diferencias en la dimensión de las piezas florales, pero esto se considera una variabilidad intraespecífica normal.

L. nemorum es una especie afín que se puede encontrar en Europa central, con hojas ovadas puntiagudas, flores en el extremo de largos pedúnculos, pétalos lineales lanceolados y cápsulas tan largas como el cáliz.

Número de cromosomas de las células somáticas: *2n = 32, 36, 43, 45*
Planta dicotiledónea
Floración: *mayo-septiembre*
Tipo de fruto: *cápsula*

Lysimachia thyrsiflora

Lisimaquia tirsiflora

Sin.: *Naumburgia thyrsiflora*

Descripción

Es una planta vivaz que mide entre 30 y 60 cm de altura y crece en zonas pantanosas cubiertas de vegetación y áreas cercanas al agua.

A partir de un rizoma rastrero, con retoños subterráneos, se eleva un tallo erecto, escamoso en la base y con un gran número de hojas por encima de las escamas. No está ramificado y es lampiño o pubescente. Las hojas son opuestas y decusadas, aunque a veces están agrupadas en verticilos. Son largas, lanceoladas y semienvolventes en la base, y llegan a medir hasta 10 cm de longitud.

Las flores están dispuestas en densos racimos que crecen sobre largos pedúnculos en las axilas de las hojas medias. El cáliz no tiene más que 2 mm de longitud y está dividido hasta la base en lóbulos lineales. La corola —de color dorado— mide hasta 5 mm de longitud; también está dividida hasta la base en lóbulos obtusos, lineales y rojos. Los estambres son lampiños, y el pistilo está cubierto de glándulas rojas. La cápsula madura es globular.

Esta lisimaquia crece desde el centro de Francia, el norte de la antigua Yugoslavia y el centro de Rumanía hasta el norte de Europa.

Se clasifica en la misma familia a *Hottonia palustris*, que crece en las aguas estancadas y en las charcas. Esta especie tiene racimos de tres a seis flores blanquecinas o rosáceas.

Número de cromosomas de las células somáticas: *2n = 54*
Planta dicotiledónea
Floración: *mayo-julio*
Tipo de fruto: *cápsula*

Lysimachia nummularia

Lysimachia thyrsiflora

Lysimachia vulgaris

Lisimaquia

Descripción

Esta planta calcífuga, que mide entre 50 y 150 cm, se encuentra en matorrales cercanos al agua, bosques húmedos y praderas encharcadas.

A partir de un rizoma subterráneo con retoños escamosos, se eleva un tallo erecto, débilmente ramificado y ligeramente anguloso, que lleva hojas opuestas, agrupadas en verticilos de tres o cuatro elementos. Sus hojas pubescentes están punteadas con manchas de color rojo oscuro.

Las flores forman densas panículas en la base. Los pedicelos, de aproximadamente un centímetro de longitud, se desarrollan en las axilas de unas brácteas lineales. El cáliz está dividido hasta la base en lóbulos lanceolados, de color rojo en el borde. La corola —de color amarillo dorado— está dividida de la misma forma. Los filamentos de los estambres están soldados hasta la mitad.

La cápsula madura mide cerca de medio centímetro de longitud.

Esta especie crece en la mayor parte de Europa.

L. punctata es una especie afín que se encuentra en el suroeste de Europa y parte de Europa central. Las hojas, en general, están reunidas en grupos de tres o cuatro. Como planta ornamental, ha llegado a formar parte de la flora local en muchos lugares del oeste y el norte de Europa central. También se cultiva *L. dilata,* originaria de Norteamérica, que se ha aclimatado en el noroeste de Europa, principalmente.

Número de cromosomas de las células somáticas: *2n = 56, 84*
Planta dicotiledónea
Floración: *junio-septiembre*
Tipo de fruto: *cápsula*

Lythrum salicaria

Salicaria

Sin.: arroyuela

Descripción

Esta planta vivaz, de 30 a 200 cm de altura, crece en la orilla del agua, en las praderas húmedas y en las zanjas.

Los tallos erectos son simples o ramificados hacia la parte inferior. Son cuadrangulares y vellosos. Las hojas radicales son opuestas; las caulinares, alternas, redondeadas o acorazonadas, sésiles y de limbo estrecho y lanceolado. Las flores forman racimos cónicos que brotan de las axilas de las brácteas y dan lugar a continuación a una espiga en el extremo del tallo. Bajo las flores, se desarrollan dos brácteas. El cáliz proviene de la soldadura de seis sépalos. La corola es de color violeta azulado, rojo o incluso blanco. El cáliz y la corola están soldados en un tubo pubescente. La diferencia de tamaño de los estambres y pistilos en cada flor (heterostilia) impide la autofecundación. El fruto es una cápsula.

Esta especie está extendida por la mayor parte del continente europeo, con excepción del extremo norte. En Europa central se encuentran especies afines, como *L. hyssopifolia,* de pequeñas flores violetas, o *L. virgatum,* de flores rojas.

Número de cromosomas de las células somáticas: *2n = 60*
Planta dicotiledónea
Floración: *julio-agosto*
Tipo de fruto: *cápsula*

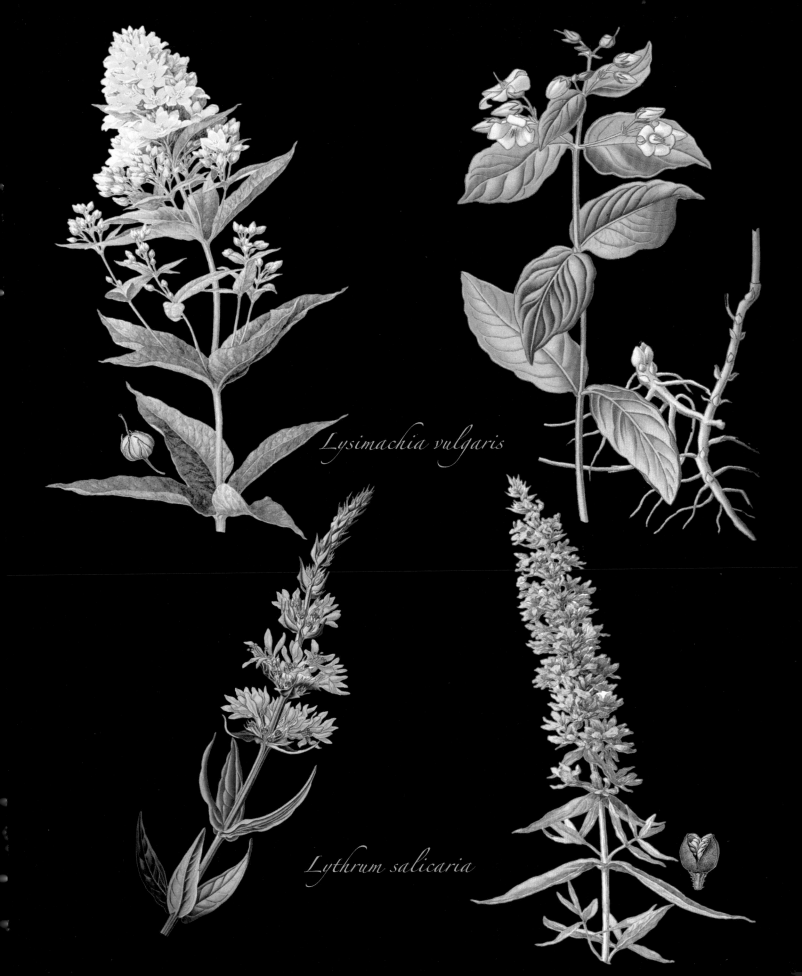

Lysimachia vulgaris

Lythrum salicaria

Melilotus alba

Fabaceae– **Leguminosas**
Baldíos

Meliloto blanco

Sin.: trébol de Santa María, trébol dulce

Descripción

Esta planta bienal, que mide de 20 a 200 cm, crece en los terrenos baldíos, secos, pedregosos y cubiertos de maleza y en los taludes del tren. A veces se cultiva como forraje; sirve para consolidar los terraplenes.

Tiene uno o a veces varios tallos más o menos erectos. Las hojas dentadas tienen tres lóbulos y las brácteas se pierden poco después de la floración.

Las flores forman racimos alargados que pueden tener hasta 6 cm de longitud. Cada racimo contiene entre 40 y 80 flores. Los pedúnculos son cortos. Cada flor mide hasta 5 mm de longitud y es colgante. El cáliz es caduco y de cinco lóbulos. La corola —de color blanco puro— tiene de tres a seis venas. El estandarte es más largo que las alas. Las vainas, que son obtusas, lampiñas y negruzcas en la madurez, contienen una, dos o a veces tres semillas. Esta especie crece prácticamente en toda Europa.

M. alba es el único meliloto de Europa central de flores blancas. Se encuentran muchos más melilotos de flores amarillas. Se trata la mayoría de las veces de *M. officinalis,* bienal y con vainas lampiñas, o de *M. altissima,* vivaz y con vainas pubescentes.

Número de cromosomas de las células somáticas: $2n = 16$
Planta dicotiledónea
Floración: *mayo-septiembre*
Tipo de fruto: *vaina*

Menyanthes trifoliata

Menyanthaceae– **Meniantáceas**
Terrenos pantanosos

Trébol de agua

Descripción

Esta planta vivaz mide entre 15 y 30 cm de altura; crece en pantanos, charcas, zanjas, praderas húmedas y páramos, desde las tierras bajas hasta las montañas.

A partir de un rizoma articulado y rastrero, se elevan hojas y tallos erguidos y lampiños. Los pecíolos tienen una vaina foliar en la base y el limbo está dividido en tres folíolos.

El tallo sin hojas remata en un racimo de flores blancas. Cada flor se desarrolla en el extremo de un corto pedúnculo, que parte de las axilas de unas pequeñas brácteas. Hay cinco sépalos y cinco pétalos, blancos o ligeramente rosados y divididos hasta la mitad en lóbulos vellosos. Los cinco estambres tienen unas anteras violetas. Los insectos aseguran la polinización; después de la fecundación, se desarrolla una cápsula que se abre por medio de dos valvas cuando está madura.

El trébol de agua es una planta medicinal. Tiene un gusto amargo debido a los glucósidos que contiene (como la rutina) y estimula el apetito.

Se encuentra esta especie en la mayor parte de Europa, donde, junto con la especie *Nymphoides peltata,* representa la pequeña familia de las Meniantáceas. La mayor parte de los representantes de esta familia son plantas acuáticas o habitan en terrenos pantanosos y poseen unas grandes hojas alternas y pecioladas. Esto las distingue de los representantes de la familia de las Gencianáceas, dentro de la cual se las clasificaba antaño.

Número de cromosomas de las células somáticas: $2n = 54$
Planta dicotiledónea
Floración: *mayo-junio*
Tipo de fruto: *cápsula*

Melilotus alba

Menyanthes trifoliata

Mercurialis perennis

Euphorbiaceae – **Euforbiáceas**
Bosques claros

Mercurial perenne

Descripción

Esta planta dioica y vivaz crece entre la maleza y en los bosques claros. Mide de 10 a 40 cm de altura.

El rizoma rastrero es violeta con tiempo seco. De él sale un tallo cuadrangular, erecto, escamoso en la base y no ramificado. Las hojas, que son pecioladas, de forma entre oval y lanceolada, y dentadas, se estrechan bruscamente en la base. Las estípulas tienen una longitud de unos 2 mm.

Las flores son pequeñas y unisexuales. Las masculinas forman pequeños glomérulos en espigas verdes poco densas, mientras que las femeninas, igualmente verdes, se encuentran solas o por parejas en el extremo de largos pedúnculos. La flor masculina está compuesta por tres sépalos y nueve estambres; la femenina, por tres sépalos y un ovario súpero. No hay corola. Después de la fecundación, se desarrolla una cápsula tomentosa.

La mercurial es una planta tóxica que contiene saponinas. En ella fue determinada por primera vez la diferencia sexual en las plantas. Se encuentra en toda Europa, casi hasta el círculo polar.

Número de cromosomas de las células somáticas: *2n = 42, 64, 66, 80, 84*
Planta dicotiledónea
Floración: *abril-mayo*
Tipo de fruto: *cápsula*

Moneses uniflora

Pirolaceae – **Piroláceas**
Bosques

Pirola

Sin.: *M. grandiflora, Pyrola uniflora*

Descripción

Esta planta vivaz, de 5 a 10 cm de altura, crece en los bosques de coníferas.

A partir del rizoma, brota un tallo recto y anguloso. Las hojas son radicales, redondeadas, finamente dentadas, persistentes y de 2 a 5 cm de longitud.

La pirola tiene una sola flor, colgante y muy olorosa. Los lóbulos del cáliz son ovales, ciliados y de hasta 3 mm de longitud. Las cápsulas están erguidas y se abren por arriba al madurar.

Aunque muy bonita, la pirola es una planta poco llamativa que, gracias a su discreción, se libra de los aficionados a las plantas de rocalla. Por lo general, no es tan dependiente del patrón como otras piroláceas de difícil cultivo, y sus semillas pueden sembrarse sin problemas bajo las coníferas. Sin embargo, las plantas adultas no deben recogerse porque, aunque crece en casi toda Europa, sobre todo en las regiones montañosas, la pirola es una especie estrictamente protegida en muchos países.

Número de cromosomas de las células somáticas: *2n = 26*
Planta dicotiledónea
Floración: *mayo-septiembre*
Tipo de fruto: *cápsula*

Mercurialis perennis

Moneses uniflora

Monotropa hypopitys

Monótropa

Descripción

Esta planta vivaz, verdosa, de 10 a 25 cm de altura, crece en bosques de coníferas o bosques mixtos sombríos.

No contiene clorofila, por lo tanto no es capaz de efectuar la fotosíntesis y vive como parásito. Su rizoma rastrero, muy ramificado, desprende un olor a vainilla. De él surge un escapo erecto, blanco amarillento o pardusco, de aspecto ceroso. La planta está cubierta de escamas ovadas que son hojas atrofiadas.

Las flores están dispuestas en racimos tendidos, que se yerguen al cabo de algún tiempo. Brotan en las axilas de unas brácteas semienvainantes. Son sésiles. Las brácteas imitan el cáliz, que no existe en esta planta. Los pétalos, que son de color amarillo claro, estrechos, acampanados y colgantes, miden hasta 16 mm de largo. Los estambres son ciliados. Las cápsulas llegan a medir 8 mm de longitud.

Los representantes de la familia de las Piroláceas, que viven a menudo en simbiosis, tienen unos parientes próximos adaptados exclusivamente al parasitismo, los cuales, en el hemisferio norte, se reducen únicamente al género *Monotropa*. Aún se encuentra en Europa *M. hypophegea,* que es completamente lampiña incluso en su inflorescencia. Crece en bosques de frondosas, sobre todo en los hayedos.

Número de cromosomas de las células somáticas: *2n = 48*
Planta dicotiledónea
Floración: *mayo-septiembre*
Tipo de fruto: *cápsula*

Myosotis sylvatica

Nomeolvides del bosque

Descripción

Esta planta bienal o vivaz crece en las lindes de los bosques, en colinas cubiertas de maleza y en prados de montaña.

A partir de un corto rizoma, se elevan tallos erectos o ligeramente ascendentes que miden de 10 a 40 cm de altura. Las hojas radicales tienen un limbo obovado que se estrecha en un pecíolo de 1 a 5 cm de longitud. Las hojas caulinares son sésiles, lanceoladas y obtusas. La planta, de color verde claro, posee unos pelos erizados.

Las flores están agrupadas en densas cimas escorpiónidas, que se alargan después de la fructificación. El cáliz campaniforme se alarga y se abre en el momento de la formación del fruto; hay numerosos pelos ganchudos en la base. La corola es rosa o blanca en principio, pero más tarde se vuelve azul. El tubo de la corola tiene aproximadamente la misma longitud que el cáliz. La garganta es amarilla. Los aquenios son brillantes, de color pardo oscuro, puntiagudos y con un estrecho borde.

El nomeolvides del bosque crece prácticamente en toda Europa; no está ausente más que en el suroeste o en la mayor parte de las regiones septentrionales.

Es ésta una especie muy variable, como todas las del género *Myosotis*. Se cultiva en jardines bajo la forma de numerosas variedades hortícolas.

Número de cromosomas de las células somáticas: *2n = 18 (20)*
Planta dicotiledónea
Floración: *mayo-agosto*
Tipo de fruto: *aquenio*

Monotropa hypopitys

Myosotis sylvatica

Nuphar lutea

Nenúfar amarillo

Descripción

Las hojas de esta planta acuática vivaz flotan sobre la superficie de las aguas estancadas o de corriente débil, formando a menudo densas agrupaciones.

A partir de un rizoma rastrero, enraizado en el fondo, surge un tallo que puede alcanzar los dos metros. La longitud de las hojas depende de la profundidad de las aguas. Las hojas enteras son redondeadas y están recortadas por la base.

Las flores huelen a manzana; son amarillas y miden de 4 a 6 cm de diámetro. Tienen cinco sépalos y numerosos pétalos; éstos miden aproximadamente un tercio de la longitud de los sépalos. El pistilo tiene un estigma lobulado en forma de embudo. Las flores son polinizadas por los insectos; tras la polinización, los pedúnculos se contraen y arrastran la flor bajo la superficie, y el fruto madura dentro del agua. Estos frutos piriformes miden de 3 a 4 cm de largo. Como contienen mucho aire, vuelven a subir a la superficie tras separarse del pedúnculo. El interior del fruto, en forma de media luna, se libera, y sus diferentes partes son arrastradas por la corriente. Contienen semillas duras, ovales y puntiagudas que caen al fondo y dan origen a nuevas plantas.

Esta planta se ve amenazada por las modificaciones químicas del biotopo y, por esa razón, está protegida en muchos países.

Número de cromosomas de las células somáticas: *2n = 34*
Planta dicotiledónea
Floración: *mayo-agosto*
Tipo de fruto: *folículo*

Nymphaea alba

Nenúfar

Sin.: cobertera, escudete, golfán, ninfea, zapalota

Descripción

Esta planta vivaz, que puede alcanzar dos metros de altura, se desarrolla en las aguas estancadas, los brazos muertos de los ríos y los lagos. A partir de un fuerte rizoma, bien anclado al fondo, crecen los largos pecíolos de las hojas, cuyos limbos flotan en el agua. Las hojas son grandes, más o menos cordiformes, redondeadas, enteras y coriáceas, con lóbulos bien diferenciados.

La flor tiene cuatro sépalos y la corola más de cuarenta pétalos.

Los estambres son también muy numerosos y presentan anteras amarillas; los filamentos de los estambres internos son lineales, y los de los estambres externos, muy anchos. Los estambres rodean por completo el pistilo, cuyo estigma amarillo tiene más de veinte lóbulos.

N. candida es una especie similar cuyos estambres sólo recubren dos tercios del pistilo. Los filamentos de los estambres internos son más anchos que las anteras; el estigma es convexo, con menos de catorce lóbulos, y suele tener un color rojizo.

Estas dos especies se encuentran en casi toda Europa. Están protegidas en muchos países, pero aun así son cada día más escasas porque resultan muy sensibles a las modificaciones químicas producidas por las aguas de riego y los cultivos. Hay, por tanto, que controlar la pureza del agua en que se desarrollan.

Número de cromosomas de las células somáticas:
V. alba: 2n = 84
N. candida: 2n = 160
Planta dicotiledónea
Floración: *junio-julio*
Tipo de fruto: *cápsula*

Nuphar lutea

Nymphaea alba

Nymphoides peltata

Menyanthaceae – **Meniantáceas**
Aguas

Pequeño nenúfar

Sin.: *Limnanthemum nymphoides,*
Villarsia nymphoides

Descripción

Esta planta vivaz se encuentra en aguas estancadas o de débil corriente y que no se hielan completamente en invierno.

El rizoma rastrero, del cual salen cortos y largos retoños, puede tener más de 2 m de longitud y enraiza en el fondo. Los retoños largos se desarrollan durante el verano, ya que su crecimiento se ve facilitado por las temperaturas altas. En cambio, los cortos se forman en otoño, cuando la temperatura desciende. Esta planta presenta dos tipos de hojas: unas sumergidas, de largos pecíolos y pequeños limbos triangulares, y otras flotantes, con limbos enteros y forma acorazonada.

La inflorescencia es una umbela formada por cuatro a ocho flores. Los capullos florales se forman en el agua y la flor no llega a la superficie más que en el momento de la floración. Los sépalos del cáliz están soldados y tienen dientes puntiagudos y lanceolados. Los cinco pétalos amarillentos forman una corola infundibuliforme de unos 3 cm de diámetro. La polinización está asegurada por los insectos; la autopolinización no es posible debido a la heterostilia. El fruto madura bajo el agua. Cuando está maduro, se separa y aflora a la superficie. La cápsula se abre irregularmente y libera las semillas maduras, que son diseminadas por la corriente o por las aves acuáticas. Pueden germinar tanto en el agua como en el suelo.

Esta especie se parece al nenúfar y se encuentra prácticamente en toda Europa. Está protegida en algunos países.

Número de cromosomas de las células somáticas: *2n = 54*
Planta dicotiledónea
Floración: *julio-septiembre*
Tipo de fruto: *cápsula*

Oenothera biennis

Onagraceae – **Onagráceas**
Terrenos arenosos

Hierba del asno

Descripción

En riberas arenosas y pedregosas, terrenos baldíos arenosos y alrededor de los taludes de las vías del tren, crece una planta de 50 a 150 cm de altura que, como su nombre indica, es bienal. Durante el primer año, se desarrolla una roseta de hojas radicales obovadas, situadas a ras del suelo. Al año siguiente, brota un tallo erecto, anguloso y cubierto de pelos glandulares. No está ramificado más que en la parte superior. Las hojas caulinares tienen pecíolos cortos y son largas, cordiformes e irregularmente dentadas. Las flores grandes forman racimos terminales. Los cuatro sépalos son lanceolados y vueltos. Los cuatro pétalos, de color amarillo pálido y ovados, son ligeramente recortados. Sépalos y pétalos están soldados en la base. Hay ocho estambres y un pistilo nacido de la soldadura de cuatro carpelos. Después de la fecundación, se origina una cápsula de cuatro caras, a menudo tomentosa y encerrada en el cáliz.

Aunque esta especie es originaria de Norteamérica, actualmente se encuentra en toda Europa. En Europa central incluye varias especies menores; por ejemplo, *O. parviflora,* que agrupa más de cinco especies, se distingue de *O. biennis* por su inflorescencia más o menos colgante antes de la floración y por la roseta de hojas radicales, que está situada a 5-10 cm del suelo.

Número de cromosomas de las células somáticas: *2n = 14*
Planta dicotiledónea
Floración: *junio-septiembre*
Tipo de fruto: *cápsula*

Nymphoides peltata

Oenothera biennis

Onobrychis viciifolia

Esparceta

Descripción

Esta planta vivaz, que mide de 20 a 50 cm de altura, crece en colinas y praderas secas, pero se cultiva sobre todo como forraje.

El tallo erecto se eleva a partir de un corto rizoma ramificado y leñoso. Lleva hojas imparipinnadas de folíolos elípticos o lineales.

Las inflorescencias se sustentan sobre pequeñas ramas erectas que pueden alcanzar 20 cm de longitud. Los racimos son ovoides, cilíndricos y más o menos puntiagudos. Las flores, de 14 mm de longitud, brotan en las axilas de las brácteas, que son más largas que los pedicelos de las flores. El cáliz campaniforme presenta unos dientes lanceolados y ciliados. Los pétalos, de color rosa vivo u oscuro, tienen una corta uñeta. Unas venas violeta oscuro son claramente visibles sobre el estandarte. Hay diez estambres. La vaina es orbicular y plana.

Los botánicos difieren sobre el origen de esta especie. Algunos piensan que la planta es originaria de Europa central; otros se inclinan por un origen en el sureste de Europa.

La especie calcícola *O. arenaria,* con hojas de hasta 14 pares de folíolos, y la especie montañosa *O. montana,* cuyas hojas poseen de tres a siete pares de folíolos, tienen, sin discusión, su origen en Europa central. Las dos presentan tallos postrados y morfológicamente muy variables.

Número de cromosomas de las células somáticas: *2n = 28*
Planta dicotiledónea
Floración: *mayo-septiembre*
Tipo de fruto: *vaina*

Orchis morio

Compañón

Descripción

Esta especie, xerófila en términos generales, crece en praderas secas, claros del bosque y colinas cubiertas de matorrales.

A partir de pequeños pseudobulbos subterráneos, se eleva un tallo que puede tener 40 cm de altura, finamente rayado, de color verde claro y violáceo en la parte superior, sobre el que brotan unas hojas de color gris verde azulado, de 5 a 15 mm de anchura y lanceoladas; las de la parte inferior son casi horizontales y las de la superior, erectas.

Las espigas, relativamente poco densas, contienen de siete a 16 flores. Con poca frecuencia aparecen ejemplares de flores blancas. Las piezas del perianto tienen unos nervios verdes. El labio es trilobulado, de color rojo violáceo, con unas manchas oscuras; el lóbulo inferior es blanco. El espolón está ligeramente levantado y es obtuso. Como en la mayor parte de las orquidáceas, se aprecia una reducción del número de estambres a uno, que está soldado con el estilo. El lóbulo medio del estigma está transformado en un pico. Los granos de polen se forman en el interior de cada teca y se aglomeran en polinios, que son transportados por los insectos. La semilla no tiene reservas suficientes en el cotiledón, por lo que, durante la germinación, la planta obtiene las materias nutritivas necesarias gracias a la simbiosis con algunos hongos. La planta desarrollada a partir de semillas no florece más que al cabo de dos a cinco años, a veces incluso más. Esta planta forma parte de las especies protegidas en casi todos los países de Europa central.

Número de cromosomas de las células somáticas: *2n = 36, 38*
Planta monocotiledónea
Floración: *abril-junio*
Tipo de fruto: *cápsula*

Onobrychis viciifolia

Orchis morio

Origanum vulgare

Orégano

Descripción

Se encuentra esta planta vivaz y aromática, de 20 a 50 cm de altura, en matorrales y bosques claros.

A partir de un rizoma leñoso, se elevan unos tallos erectos y con hojas, de ramas cortas. Las hojas tienen cortos pecíolos; sus limbos son ovados y enteros o apenas dentados. Los nervios son prominentes y más claros en el envés de la hoja. Las brácteas, parecidas a las hojas, son sésiles y a menudo de color rojo violáceo. De una a tres flores, de corto pedúnculo, están agrupadas en inflorescencias semejantes a cabezuelas. El cáliz campaniforme es más corto que las brácteas. La corola es de color rojo claro o, rara vez, blanco sucio. El labio superior es corto, erecto y ligeramente recortado. El inferior es más largo, encorvado y trilobulado. Los aquenios son pardos y lisos.

Esta planta ha sido utilizada como remedio casero para combatir las indigestiones. Contiene eficaces sustancias del grupo de las esencias terpénicas.

Esta especie crece en la mayor parte de Europa. Forma un gran número de variedades difíciles de distinguir.

Número de cromosomas de las células somáticas: *2n = 30*
Planta dicotiledónea
Floración: *julio-agosto*
Tipo de fruto: *aquenio*

Oxalis acetosella

Aleluya

Descripción

En bosques, sotobosques y praderas de alta montaña con hierbas altas, crece esta planta vivaz que mide de 5 a 15 cm.

A partir de un rizoma delgado y rastrero, se elevan unas hojas finas de largos pecíolos; el tallo está atrofiado. Las hojas están compuestas por tres folíolos y son rojizas en el envés.

El pedúnculo de la flor es más o menos velloso y lleva dos brácteas escamosas. Los cálices son vellosos por fuera; los pétalos son blancos y tienen nervios rojo violáceo. Hay diez estambres; el pistilo está formado por cinco carpelos y, cuando madura, origina una cápsula. Las semillas maduras son proyectadas a una distancia de algunos decímetros.

Cuando el tiempo es soleado, las flores se abren entre las 9 y las 10, y se cierran por la tarde entre las 5 y las 8. Cuando llueve, se cierran a cualquier hora. Al mismo tiempo, los pedúnculos se curvan hacia abajo y cada folíolo se repliega a lo largo del nervio central, mientras su pecíolo se curva también hacia abajo; así se protege la flor de la humedad.

La aleluya crece en toda Europa, Asia, el norte de África y América del Norte.

A los niños les gusta su sabor ácido. Sin embargo, es ligeramente tóxica y un gran consumo puede provocar una intoxicación.

Número de cromosomas de las células somáticas: *2n = 22*
Planta dicotiledónea
Floración: *abril-mayo*
Tipo de fruto: *cápsula*

Origanum vulgare

Oxalis acetosella

Papaver rhoeas

Papaveraceae – **Papaveráceas**
Campos

Sin.: ababol, abibollo, camelia,
flor de chivo, ababa

Amapola

Descripción

Esta especie es una mala hierba de campos y baldíos que se encuentra en tierras bajas y colinas.

Es una planta anual que alcanza de 15 a 30 cm de altura. Las hojas de la base se estrechan hasta el pecíolo, las del ápice son sésiles. Son hojas pinnadas de lóbulos agudos y con segmentos terminales más grandes. Los bordes son dentados. El tallo es erecto, con pelos erizados. Las heridas dejan escapar un látex blanco.

Las flores se desarrollan en el extremo de largos pedúnculos erizados de pelos. El cáliz verde, pubescente, está formado por dos sépalos caducos. Los cuatro pétalos rojos son redondeados, con una mancha negra en la base. Los estambres son negros y muy numerosos. El pistilo es redondeado en la base y el estigma incluye generalmente unos 10 lóbulos (5-18). Después de la polinización, se desarrolla la cápsula, de 1 a 2 cm de longitud, globosa y lampiña.

Como todas las de su especie, la amapola contiene morfina, pero en menos cantidad que la adormidera.

Número de cromosomas de las células somáticas: $2n = 14$
Planta dicotiledónea
Floración: *mayo-octubre*
Tipo de fruto: *cápsula*

Paris quadrifolia

Trilliaceae – **Triliáceas**
Bosques

Uva de raposa

Descripción

Esta planta vivaz, que mide de 15 a 30 cm de altura, crece en bosques mixtos y matorrales.

A partir de un largo rizoma rastrero y escamoso, se eleva un tallo erecto y lampiño que lleva un único verticilo de cuatro hojas anchas y elípticas. Excepcionalmente, se encuentran plantas de tres hojas o raros ejemplos de hasta siete. Las hojas pueden tener 10 cm de longitud.

Las flores, de largos pedúnculos, son erectas, tienen cuatro piezas y son regulares y hermafroditas. El periantio está compuesto por dos verticilos con cuatro tépalos desplegados cada uno. Los exteriores son de color verde claro y lanceolados, mientras que los interiores son más estrechos, lineales y de color amarillo verdoso. Los estambres, en dos filas de cuatro cada una, tienen cortos filamentos y sacos polínicos unidos por un conectivo muy visible. El fruto es una baya globular de color azul oscuro que mide hasta 1 cm de diámetro.

El viento asegura la polinización, pero la autopolinización también es posible. Las flores atraen a los insectos, aunque no les proporcionan ni néctar ni polen.

Esta especie figura entre las plantas venenosas; las bayas, en particular, encierran sustancias muy tóxicas.

Crece prácticamente en toda Europa y se extiende hasta Siberia; se han encontrado dos especies afines en Asia.

Número de cromosomas de las células somáticas: $2n = 20$
Planta monocotiledónea
Floración: *abril-mayo*
Tipo de fruto: *baya*

Papaver rhoeas

Paris quadrifolia

Parnassia palustris

Hepática blanca

Descripción

Esta planta vivaz crece en las praderas húmedas y turbosas; mide de 5 a 30 cm de altura. Las hojas radicales, que forman una roseta, son pecioladas y tienen un limbo cordiforme. Un tallo erecto y lampiño se eleva a partir de un recio rizoma; no lleva más que una sola hoja sésil y envainante.

En el extremo superior de la planta, se abre una sola flor de 2 a 3 cm de diámetro. Los sépalos son cinco, al igual que los pétalos, los cuales son blancos o, con menor frecuencia, rojizos. Cinco estambres alternan con cinco estaminodios obovales, cuya parte central amarillenta se ensancha en forma de cuchara y segrega néctar. Los insectos aseguran la polinización. El pistilo está formado por cuatro carpelos soldados. Tras la fecundación, se origina una cápsula de una sola celdilla que se abre por medio de cuatro valvas.

Esta especie, que crece en toda Europa, es el único representante europeo de la familia de las Parnasiáceas. Pocas plantas presentan tanta diversidad en su aspecto, su hábitat y su distribución. Hay plantas grandes y pequeñas desde los páramos de las tierras bajas hasta incluso los peñascos de los Alpes y los Cárpatos.

Número de cromosomas de las células somáticas: *2n = 18 (36)*
Planta dicotiledónea
Floración: *junio-septiembre*
Tipo de fruto: *cápsula*

Pedicularis sylvatica

Gallarito

Descripción

Esta planta bienal o vivaz mide de 5 a 15 cm de altura y se desarrolla en praderas pantanosas o landas húmedas.

Los tallos están dispuestos en círculo y tendidos a ras del suelo, con las puntas levantadas; el tallo central es erguido y tiene hojas alternas, lanceoladas, pinnatipartidas y de cortos pecíolos. Las flores forman unos racimos terminales laxos y brotan en las axilas de las brácteas. El cáliz, que tiene dientes irregulares, es estrecho y acampanado y está recorrido por una red de pequeños surcos. La corola es de color rosa pálido o rojo violáceo. Su tubo es dos veces más largo que el cáliz. El labio superior es erecto y encorvado en el extremo; el inferior tiene tres lóbulos. Los cuatro estambres, dos de los cuales son más cortos, están escondidos bajo el labio superior. La

polinización está asegurada por los insectos. Después de la fecundación, el ovario origina una cápsula recubierta de un cáliz persistente. Esta planta es ligeramente tóxica. Crece en la mayor parte de Europa.

Se encuentran en el continente europeo más de cincuenta especies de gallaritos, muchas de las cuales son especies supervivientes de la era glaciar y adornan las cadenas montañosas de Europa central. Por ejemplo, *P. sudetica,* de corto y simple tallo, pocas hojas y corola rojo carmín, crece en las regiones árticas de Europa, Siberia y Norteamérica, y en el norte y el centro de los Urales.

Número de cromosomas de las células somáticas: *2n = 32*
Planta dicotiledónea
Floración: *mayo-julio*
Tipo de fruto: *cápsula*

Parnassia palustris

Pedicularis sylvatica

Petasites hybridus

Petasites

Compositae – **Compuestas**
Riberas

Sin.: petasita, cacalia,
P. officinalis

Descripción

En primavera, las flores de esta planta dioica se pueden ver en riberas, praderas húmedas, alisedas y zanjas.

Las plantas masculinas portan racimos de cabezuelas de color violeta rosado, compuestas por flores en apariencia bisexuales, pues, aunque hay estambres y pistilos, los estigmas son estériles (sólo es fértil el polen). Las corolas son tubulares y pentalobuladas.

Las plantas femeninas abundan sólo en las montañas; son bastante raras en las tierras bajas. Sus cabezuelas se componen principalmente de flores pistiladas, con corola tubular y unas pocas flores bisexuales en el centro.

Las hojas, que aparecen después de que las flores se han marchitado, crecen a partir de un grueso rizoma que desprende un fuerte olor al frotarlo. Los pecíolos de las hojas son acanalados y tienen unas alas muy visibles. Las hojas maduras pueden medir más de 60 cm de ancho. Los tallos, escamosos y de color violáceo, miden de 15 a 40 cm de altura antes de la floración, y rematan en un denso racimo o panoja de cabezuelas, cuyas brácteas presentan también un matiz violáceo. Tras la floración, los tallos se alargan y las plantas femeninas fértiles pueden sobrepasar el metro de altura. Los aquenios, acanalados y de color pardo rojizo, tienen un largo vilano.

Esta especie se extiende prácticamente por toda Europa, salvo sus extremos norte y sur.

Número de cromosomas de las células somáticas: *2n = 60*
Planta dicotiledónea
Floración: *abril-mayo*
Tipo de fruto: *aquenio*

Phleum pratense

Fleo de los prados

Graminae – **Gramíneas**
Praderas

Sin.: cola de topo, timoti

Descripción

Esta hierba vivaz que crece en praderas, pastos y caminos se siembra con frecuencia en los campos de cultivo. Puede medir de 10 a 100 cm de altura.

A partir de un corto rizoma rastrero, se elevan unas cañas erectas, lisas y en ocasiones abultadas en la base. Las vainas de las hojas son lampiñas y lisas. Los limbos son planos, ásperos y de más de 30 cm de longitud. La lígula de las hojas inferiores mide 2 o 3 mm de longitud, mientras que la de las hojas superiores tiene 5 mm. Esta hierba forma grandes matas. La inflorescencia es cilíndrica, mide hasta 15 cm de longitud y es de color verde grisáceo. Si se curva, se ve que no forma pliegues. Las espiguillas son sésiles. Las glumas alargadas son ciliadas y tienen una arista y un reborde membranoso blanquecino. Las glumelas membranosas son lampiñas; las anteras, violetas.

Se distinguen dos subespecies. La llamada *pratense* (2n = 42) crece en praderas no demasiado secas. Alcanza hasta 1 m de altura, 20 cm del cual corresponden a la espiga. Su característica más importante es que las cañas no se presentan abultadas en la base. La subespecie *nodosum* (2n = 14) crece en praderas secas, colinas soleadas y bosques claros; es relativamente más pequeña, pues mide de 10 a 30 cm de altura (la inflorescencia mide de 1 a 4 cm). Las cañas son abultadas en la base. Prefiere los suelos calizos.

Número de cromosomas de las células somáticas: *2n = 14, 42*
Planta monocotiledónea
Floración: *junio-septiembre*
Tipo de fruto: *cariópside*

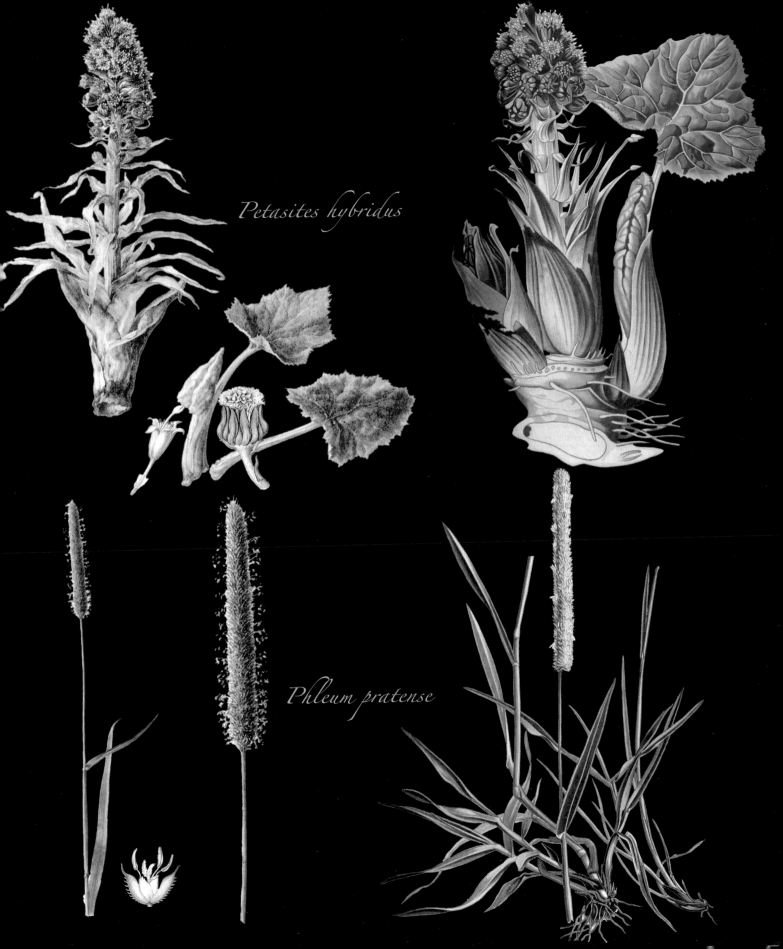

Petasites hybridus

Phleum pratense

Phragmites australis

Carrizo común

Graminae– **Gramíneas**
Lugares húmedos

Sin.: *P. communis*

Descripción

Es una hierba vigorosa que crece en terrenos pantanosos y riberas de aguas estancadas, donde forma extensos asentamientos.

Las gruesas y erectas cañas son lisas y de color verde grisáceo. Las hojas tienen una larga vaina lisa. El limbo es puntiagudo y áspero en el envés. La lígula consiste en un anillo de pequeños pelos blanquecinos.

Las panículas son grandes y densas y no aparecen desplegadas más que en el momento de la floración. Las espiguillas violáceas están formadas por tres, cinco y hasta ocho flósculos. El flósculo inferior es amarillo y las otros, hermafroditas. En el momento de la fructificación, las panículas se hallan cubiertas por pelos brillantes.

Se distinguen tres subespecies. La que recibe el nombre de *australis* tiene unas cañas que pueden alcanzar 4 m de altura y 1 cm de grosor. Las panículas de color pardo oscuro tienen hasta 40 cm de longitud. Esta subespecie crece generalmente en casi toda Europa. La subespecie *pseudodonax* tiene unas cañas de 10 cm de altura y 2 cm de espesor. Las panículas, de color pardo claro, pueden medir 50 cm de longitud. Crece sobre todo en el delta del Danubio y otros lugares similares. Por último, la subespecie *humilis* presenta unas cañas que raramente sobrepasan el metro de altura y cuya panícula no tiene más que 20 cm de longitud. Crece en suelos salinos de un gran número de países europeos.

Número de cromosomas de las células somáticas: *2n = 36, 48 (72)*
Planta monocotiledónea
Floración: *julio-septiembre*
Tipo de fruto: *cariópside*

Pimpinella saxifraga

Pimpinela blanca

Umbelliferae – **Umbelíferas**
Colinas

Descripción

Esta planta vivaz crece en colinas soleadas, pastos y brezales; mide entre 15 y 50 cm.

A partir de una raíz ahusada y de olor desagradable, se eleva un tallo hueco, erecto, finamente rayado y ramificado. Las hojas radicales tienen largos pecíolos; son compuestas y pinnadas, con folíolos sésiles, de los cuales el terminal tiene tres lóbulos. Las hojas caulinares tienen pecíolos envainantes y folíolos más pequeños y divididos.

Las diminutas flores forman umbelas compuestas por seis a 15 umbélulas; no suele haber brácteas ni bractéolas. Las flores son blancas, rosas o amarillentas y pentámeras. Los aquenios rugosos tienen unos 2 mm de longitud.

Esta especie existe prácticamente en toda Europa, salvo en las regiones más meridionales y en las islas. Se encuentra también en Asia Menor y oeste de Siberia, y ha sido introducida en América del Norte. En un área de extensión tan considerable, las formas son muy variables. Se distinguen algunas especies menores, a veces solamente subespecies o variedades.

Número de cromosomas de las células somáticas: *2n = 36*
Planta dicotiledónea
Floración: *julio-octubre*
Tipo de fruto: *diaquenio*

Phragmites australis

Pimpinella saxifraga

Plantago lanceolata

Plantaginaceae– **Plantagináceas**
Praderas

Arta de monte

Sin.: llantén menor, llantén lanceolado, lancéola

Descripción

Esta planta vivaz de hojas lanceoladas, estrechas y lampiñas, dispuestas en roseta basal, alcanza de 10 a 40 cm de altura. Aparece con frecuencia en praderas, pastos, terrenos baldíos y al borde de los caminos.

El escapo rayado es más largo que las hojas y está recorrido por tres a siete nervios. Las hojas, puntiagudas y más o menos erectas, se estrechan en pecíolos cerca de la base. El escapo termina en una espiga cilíndrica y corta.

Las flores se desarrollan en las axilas de unas brácteas pardas, membranosas y lampiñas. El cáliz tiene dos lóbulos soldados y dos libres. La corola, pardusca, mide de 2 a 3 mm de longitud. Los estambres son de dos a tres veces más largos que la corola. El fruto es una cápsula ovoide provista de un opérculo que encierra dos semillas.

Es una planta medicinal. Antaño se aplicaban sus hojas sobre las heridas; hoy en día se prepara con ella un jarabe contra la tos. *Plantago lanceolata* es una planta cosmopolita, lo que significa que crece actualmente en gran parte de todos los continentes, pues también ha sido introducida en África, Norteamérica, Brasil, Chile y Argentina, así como en Sri Lanka, Australia y Nueva Zelanda.

Una especie similar, que crece en los Alpes, *P. atrata,* tiene un tallo completamente liso y el borde de las hojas ciliado. Las flores presentan un nervio central oscuro muy visible.

Número de cromosomas de las células somáticas: *2n = 12*
Planta dicotiledónea
Floración: *mayo-septiembre*
Tipo de fruto: *cápsula*

Plantago media

Plantaginaceae– **Plantagináceas**
Praderas

Llantén blanquecino

Sin.: llantén mediano

Descripción

Esta planta vivaz mide de 10 a 50 cm de altura y crece en praderas y pastos.

El escapo es erecto o un poco ascendente, cilíndrico y mucho más largo que las hojas, dispuestas en una roseta basal. Éstas son elípticas y están recorridas por entre cinco y nueve nervios. Toda la planta está más o menos cubierta de pelos diseminados.

El escapo remata en una densa espiga cilíndrica. Las brácteas, en cuyas axilas brotan las flores, son pubescentes y más cortas que éstas. El cáliz está formado por cuatro sépalos soldados, cuyos lóbulos son ovados y lampiños. Las corolas miden hasta 4 mm de longitud, y son blancas e infundibuliformes. Los cuatro estambres de anteras violetas son unas cinco veces más largos que la corola. La polinización es anemógama. El cáliz es persistente. El fruto es una cápsula con opérculo.

Es una planta forrajera. También es una especie cosmopolita que ha dado lugar a gran número de variedades, como *P. major* (llantén mayor). Las diferencias estriban en el número de semillas de la cápsula y el número de nervios de las hojas.

Número de cromosomas de las células somáticas: *2n = 24*
Planta dicotiledónea
Floración: *mayo-septiembre*
Tipo de fruto: *cápsula*

Plantago lanceolata

Plantago media

Platanthera bifolia

Orquis bifolia

Sin.: compañón de perro

Descripción

Esta planta vivaz crece y florece en los bosques mixtos y de hoja caduca, y en las praderas. Posee dos pseudobulbos ovoides e indivisos, enterrados en el suelo; el que es pardo y acanalado sostiene la planta, mientras que el otro, de un color amarillento, constituye la reserva de alimentos para el siguiente año. El tallo, de 20 a 50 cm de altura, es compacto, hueco, anguloso y rayado. Dos escamas puntiagudas y de color pardo se observan en la base del tallo y, por encima de ellas, dos hojas de color verde brillante, opuestas, anchas y ovadas.

La inflorescencia, erecta y cilíndrica, está formada por flores de perfume característico, más intenso por la tarde y por la noche, y cuando el cielo está cubierto de nubes. Las piezas florales son todas de la misma longitud. Las externas son blancas y obtusas; las internas, de color verde amarillento. El labio está inclinado oblicuamente. El espolón linear es prácticamente horizontal, con una punta blanca o verdosa; en el momento de la floración, está lleno de néctar. La polinización es llevada a cabo por los insectos, que introducen su trompa en el espolón tocando al mismo tiempo el saco lleno de polen maduro; los granos de polen, aglomerados en polinios, se adhieren a la trompa y, cuando el insecto visita otra flor, se fijan sobre el estigma pegajoso. Las cápsulas que se desarrollan posteriormente encierran numerosas semillas ligeras. Esta planta está protegida en muchos países europeos.

Número de cromosomas de las células somáticas: *2n = 42*
Planta monocotiledónea
Floración: *mayo-julio*
Tipo de fruto: *cápsula*

Poa bulbosa

Poa bulbosa

Descripción

Esta planta crece en colinas soleadas y herbosas. Es vivaz y alcanza una altura de 10 a 40 cm. Las cañas de esta hierba de color verde grisáceo son erectas, cilíndricas y lisas; están reforzadas en la base por unas vainas densas en forma de bulbo, a lo que debe su nombre. La parte superior de la caña carece de hojas o tiene sólo hasta tres. Las vainas son lisas y lampiñas. Los limbos de los retoños radicales se presentan en general arrollados. Los limbos de las hojas que brotan en la parte superior de las cañas suelen ser planos y más cortos que las vainas. En el momento de la floración, las hojas radicales ya están secas. Las lígulas de todas las hojas son puntiagudas.

La inflorescencia, una panícula, es ovada y alargada. Las ramificaciones son ásperas y se presentan desplegadas. Las espiguillas están compuestas por cuatro a seis flores. Con frecuencia son vivíparas, lo que significa que la germinación se produce en la espiga, directamente en la planta madre. Las glumas son anchas, ovadas, lanceoladas y rugosas. Las glumelas inferiores tienen una forma alargada o lanceolada y llevan numerosos pelos en la base.

Esta planta crece en amplias zonas en Europa, en condiciones y suelos diversos, desde las tierras bajas cálidas hasta zonas altas de montaña.

Número de cromosomas de las células somáticas: *2n = 14, 21, 28, 32, 35, 39, 42, 45, 48-50*
Planta monocotiledónea
Floración: *mayo-agosto*
Tipo de fruto: *cariópside*

Platanthera bifolia

Poa bulbosa

Polygala chamaebuxus

Polígala

Descripción

Es una planta semileñosa que puede alcanzar 30 cm de altura.

Las ramas leñosas reposan sobre el suelo, donde pueden enraizar y enderezarse parcialmente para luego arquearse en el extremo superior; llevan hojas perennes coriáceas.

En cada rama hay una, dos o incluso tres flores pedunculadas, de color amarillo y con una longitud de hasta 15 mm. Los sépalos son de color blanco amarillento en el momento de la floración y más tarde se vuelven pardo rojizos o púrpuras.

No hay más que tres pétalos, de los cuales el central tiene forma de tubo y recuerda la quilla de las leguminosas; los otros dos son más pequeños. La corola, al principio blanquecina o amarillo pálida, llega a ser amarilla o naranja en plena floración, y muchas veces se vuelve negruzca más tarde. Los insectos aseguran la polinización. La cápsula encierra semillas de 5 mm de longitud, provistas de apéndices. Gracias a estos apéndices, buscados por las hormigas, las semillas pueden ser transportadas lejos de la planta madre.

Con frecuencia, esta especie florece dos veces, la segunda en otoño. Es abundante en Europa occidental, los Alpes y Europa central, pero no se encuentra nunca en los bosques de pinos. Es un elemento europeo alpino.

Número de cromosomas de las células somáticas: *2n = 46*
Planta dicotiledónea
Floración: *mayo-junio*
Tipo de fruto: *cápsula*

Polygonatum odoratum

Poligonato

Descripción

Esta planta vivaz mide de 15 a 45 cm de altura y crece en bosques y arboledas.

Se eleva a partir de un rizoma rastrero. Sus tallos se curvan en arco y son angulosos. Las hojas alternas son ovadas, alargadas, casi lanceoladas y ásperas, de color verde grisáceo en el envés.

En las axilas de las hojas, brotan unas flores pedunculadas, aisladas, ocasionalmente en parejas, blancas y olorosas. Son regulares, trímeras y tienen hasta 25 mm de longitud y 7 mm de anchura. Los filamentos de los estambres están soldados en la base. El fruto maduro, una baya de color azul oscuro y cubierta de un vello lustroso, mide de 8 a 14 mm.

Es una planta tóxica que crece en la mayor parte de Europa.

P. verticillatum es una especie afín que se distingue por unas hojas reunidas en grupos de tres a seis en los verticilos de hojas lineales y lanceoladas. Es una especie que se encuentra sobre todo en montaña. *P. multiflorum* tiene un tallo oval y de tres a cinco flores en las axilas de las hojas. Se encuentra en los mismos lugares que el poligonato, pero sus flores no desprenden perfume. Se halla en Europa y en algunos lugares de Asia; llega hasta Japón.

Número de cromosomas de las células somáticas: *2n = 20*
Planta monocotiledónea
Floración: *mayo-junio*
Tipo de fruto: *baya*

Polygala chamaebuxus

Polygonatum odoratum

Polygonum bistorta

Bistorta

Descripción

Esta planta vivaz, que alcanza un metro de altura, crece en colinas y montañas hasta el nivel subalpino, en praderas frescas y turbosas, y en los sotobosques húmedos.

Un tallo de color verde oscuro se eleva a partir de un recio rizoma. Las hojas radicales son alargadas, ovadas o lanceoladas. Las caulinares están muy separadas, son cordiformes o truncadas en la base y tienen un pecíolo alado. Las hojas superiores son sésiles y casi lineales. La ócrea, nacida de la soldadura de las estípulas, forma una vaina membranosa, parda y lampiña.

Las pequeñas flores, rosas o, con menor frecuencia, blancas, forman en el ápice de los tallos unas espigas que pueden alcanzar 9 cm de longitud y 15 mm de grosor. Las piezas del perianto no miden más que 3 mm. La flor tiene 11 estambres. El fruto presenta tres ángulos bien marcados; es un aquenio brillante, de color pardo oscuro, más largo que el perianto persistente.

La bistorta crece en la mayor parte del continente europeo, pero está ausente en casi toda la península escandinava. En las regiones del sur de Europa, sólo crece en las montañas.

Número de cromosomas de las células somáticas: *2n = 48*
Planta dicotiledónea
Floración: *mayo-julio*
Tipo de fruto: *aquenio*

Polygonum persicaria

Duraznillo

Descripción

El duraznillo es una mala hierba anual de los sembrados, jardines y baldíos. Alcanza entre 20 y 70 cm de altura.

Esta planta presenta muchas ramificaciones desde la base. Se aprecia una única clase de hojas, que son alargadas y ovadas, casi lanceoladas. Toda la planta es lampiña, salvo el borde de las ócreas, que es ciliado.

Las flores hermafroditas forman unas espigas erectas. Las piezas del perianto están dispuestas en espiral. Después de la fecundación, se desarrollan unos aquenios negros de forma lenticular.

Esta mala hierba, ligeramente tóxica, crece en toda Europa.

P. brittingeri (sin.: *P. danubiale*) es una planta que se encuentra en los aluviones fluviales de las cuencas superiores del Rin y el Danubio, en el lago Constanza y en otras regiones de Europa central. Se caracteriza por su tallo postrado, muy ramificado, y por sus cortos entrenudos. Las hojas son grisáceas por el envés, pero siempre presentan glándulas incoloras.

Existen unas 25 especies de *Polygonum* en Europa central. Por ejemplo, *P. hydropiper* tiene unas hojas de sabor picante y un perianto formado por cinco piezas sin glándulas. *P. mite* presenta hojas sin el característico sabor de la anterior, un perianto tetrámero y unas ócreas punteadas de glándulas.

Número de cromosomas de las células somáticas: *2n = 44*
Planta dicotiledónea
Floración: *julio-octubre*
Tipo de fruto: *aquenio*

Polygonum bistorta

Polygonum persicaria

Potamogeton natans

Espiga de agua

Descripción

Esta planta se puede encontrar en la superficie de aguas estancadas o de curso lento.

Es una planta vivaz que mide de 50 a 150 cm de longitud, pero puede alcanzar 2 m. Su longitud depende de la profundidad de las aguas. En primavera, el tallo se presenta cubierto de filodios lineales (alargamientos del pecíolo), que desaparecen pronto.

De otro modo, no se encuentran sobre el tallo más que unas hojas flotantes de 12 cm de longitud y 6 cm de anchura. La longitud de los pecíolos depende igualmente de la profundidad de las aguas. Si la planta se desarrolla sobre el lodo seco, los pecíolos están casi atrofiados y las hojas se agrupan en rosetas sobre un tallo reducido.

Las pequeñas flores se disponen en espigas. Tienen cuatro estambres y un conectivo ensanchado que imita a un perianto. Los frutos, unos aquenios de color pardo brillante, tienen de 4 a 5 mm de longitud.

Como toda una serie de plantas acuáticas, en particular de potamogetonáceas, esta especie crece en la zona templada de los dos hemisferios. Debido al carácter poco cambiante del hábitat acuático, muestra poca variabilidad a pesar de la amplia zona de extensión. Incluso plantas de montaña de África central, donde el clima es similar al de las regiones templadas debido a la altitud, son consideradas típicas representantes de esta especie.

Número de cromosomas de las células somáticas: $2n = 52$
Planta monocotiledónea
Floración: *junio-agosto*
Tipo de fruto: *aquenio*

Potentilla anserina

Argentina

Sin.: agrimonia, anserina

Descripción

Es una planta vivaz que crece en terrenos baldíos, praderas húmedas y sembrados; sus tallos rastreros, que enraizan, alcanzan hasta 1 m de longitud.

El tallo se desarrolla a partir de un vigoroso rizoma tuberoso. Las hojas imparipinnadas tienen un tacto algodonoso en el envés y a veces incluso en el haz. Van reduciéndose a medida que nos acercamos al ápice del tallo. Se observan hasta 25 folíolos profundamente dentados.

Las flores se desarrollan en las axilas de las hojas, sobre pedúnculos relativamente largos; miden unos 2 cm de diámetro. El calículo está compuesto por tres sépalos, y el cáliz por cinco. La corola, de color amarillo dorado, está igualmente compuesta por cinco pétalos, dos veces más largos que los sépalos. Los 20 estambres tienen anteras ovoides.

Esta planta está extendida prácticamente por toda Europa, con excepción del extremo noreste y de una gran parte del sur. En los Alpes se encuentra incluso a 2.500 m de altitud.

La subespecie *egedii* es característica de las orillas de los ríos de Suecia y Finlandia. No tiene más que unos diez folíolos, prácticamente lisos, incluso en el envés. Dos especies son dignas de mención por sus flores blancas: *P. rupestris,* de hojas también imparipinnadas, y *P. alba,* con hojas palmeadas, de cinco a siete folíolos, bastante parecidas a las de la fresa.

Número de cromosomas de las células somáticas: $2n = 28$
Planta dicotiledónea
Floración: *mayo-octubre*
Tipo de fruto: *aquenio*

Potamogeton natans

Potentilla anserina

Potentilla palustris

Potentilla verna

Prenanthes purpurea

Prenanto púrpura

Descripción

Se encuentra esta planta en montañas, bosques de hayas, pinos o abetos y praderas de hierba alta. Mide de 50 a 150 cm.

Los tallos lampiños son erectos y delgados. Las hojas también son muy delgadas, de color verde oscuro en el haz y verde pálido o pardusco en el envés. Las hojas radicales son obovadas y alargadas, enteras o, con mayor frecuencia, pinnatipartidas. Las caulinares medianas y superiores son sésiles y obovadas o lanceoladas. Las hojas del extremo superior se transforman en brácteas.

Las pequeñas cabezuelas colgantes forman unas panículas laxas. Cada cabezuela está constituida por tres a diez flósculos. El involucro es cilíndrico y está compuesto por dos filas de brácteas, de las cuales las interiores son lineales, lampiñas y violáceas, y las exteriores muy cortas. Las flores son de color rojo violáceo, muy raramente blancas.

La polinización es realizada por los insectos, pero puede producirse también autopolinización. Los aquenios son de color pardo claro, finamente rayados, con un vilano formado por pelos blancos y simples.

Las plantas de especies afines sólo crecen en Asia y Norteamérica. En Europa no se ha encontrado otra especie de este género salvo *P. purpurea*, la cual crece en un gran territorio que va desde el centro de Francia y el norte de Polonia hasta el norte de España, el centro de Italia y el centro de Grecia.

Número de cromosomas de las células somáticas: *2n = 18*
Planta dicotiledónea
Floración: *julio-septiembre*
Tipo de fruto: *aquenio*

Primula elatior

Manguitos

Descripción

Es una planta vivaz que mide hasta 30 cm de altura y crece sobre todo en las praderas, pero también en los bosques claros y entre los matorrales.

Las hojas de la roseta basal están ligeramente arrolladas y más o menos arrugadas cuando son jóvenes; son ovadas y alargadas, y se estrechan en la base, cerca del pecíolo alado. El borde del limbo es irregularmente dentado.

El escapo floral remata en una umbela. Los pedúnculos tienen hasta 2 cm de longitud. El cáliz —gamosépalo y estrecho— está adherido al tubo de la corola; sus ángulos son verdes, mientras que el resto es de color amarillo claro y forma cuatro dientes lanceolados. La corola es amarillenta, presenta lóbulos desplegados y no tiene olor. Después de la fecundación, se desarrolla una cápsula cilíndrica más larga que el cáliz.

Esta especie figura entre las especies legalmente protegidas en algunos países europeos. Es una planta medicinal, al igual que la vellorita *(Primula veris)*. Las dos especies pueden cruzarse y el híbrido resultante es clasificado como *Primula* x *media*. Esta planta crece en el centro, el sur y el oeste de Europa. Por el norte, se extiende hasta la zona septentrional de Dinamarca.

En Europa se distinguen varias subespecies que se diferencian por la vellosidad de las hojas o por el tamaño o el color de las flores.

Número de cromosomas de las células somáticas: *2n = 22*
Planta dicotiledónea
Floración: *marzo-mayo*
Tipo de fruto: *cápsula*

Prenanthes purpurea

Primula elatior

Primula veris

Vellorita

Descripción

Es una planta vivaz que mide de 10 a 30 cm de altura. Crece en praderas poco húmedas, bosques claros, malezas, taludes y zonas herbáceas.

En el momento de la floración, esta planta es pubescente y algunas veces tiene unas cortas glándulas rojizas. Las hojas de la roseta basal son dentadas y arrugadas en los bordes cuando son jóvenes; su limbo es ovado y se estrecha en un pecíolo alado, cerca de la base.

El escapo floral remata en una umbela. Su cáliz —amarillo pálido o verdoso— es abultado y está separado de la corola. Ésta es amarilla y ligeramente olorosa; el tubo de la corola es tan largo o más que el cáliz y su garganta es naranja. La heterostilia es una característica de esta planta, por lo que la autopolinización resulta imposible. Sólo puede producirse la polinización si los granos de polen de las flores de estilos cortos son transportados por los insectos hasta el estigma de las flores de largos estilos, y viceversa. La cápsula es ovoide y no ocupa más que la mitad del cáliz, que persiste en el fruto.

Esta planta es ligeramente tóxica, pero al mismo tiempo se utiliza como remedio casero para curar la bronquitis, las enfermedades de las vías urinarias y el reúma, y como sudorífico.

Crece en la mayor parte del continente europeo, con excepción del extremo norte y de una gran parte de la cuenca mediterránea.

La vellorita es una de las plantas en las que hay que proteger, sobre todo, los órganos subterráneos.

Número de cromosomas de las células somáticas: *2n = 22*
Planta dicotiledónea
Floración: *abril-junio*
Tipo de fruto: *cápsula*

Prunella vulgaris

Prunela común

Sin.: hierba del carpintero

Descripción

Esta planta vivaz crece en praderas, landas, cunetas y zanjas secas; mide de 5 a 30 cm de altura.

Los tallos ascendentes, a menudo de color pardo violeta, son poco ramificados, pero están cubiertos por numerosas hojas pecioladas.

Las hojas radicales, elípticas, forman una roseta basal. El par de hojas superiores se encuentra justo debajo de la inflorescencia.

Las flores forman una cabezuela oblonga y densa en el extremo superior. Los grupos de flores se desarrollan en las axilas de unas brácteas ovadas, de un color pardo o violeta. El cáliz, de 8 mm de longitud, tiene dos labios con dientes bien visibles. La corola es de color azul violáceo y de una a dos veces más larga que el cáliz. El labio superior es cóncavo y ciliado. Las flores son habitualmente hermafroditas, pero se encuentran también flores con estambres atrofiados. La polinización es realizada por los insectos, pero también es posible la autopolinización.

Esta especie está extendida por la mayor parte de Europa, Asia y el norte de África, pero también ha sido introducida en otros lugares.

Además de esta planta silvestre, existen formas de flores rosas o de color azul violeta claro, cultivadas en los jardines.

Número de cromosomas de las células somáticas: *2n = 28*
Planta dicotiledónea
Floración: *abril-octubre*
Tipo de fruto: *aquenio*

Primula veris

Prunella vulgaris

Pulmonaria officinalis

Pulmonaria

Descripción

Esta planta vivaz se encuentra en los bosques caducifolios o mixtos, así como en los matorrales; mide de 10 a 30 cm de altura.

A primera vista, se percibe que está cubierta de pelos ásperos. Las hojas radicales, que suelen presentar manchas blancas, aparecen al mismo tiempo que las flores, tienen largos pecíolos y son ovadas, con base cordiforme. Las hojas caulinares son ovadas o lanceoladas, casi sésiles, y están cubiertas de pelos glandulares por el haz.

El tallo, erguido, sostiene tres cimas escorpiónidas, de color púrpura al principio, y luego azul violáceo. El cáliz, dividido en dos partes, mide hasta 8 mm de longitud y llega a 12 mm cuando está en fruto. Los cinco estambres tienen unos filamentos más cortos que el tubo de la corola. La polinización es llevada a cabo por los insectos, y también es factible la autopolinización. Los aquenios maduros son pardos o casi negros.

Esta especie crece desde Holanda y el sur de Suecia hasta el norte de Italia y Bulgaria.

A veces es difícil distinguirla de *P. obscura*, a menudo considerada una especie menor de *P. officinalis*. *P. obscura* se diferencia porque sus hojas estivales son más estrechas, las manchas de las hojas (cuando las tiene) suelen ser de color verde claro y habitualmente carece de pelos glandulares; además, las hojas otoñales no suelen ser persistentes.

Número de cromosomas de las células somáticas: *2n = 16*
Planta dicotiledónea
Floración: *abril-mayo*
Tipo de fruto: *aquenio*

Pulsatilla patens

Pulsatila

Descripción

Esta planta vivaz, que alcanza los 15 cm de altura en el momento de la floración, embellece las colinas herbosas soleadas, los matorrales pedregosos y los bosques claros.

Las flores radicales están ausentes en invierno y se forman después de la floración. Tienen pecíolos largos, son pinnadas y se curvan por los bordes. Las hojas que hay bajo la flor están divididas en correas con vellosidades sedosas.

El tallo, erecto y pubescente, remata en una sola flor muy abierta con sépalos de color azul violáceo claro, vellosos por fuera. Los estambres amarillos son muy numerosos. Los externos pierden progresivamente su fertilidad y se transforman en nectarios sésiles, buscados por los insectos, que al mismo tiempo recogen el polen. Tras la polinización y la fecundación se forman aquenios con un apéndice piloso de 5 cm de largo.

En un principio, se clasificó a la pulsatila junto a las anémonas, pues se asemeja a ellas por la disposición de las tres hojas caulinares que tiene bajo la flor. La diferencia reside en que, tras la floración, el tallo de la pulsatila continúa desarrollándose (*P. patens* mide hasta 45 cm de largo por encima del fruto) y en que las flores contienen pequeños nectarios cónicos.

Número de cromosomas de las células somáticas: *2n = 16*
Planta dicotiledónea
Floración: *marzo-mayo*
Tipo de fruto: *aquenio*

Pulmonaria officinalis

Pulsatilla patens

Pulsatilla pratensis

Pulsatila menor

Descripción

Esta pulsatila embellece con sus flores las colinas soleadas y secas, y los bosques claros de frondosas. Crece en las tierras bajas y en los terrenos ondulados.

En el momento de la floración, el tallo mide de 7 a 25 cm de alto, y cuando los frutos han madurado puede alcanzar los 50 cm. Las hojas radicales no crecen hasta después de la floración. Estas hojas tienen pecíolos largos y pinnados, profundamente recortados. Las hojas que hay bajo las flores son como en las demás pulsatilas: divididas en correas vellosas.

Las flores son colgantes. El periantio campaniforme está compuesto por seis tépalos curvados hacia atrás, con pelos sedosos por el exterior. Estos tépalos son de color violeta oscuro o, más raramente, rojo violáceo; se pueden encontrar ejemplares con flores amarillentas o blanquecinas. El número de estambres y carpelos es variable, aunque siempre elevado. Tras la polinización (realizada por los insectos, que recogen el néctar y el polen), el pedúnculo se endereza y los aquenios maduran y se desarrollan sobre un tallo erecto. Estos aquenios son pubescentes y tienen una arista larga y plumosa que puede medir hasta 6 cm. Según el color del periantio, se distinguen dos subespecies: ssp. *pratensis* (con flores de color violeta claro y blanco verdoso por dentro) y ssp. *nigricans* (con flores de color violeta oscuro por dentro). Todas las especies de pulsatila están protegidas en muchos países de Europa central.

Número de cromosomas de las células somáticas: *2n = 16*
Planta dicotiledónea
Floración: *abril-mayo*
Tipo de fruto: *aquenio*

Ranunculus acris

Botón de oro

Descripción

Esta planta vivaz de 50 a 100 cm de altura es muy abundante en praderas, sembrados y pastos, tanto de tierras bajas como de montaña. Una raíz gruesa y corta da lugar a un tallo erecto muy ramificado y con muchas flores. Las hojas radicales, palmatisectas, tienen pecíolos largos. Las caulinares son semejantes a las radicales; son sésiles las superiores. Los pedúnculos sustentan flores con sépalos verdes que caen rápidamente. Los pétalos, de color amarillo dorado, son dos veces más largos que los sépalos. En la base del pétalo hay un nectario cubierto por una escama. El número de estambres y carpelos es variable y elevado. El receptáculo es lampiño. Después de la polinización y la fecundación, aparecen unos aquenios ovales y aplanados que se prolongan en una uña corta.

Esta especie crece prácticamente en toda Europa y en Siberia occidental.

Las plantas frescas son venenosas porque contienen compuestos cianogénicos. Estos compuestos se pierden durante el secado, y el heno que contiene botones de oro secos es completamente inofensivo.

Número de cromosomas de las células somáticas: *2n = 14*
Planta dicotiledónea
Floración: *mayo-septiembre*
Tipo de fruto: *aquenio*

Pulsatilla pratensis

Ranunculus acris

Ranunculus aquatilis

Ranúnculo acuático

Sin.: *Batrachium aquatile*

Descripción

Esta planta acuática vivaz, que puede alcanzar los 150 cm de largo, crece en las aguas remansadas o de corriente lenta. Su tallo es liso, ramificado y flotante. Tiene dos tipos de hojas: sumergidas y flotantes. Las sumergidas tienen dos o tres divisiones y sus pecíolos ahorquillados forman una especie de pincel cuando se saca la planta del agua. El limbo de las hojas flotantes, redondeado, cordiforme o reniforme, tiene tres, cuatro o cinco lóbulos dentados en su extremo.

Las flores son blancas y miden de 20 a 25 mm de diámetro. Tienen de tres a cinco sépalos verdes y, habitualmente, cinco (pudiendo llegar a 12) pétalos blancos. Los estambres son muy numerosos y más largos que los carpelos. Los pétalos, ovales, tienen nectarios en su base. Los aquenios pueden ser rugosos, lisos o peludos, y están provistos de un pequeño pico. Este ranúnculo vive en las aguas de todo el continente.

En Europa crecen otras especies semejantes. Citaremos tan sólo *R. baudotii,* con manchas amarillas en la base de los pétalos, y *R. tripartitus,* con pétalos de un blanco puro y que, a diferencia de *R. aquatilis,* tiene menos de 10 estambres en la flor.

Número de cromosomas de las células somáticas: *2n = 48*
Planta dicotiledónea
Floración: *junio-septiembre*
Tipo de fruto: *aquenio*

Ranunculus ficaria

Celidonia menor

Descripción

Esta planta vivaz, de 5 a 20 cm de altura, es típica de los bosques claros, los matorrales y las orillas de los cursos de agua.

Unos bulbos cónicos dan lugar a hojas cordiformes o reniformes, brillantes y carnosas. Son enteras y recortadas o dentadas de manera irregular. Las hojas del tallo son semejantes a las radicales, pero con pecíolos más cortos. En el caso de la subespecie *bulbifera,* crecen en la axila de las escamas inferiores del bulbo, por medio del cual la planta se reproduce vegetativamente. El tallo es ascendente, a menudo con raíces adventicias, y ramificado.

Las flores son hermafroditas. Los pétalos, de color amarillo verdoso, suelen ser tres (pudiendo haber hasta cinco) y caen rápidamente. Hay entre seis y trece pétalos de color amarillo dorado brillante. En la base de los pétalos, se encuentran los nectarios cubiertos de escamas. El número de estambres y carpelos es muy variable. Los frutos son aquenios; en la subespecie *bulbifera* sólo se forman excepcionalmente.

En Europa existen dos subespecies: *bulbifera,* ya mencionada, y *calthifolia.* Esta última necesita más calor; sus tallos erectos no se ramifican ni forman raíces adventicias.

Número de cromosomas de las células somáticas: *2n = 16, 32*
Planta dicotiledónea
Floración: *marzo-abril*
Tipo de fruto: *aquenio*

Ranunculus aquatilis

Ranunculus ficaria

Ranunculus flammula

Flámula

Descripción

Ésta es la tercera especie de ranúnculo con flores amarillas. Es bastante abundante en praderas húmedas, cerca de manantiales, y en zanjas, tanto en tierras bajas como en montañas.

El tallo es liso, de 10 a 40 cm de alto, y se desarrolla a partir de un rizoma corto. Suele ser postrado y tiene raíces adventicias. Las hojas radicales son ovales o cordiformes, con pecíolos largos; las del tallo son sésiles, lanceoladas e incluso lineales.

Los pedúnculos rayados sustentan flores pequeñas. Los sépalos, verdes, lisos y caducos, están separados. Los pétalos, de color amarillo dorado, son ovales. Al igual que en las especies anteriores, el número de estambres y carpelos es abundante, pero variable. Tras la polinización, los carpelos producen aquenios ovales, rematados en un pequeño pico. Están aglomerados en un receptáculo lampiño.

Este ranúnculo, que crece en la mayor parte del continente europeo, es bastante raro en la región mediterránea.

Es una especie muy variable que comprende tres subespecies, las cuales se diferencian por el aspecto del tallo y la forma de las hojas. La más frecuente es ssp. *flammula;* en el oeste de Escocia y en Irlanda, crece ssp. *minimus*; ssp. *scoticus* es endémica en el norte de Escocia.

Número de cromosomas de las células somáticas: *2n = 32*
Planta dicotiledónea
Floración: *junio-octubr*e
Tipo de fruto: *aquenio*

Ranunculus repens

Botonera

Sin.: acetosa

Descripción

Este ranúnculo es vivaz y sus tallos, rastreros o ascendentes, miden de 20 a 50 cm de largo. Los retoños de la base también son rastreros y echan raíces. El hábitat de esta planta se extiende desde las tierras bajas hasta las montañas y se la puede encontrar en lugares húmedos, praderas, bosques y orillas de los cursos de agua.

Los pecíolos de las hojas radicales son largos y los de las hojas del tallo se estrechan hacia arriba. Las hojas superiores son tripartidas y más o menos sésiles. Los pedúnculos de las flores son rayados y vellosos. Los sépalos, en número de cinco, son asimismo vellosos y caen rápidamente. Los pétalos, también cinco, son de color amarillo oro brillante; en su base hay nectarios cubiertos de escamas. La cantidad de estambres y carpelos es variable. Una flor mide entre 2 y 3 cm de diámetro. Los carpelos maduros, que se forman en un receptáculo piloso, son aplanados y lampiños y rematan en un pequeño pico.

Este ranúnculo es tan venenoso como las otras especies afines. Se lo encuentra en toda Europa, a excepción de Creta y las Baleares. Ha sido introducido en lugares donde antes no crecía, como por ejemplo en las Azores, Spitzberg y América del Norte. En el norte de África forma parte de la flora autóctona.

Número de cromosomas de las células somáticas: *2n = 32*
Planta dicotiledónea
Floración: *mayo-agosto*
Tipo de fruto: *aquenio*

Ranunculus flammula

Ranunculus repens

Rhinanthus alectorolophus

Rinanto amarillo

Descripción

Esta planta anual semiparásita, de una altura entre 10 y 80 cm, crece en los campos de trigo, las praderas y los pastos alpinos.

Esta mala hierba vellosa tiene un tallo erecto, verde claro, sin rayas negras (se distingue así de las especies *R. minor, R. alpinus, R. major,* etc.). Las hojas lanceoladas u ovadas tienen el borde aserrado. Las flores crecen en las axilas de unas brácteas ovadas y pubescentes. El cáliz está cubierto con un vello blanco. La corola amarilla mide hasta 2 cm de longitud y su tubo está ligeramente curvado hacia la parte superior. El labio superior presenta un diente de 2 mm de longitud, violeta o blanco. El inferior cierra la garganta de la corola. La cápsula está encerrada en el cáliz persistente. Esta especie se extiende desde el norte de Francia y Holanda hasta el norte de Italia y de la antigua Yugoslavia.

Al igual que sucede con los representantes del género *Melampyrum,* la variabilidad y el polimorfismo estacional de esta planta, es decir, la evaluación de los ecotipos, presentan grandes dificultades. Una posibilidad es considerar los ecotipos estacionales como subespecies. Las plantas de primavera serían entonces clasificadas en la subespecie *alectorolophus,* las de verano formarían la subespecie *buccalis,* las de otoño la subespecie *patulus* y las de montaña estarían encuadradas dentro de las subespecies *modestus* y *kerneri.*

Número de cromosomas de las células somáticas: *2n = 22*
Planta dicotiledónea
Floración: *junio-julio*
Tipo de fruto: *cápsula*

Rumex acetosa

Acedera

Sin.: acetosa, agreta, agrilla, vinagrera, zarrampín

Descripción

La acedera es una planta vivaz, de 20 a 60 cm de altura, abundante en las praderas, los pastos y las cunetas.

Las hojas radicales son astadas, o incluso sagitadas, y de dos a cuatro veces más largas que anchas. Tienen un gusto ácido y a los niños les gusta mordisquearlas.

Las flores están aglomeradas en panículas. Las seis piezas del periantio son verdes; aumentan de tamaño al mismo tiempo que se forma el fruto. Su forma y su aspecto constituyen un carácter importante para la determinación de la especie. Estas flores son ovales y miden hasta 5 mm de longitud. Están provistas, en general, de apéndices redondeados por cuatro caras. Los aquenios maduros miden unos 2 mm y son triangulares.

La acedera, extendida por toda Europa, es un poco menos frecuente en el sur.

La especie *R. thyrsiflorus* es más grande, florece al menos un mes más tarde y presenta unas hojas mucho más estrechas. Crece en lugares secos y terrenos baldíos, y se multiplica sobre todo a lo largo de las vías del tren.

Número de cromosomas de las células somáticas: *planta masculina: 2n = 15; planta femenina: 2n = 14*
Planta dicotiledónea
Floración: *mayo-septiembre*
Tipo de fruto: *aquenio*

Rhinanthus alectorolophus

Rumex acetosa

Sagittaria sagittifolia

Sagitaria

Descripción

Esta planta acuática vivaz crece en aguas estancadas o de débil corriente y en los terrenos pantanosos.

A partir de un robusto y corto rizoma, se eleva un tallo de 30 a 100 cm de altura. Las hojas, dispuestas en roseta, tienen formas diversas. Las sumergidas son lineales o lanceoladas. Las flotantes tienen largos pecíolos y un limbo elíptico u ovado, y las aéreas tienen forma de flecha.

Los tallos floríferos son triangulares. Las grandes flores pedunculadas forman racimos erectos, crecen en las axilas de pequeñas brácteas triangulares y son unisexuales. En la parte inferior de la inflorescencia, se encuentran flores pistilíferas, mientras que en la parte superior hay flores estaminíferas con los pedúnculos más largos que los de las femeninas. Los tres sépalos son ovados y redondeados, y los tres pétalos, que también presentan forma redondeada, son de color blanco y llevan una mancha violeta oscuro en la base. Los aquenios maduros tienen un pico corto. La sagitaria se multiplica por medio de unos bulbos que se encuentran en el extremo de los retoños del rizoma (multiplicación vegetativa), antes que por semillas. Es interesante observar que el contenido de almidón de estos bulbos es bastante mayor que el encontrado en la patata, pero, afortunadamente, su tamaño es menor; de otra manera, estas plantas podrían no estar presentes actualmente en las superficies acuáticas de Europa.

Número de cromosomas de las células somáticas: *2n = 22*
Planta monocotiledónea
Floración: *junio-agosto*
Tipo de fruto: *aquenio*

Salvia pratensis

Salvia pratense

Descripción

Esta planta vivaz, que mide entre 30 y 80 cm de altura, crece en praderas secas y pastos.

El tallo, erecto o ligeramente ascendente, es glandular en el ápice y poco ramificado. Las hojas, en forma de roseta basal, tienen largos pecíolos; son ovadas o lanceoladas, alargadas y acorazonadas, con surcos en el envés. Las caulinares no existen o están agrupadas en verticilos trímeros. Presentan cortos pecíolos o son sésiles.

Las flores están reunidas en grupos de seis en verticilos axilares. Brotan en las axilas de pequeñas brácteas ovadas y verdes y tienen cortos pedúnculos. El cáliz campaniforme mide hasta 1 cm de longitud y tiene pelos erizados o glándulas. La corola, azul o azul violácea, presenta pelos diseminados y forma un tubo un poco más pequeño que el cáliz. El labio superior está arqueado y tiene dos lóbulos, de los cuales el inferior tiene tres puntas y es más corto. El néctar se encuentra en el fondo de la flor. Los dos estambres y el estilo se tuercen para poder recoger el polen de los insectos que visitan la flor. Además de flores hermafroditas, se encuentran flores con los estambres atrofiados.

La salvia crece en la mayor parte de Europa. Ha sido utilizada como remedio casero para combatir la fatiga y las hemorragias y para estimular la actividad cardíaca y cerebral.

Número de cromosomas de las células somáticas: *2n = 18*
Planta dicotiledónea
Floración: *mayo-septiembre*
Tipo de fruto: *aquenio*

Sagittaria sagittifolia

Salvia pratensis

Sanguisorba minor

Rosaceae – **Rosáceas**
Colinas

Pimpinela

Sin.: *pimpinela menor, sanguisorba*

Descripción

Crece en colinas soleadas y terrenos baldíos cubiertos de vegetación; es una planta vivaz de 20 a 60 cm de altura.

El tallo, que surge a partir de un rizoma grueso y carnoso, es erguido (ascendente, a veces), cilíndrico, ramificado y de color violeta. Las hojas son imparipinnadas, de cortos pecíolos y pequeñas estípulas que se sueldan a los pecíolos. Los anchos folíolos ovales son dentados, lampiños y de pecíolos cortos.

Las cabezuelas globulares están formadas por pequeñas flores: las de la base son estaminíferas, las del centro hermafroditas y las de la parte superior, pistilíferas. El cáliz es pardo rojizo y no hay corola. Los estambres tienen filamentos rojos y anteras amarillas.

Esta especie crece en el sur, oeste y centro de Europa.

En Europa central, se ha aclimatado la especie *S. muricata,* procedente de Europa oriental; el cáliz membranoso está recorrido por una red bien visible.

Dos especies similares crecen en la Península Ibérica: *S. hybrida,* planta de tacto pegajoso con pelos glandulares, y *S. ancistroides,* que, desprovista de pelos glandulares, forma pequeñas cabezuelas florales (estas cabezuelas no tienen más que 1 cm de diámetro aproximadamente).

Número de cromosomas de las células somáticas: *2n = 28*
Planta dicotiledónea
Floración: *mayo-julio*
Tipo de fruto: *aquenios encerrados en un hipanto*

Sanguisorba officinalis

Rosaceae – **Rosáceas**
Praderas

Pimpinela mayor

Sin.: *Poterium officinale*

Descripción

Esta planta vivaz, que mide entre 20 y 100 cm de altura, crece en las praderas húmedas y pantanosas.

Un robusto rizoma origina una roseta de hojas radicales y un tallo erecto y lampiño que se ramifica en el ápice. Las hojas son imparipinnadas y miden hasta 40 cm de largo. Las estípulas membranosas están soldadas a los largos pecíolos. Los folíolos dentados forman grupos de tres a siete. Son de color verde oscuro, brillantes en el haz y más claros y con una red de venas en el envés. La planta lleva además tres o cuatro hojas caulinares, que son similares a las radicales.

En el extremo de largos pedúnculos erectos, crecen unas cabezuelas florales de color rojo oscuro; son cilíndricas y miden hasta 2 cm de longitud. Florecen a partir de la base y se componen por entre cinco y diez flores hermafroditas. El cáliz, rojo sangre, desempeña la función de la corola. Los cuatro estambres tienen largos filamentos rojos y estigmas amarillos. El cáliz, en el momento de la formación del fruto, es alado.

Esta especie se usaba en medicina popular para las hemorragias y las diarreas.

Crece en toda Europa, con excepción de la región mediterránea y de una parte de las regiones septentrionales.

La especie afín *S. dodecandra* presenta grandes cabezuelas florales, cálices verdes y siempre más de cuatro estambres. Sólo crece en los Alpes italianos.

Número de cromosomas de las células somáticas: *2n = 28, 56*
Planta dicotiledónea
Floración: *julio-octubre*
Tipo de fruto: *aquenios encerrados en el hipanto*

Sanguisorba minor

Sanguisorba officinalis

Sanicula europaea

Sanícula macho

Descripción

Esta planta vivaz, que mide entre 25 y 45 cm, crece en bosques mixtos muy poblados. Prefiere los suelos calizos.

A partir de un corto rizoma rastrero, brota un tallo erecto, simple y muy anguloso. Las hojas radicales tienen largos pecíolos y un limbo palmeado, con entre tres y cinco lóbulos. No hay hojas caulinares y, cuando existen, no se encuentran más que una o dos, pequeñas, sésiles y poco divididas.

Las flores forman una umbela de pequeñas cabezuelas globulares y pueden ser de dos clases: las que son hermafroditas son más o menos sésiles, y las masculinas tienen pecíolos cortos. Estas últimas se componen de cinco sépalos, cinco pétalos blanquecinos o rojizos y cinco estambres. En las flores hermafroditas se encuentra además un pistilo compuesto por dos carpelos. El fruto maduro es un diaquenio de 5 mm de longitud, cubierto de puntas ganchudas por todos los lados. Gracias a estos ganchos, el fruto se puede fijar en el pelo de los animales, que aseguran así involuntariamente la dispersión de la especie.

La sanícula crece en toda Europa, a excepción de las Azores, Baleares, Creta, Islandia y las regiones del suroeste de la antigua Unión Soviética.

Número de cromosomas de las células somáticas: *2n = 16*
Planta dicotiledónea
Floración: *mayo-junio*
Tipo de fruto: *diaquenio*

Saponaria officinalis

Jabonera

Sin.: hierba jabonera, saponaria

Descripción

La jabonera es una planta vivaz de 30 a 80 cm de altura que crece en los terrenos baldíos, al borde de las carreteras y en las zanjas.

A partir de un rizoma rastrero, brota una planta vigorosa con tallos erectos, cilíndricos y lampiños, ramificados en la parte superior. Las hojas, que son opuestas, elípticas y puntiagudas, presentan tres nervios y tienen bordes ásperos.

Las flores, que tienen cortos pecíolos, miden de 2 a 3 cm de diámetro y están agrupadas en densos dicasios. Bajo la flor hay dos brácteas lanceoladas. El cáliz cilíndrico puede alcanzar 25 mm de longitud; es verde o rojizo y velloso. Los cinco pétalos son rosas o blancos, miden hasta 40 mm de longitud, están provistos de una uñeta y son emarginados. El ovario, cilíndrico y alargado, origina una cápsula que encierra numerosas semillas reniformes.

Esta planta ligeramente tóxica ha sido cultivada no sólo por su belleza, sino también por sus virtudes curativas. Debe su nombre a la propiedad de formar espuma como el jabón, cuando se tritura y humedece. Contiene saponinas, que son tóxicas.

S. officinalis crece en una zona que abarca desde el Mediterráneo hasta Bélgica, el norte de Alemania y el centro de Rusia.

S. ocymoides es una especie afín, de corto tallo postrado y flores de color rojo vivo, que se halla en las montañas del suroeste de Europa y es cultivada como planta ornamental.

Número de cromosomas de las células somáticas: *2n = 28*
Planta dicotiledónea
Floración: *julio-septiembre*
Tipo de fruto: *cápsula*

Sanicula europaea

Saponaria officinalis

Saxífraga blanca

Descripción

Esta especie vivaz, que mide entre 10 y 50 cm de altura, crece en praderas, pastos y terraplenes, generalmente sobre suelos calizos.

De la roseta de hojas radicales se eleva un tallo poco ramificado, pubescente y con pocas hojas. Las hojas de la roseta, en las axilas de las cuales se desarrollan unos bulbillos, son reniformes. El limbo es dentado, a veces lobulado, cordiforme o truncado en la base, y se estrecha bruscamente hacia el pecíolo, que puede ser hasta cinco veces más largo que el limbo. Las hojas de la parte inferior del tallo tienen también largos pecíolos y un borde dentado, mientras que las superiores son casi completamente sésiles. Las hojas caulinares no tienen bulbillos.

Las ramas de la inflorescencia son erectas, glandulares y presentan pocas flores. Las hojas brotan en las axilas de unas brácteas lineales. El cáliz está formado por cinco sépalos que están soldados en la base de los pétalos y los estambres. Los pétalos son blancos y tres veces más largos que los sépalos. Hay diez estambres. La cápsula es ovoide y encierra pequeñas semillas verrugosas.

La saxífraga blanca crece en toda Europa, por lo que no es de extrañar que presente tantas variedades.

Número de cromosomas de las células somáticas: *2n = 52*
Planta dicotiledónea
Floración: *abril-mayo*
Tipo de fruto: *cápsula*

Saxífraga amarilla

Sin.: *S. aizoon*

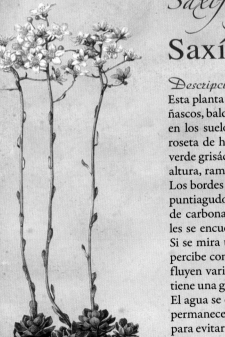

Descripción

Esta planta vivaz y carnosa forma matas en peñascos, baldíos y colinas pedregosas, sobre todo en los suelos ricos en caliza. A partir de una roseta de hojas rígidas, lanceoladas y de color verde grisáceo, se eleva un tallo de 4 a 30 cm de altura, ramificado en el ápice y poco frondoso. Los bordes de las hojas radicales tienen dientes puntiagudos cubiertos de pequeñas escamas de carbonato de calcio, en la base de las cuales se encuentra una glándula que segrega cal. Si se mira una hoja a contraluz, la glándula se percibe como una manchita clara. En ella confluyen varios haces vasculares, cuya agua contiene una gran cantidad de carbonato de calcio. El agua se evapora, pero el carbonato de calcio permanece en forma de escamas, que sirven para evitar una evaporación excesiva; esto es de gran importancia para una planta que crece en condiciones de extrema sequedad y calor.

Las flores forman inflorescencias en panículas. Los pétalos blancos aparecen a veces manchados de rojo. Los estambres maduran antes que el pistilo. Las flores son polinizadas por los insectos, que buscan el néctar secretado en la superficie del ovario. La multiplicación de la planta también puede ser vegetativa, por medio de brotes.

Esta saxífraga crece en toda Europa, pero ha sido a menudo recogida en estado silvestre, debido a su belleza, para ser transportada a los jardines de rocalla. Por esta razón ha sido incluida en la lista de plantas protegidas.

Número de cromosomas de las células somáticas: *2n = 28*
Planta dicotiledónea
Floración: *junio-julio*
Tipo de fruto: *cápsula*

Saxifraga granulata

Saxifraga paniculata

Scabiosa ochroleuca

Escabiosa amarilla

Descripción

Esta planta bienal o vivaz, de 20 a 80 cm de altura, crece en colinas soleadas y baldíos secos.

Los tallos son erguidos y pubescentes en el ápice y ramificados más o menos en la mitad de su longitud. Tienen de dos a cinco pares de hojas, liradas y pinnatisectas. Las flores forman cabezuelas en el extremo de un largo pedúnculo. Las brácteas son lineales, lanceoladas y más cortas que las flores laterales. El cáliz tiene un reborde membranoso y lleva unos manojos de pelos de 6 mm de longitud. Las corolas son de color amarillo pálido. Los aquenios están cubiertos de surcos y pelos diseminados.

Algunas especies afines a esta planta crecen en la península balcánica. *S. balcanica* tiene unas hojas casi lampiñas, al contrario que *S. webbiana*, con hojas pubescentes. *S. fumarioides* tiene un cáliz casi sin pelos, mientras que *S. triniifolia* presenta manojos de pelos en el cáliz, que es hasta cinco veces más grande que la corola.

Se habla a veces de plantas con flores negras. En realidad, ninguna tiene flores realmente negras, pero existe una especie de *Scabiosa* ornamental con grandes flores de un color púrpura muy oscuro. Se trata de *S. atropurpurea,* que tiene las flores más oscuras de todas las plantas europeas.

Número de cromosomas de las células somáticas: *2n = 1*
Planta dicotiledónea
Floración: *mayo-agosto*
Tipo de fruto: *cápsula*

Scirpus sylvaticus

Castañuela del bosque

Descripción

Esta robusta planta vivaz, que puede medir de 60 a 100 cm de altura, crece en terrenos pantanosos, praderas húmedas o anegadas y zanjas húmedas.

Los tallos son más o menos erectos, triangulares y huecos. Las hojas miden de 8 a 12 mm de anchura y sus bordes son ásperos. Bajo la inflorescencia se encuentran unas brácteas similares a las hojas.

El tallo remata en una densa inflorescencia que puede tener 30 cm de longitud y se compone de espiguillas ovales, sésiles, alargadas, puntiagudas y de color pardo oscuro. Los seis tépalos tienen la forma de pequeños pelos. La polinización es llevada a cabo por el viento; después de la fecundación, se desarrollan unos aquenios triangulares.

Esta planta crece en toda Europa, con excepción de las regiones árticas y del sur de la cuenca mediterránea; sin embargo, también se encuentra en el Cáucaso, Siberia y Norteamérica. La especie afín *S. radicans* presenta en general unas espigas aisladas y más o menos pedunculadas. Crece en los mismos lugares que *S. sylvaticus,* pero es menos abundante. Los representantes del género próximo *Schoenoplectus* sólo tienen hojas radicales y suelen ser plantas vigorosas en las que la bráctea parece la continuación del tallo y la inflorescencia se encuentra en posición lateral. La más abundante en Europa central es la especie *Schoenoplectus lacustris.*

Número de cromosomas de las células somáticas: *2n = 62, 64*
Planta monocotiledónea
Floración: *mayo-agosto*
Tipo de fruto: *aquenio*

Scabiosa ochroleuca

Scirpus sylvaticus

Scrophularia nodosa

Escrofularia

Sin.: hierba de lamparones

Descripción

Esta planta vivaz de olor desagradable mide entre 40 y 100 cm de altura. Se encuentra en matorrales, eriales y bosques sombríos.

Tiene un rizoma tuberoso y un tallo erguido, lampiño (glandular en el ápice) y cuadrado. Las hojas son opuestas y tienen cortos pecíolos: las radicales tienen un limbo ovado, acorazonado en la base; las caulinares son puntiagudas. Todas ellas son lampiñas.

Las flores, que brotan de las axilas de unas brácteas estrechas y lanceoladas, están dispuestas en inflorescencias cimosas. Los pedúnculos de las flores son glandulares. El cáliz, en forma de campana, tiene cinco lóbulos. La corola es de color pardo rojizo, con una garganta verde o amarilla; no tiene espolones y consiste en un tubo abultado y dos labios cortos. El labio superior es ligeramente más largo que el inferior, que es trilobulado. El fruto es una cápsula.

La escrofularia es una planta levemente venenosa, pero al mismo tiempo medicinal. Crece prácticamente en toda Europa.

Hay más de treinta especies afines, entre las cuales destaca *S. vernalis*. Ésta es una planta cultivada frecuentemente por los apicultores, ya que ofrece mucho néctar para las abejas; sus flores son de color amarillo pálido.

Número de cromosomas de las células somáticas: *2n = 36*
Planta dicotiledónea
Floración: *junio-septiembre*
Tipo de fruto: *cápsula*

Sedum acre

Pan de cuco

Sin.: uvas de gato, racimillo, siempreviva picante

Descripción

El pan de cuco forma matas en peñascos cubiertos de maleza, colinas secas y baldíos arenosos. Es una planta vivaz, de 5 a 15 cm de altura.

Un rizoma delgado, muy ramificado, da lugar a dos tipos de tallos ascendentes: unos no floridos, provistos de numerosas hojas que miden de 2 a 5 cm de longitud, y otros floríferos, de 5 a 15 cm, simples y mucho menos foliosos. Las hojas son alternas, carnosas, ovadas, obtusas y lisas. En la base son sésiles, lampiñas y de unos 10 mm de longitud. Tienen un sabor muy picante.

Las flores están agrupadas en cabezuelas, tienen cortos pedicelos y son pentámeras. Los sépalos ovoides son obtusos y miden hasta 3 mm de longitud. Los pétalos son lanceolados, puntiagudos y miden de 6 a 10 cm. Son amarillos. El fruto es un folículo.

Esta especie exhibe una marcada variabilidad genética que implica una gran variabilidad morfológica.

El pan de cuco crece en toda Europa. Puede confundirse con *S. sexangulare* (sin.: *S. boloniense*), que se distingue por un espolón en la base de sus hojas y la ausencia de sustancias amargas en las células, muy características de *S. acre*.

Número de cromosomas de las células somáticas: *2n = 40, 48, 60, 80, 100, 120*
Planta dicotiledónea
Floración: *junio-julio*
Tipo de fruto: *folículo*

Scrophularia nodosa

Sedum acre

Sedum telephium

Crassulaceae – **Crasuláceas**
Baldíos

Telefio

Sin.: hierba callera, matacallos

Descripción

Esta planta, que puede medir entre 50 y 80 cm de altura, crece en lugares arenosos y secos y entre los arbustos.

El tallo es erecto, rígido y a veces rojizo. Las hojas pueden ser alternas, opuestas o estar agrupadas en verticilos trímeros; son sésiles y envainantes y por su forma pueden ser también redondeadas u oblongas.

Las inflorescencias, semejantes a umbelas, están compuestas por flores de color amarillo verdoso, algunas veces rosáceas o púrpuras. Son hermafroditas y tienen cinco sépalos, otros tantos pétalos, diez (cinco y cinco) estambres de anteras pardo amarillentas y cinco carpelos. Los frutos son folículos.

Sedum telephium agrupa tres especies menores. *S. maximum* es una planta con pétalos de un color amarillo verdoso y hojas superiores sésiles, semienvainantes y casi enteras. Crece en casi toda Europa. *S. telephium* (considerada una especie menor) tiene unos pétalos de color rosa rojizo y hojas superiores opuestas, dentadas y sésiles. Crece en Europa central y oriental. Por último, *S. fabaria* presenta pétalos de color púrpura oscuro y hojas superiores alternas y sésiles, con una base estrecha semejante a un pecíolo. Crece en Europa central y occidental. Esta especie es generalmente más pequeña y evita los suelos calizos.

Número de cromosomas de las células somáticas: *2n = 24*
Planta dicotiledónea
Floración: *julio-octubre*
Tipo de fruto: *folículo*

Senecio fuchsii

Compositae – **Compuestas**
Claros de los bosques

Hierba cana alpina

Descripción

Esta planta, que puede medir hasta 150 cm de altura, es vivaz y se encuentra en bosques mixtos ricos en humus y caminos forestales.

Los tallos, que surgen de unos rizomas, son lampiños y de color rojo violáceo. Las hojas son lanceoladas, alargadas, hasta cinco veces más largas que anchas y finamente dentadas. Los pecíolos son casi inapreciables. Las ramas que sustentan las cabezuelas son delgadas. El involucro es cilíndrico y estrecho, y suele estar formado por ocho brácteas lampiñas. Las cabezuelas, que son amarillas, se componen de cinco flósculos ligulados y entre seis y 15 flósculos tubulares.

Esta planta crece sobre todo en Europa central y raramente en Europa meridional.

S. nemorensis es una especie afín con tallos en general verdes. Las hojas son sólo tres veces más largas que anchas y se pueden apreciar a menudo numerosos pelos entre los dientes. El envés de las hojas es velloso y los pecíolos alados son envainantes. El involucro está formado la mayor parte de las veces por 10 brácteas pubescentes. Los flósculos ligulados son en general cinco, como en *S. fuchsii*, pero el número de flósculos tubulares oscila entre 14 y 20. Mientras que la especie anterior crece en tierras bajas, *S. nemorensis* es una planta de altura, aunque se encuentra con bastante frecuencia en lugares aparentemente poco habituales, como valles profundos de algunos ríos.

Número de cromosomas de las células somáticas: *2n = 40*
Planta dicotiledónea
Floración: *julio-septiembre*
Tipo de fruto: *aquenio*

Sedum telephium

Senecio fuchsii

Sesleria varia

Sesleria cerúlea

Descripción

Esta hierba vivaz y calcícola que forma densas matas crece en terrenos pedregosos y a veces en los bosques claros, desde el pie de las montañas hasta las regiones subalpinas.

Las cañas, erectas y delgadas, miden de 25 a 45 cm de altura. Las hojas son lampiñas y tienen un limbo plano, incluso en tiempo seco. La lígula es muy corta y está bordeada de pelos. El limbo de los retoños estériles presenta unas bandas blancas y estrechas en el borde.

La espiga, compuesta de espiguillas, es cilíndrica y relativamente laxa. Las espiguillas tienen dos flores, a veces tres, violáceas o de color azul acero, aunque algunas veces, con poca frecuencia, son amarillentas. Las glumas son lanceoladas, tan largas como las glumelas inferiores, lampiñas salvo en los nervios, puntiagudas y a veces provistas de una arista larga.

Las lemas son lanceoladas, vellosas en los nervios y lampiñas en el resto. El pequeño diente mediano está provisto de una arista. Las glumelas superiores (paleas) son bidentadas, tan largas como las inferiores y con algunos pelos sobre los nervios.

La especie afín *S. uliginosa* crece en general en praderas pantanosas y forma asentamientos circulares. A diferencia de la especie anterior, presenta bordes enrollados cuando el tiempo es seco.

Número de cromosomas de las células somáticas: *2n = 28*
Planta monocotiledónea
Floración: *marzo-junio*
Tipo de fruto: *cariópside*

Silene alba

Silene blanca

Descripción

Se puede encontrar esta planta anual o vivaz principalmente en los terrenos baldíos, al borde de las carreteras y las lindes de los matorrales. Mide entre 40 y 100 cm de altura.

Los tallos erectos son ligeramente pubescentes en la parte inferior y glandulares en la superior, que es ramificada. Las hojas radicales se estrechan hacia el pecíolo; el resto son lanceoladas y sésiles.

La inflorescencia es una cima dicótoma cuyas flores colgantes tienen cortos pedúnculos. A diferencia de la especie próxima, *S. dioica,* cuyas flores permanecen abiertas todo el día, las flores de la silene blanca sólo se abren por la tarde. Es una planta dioica. Las flores masculinas y femeninas tienen un cáliz compuesto por cinco sépalos soldados y una corola con cinco pétalos libres. La flor masculina posee 10 estambres y la femenina, un pistilo nacido de la soldadura de cinco carpelos. El fruto es una cápsula ovada encerrada en un cáliz persistente.

Es una especie común que se encuentra en toda Europa. *S. glutinosa* es una especie afín que crece en la Península Ibérica y cuyos tallos tienen un tacto pegajoso. Las flores están abiertas durante todo el día, como las de *S. dioica.*

Número de cromosomas de las células somáticas: *2n = 24*
Planta dicotiledónea
Floración: *junio-octubre*
Tipo de fruto: *cápsula*

Sesleria varia

Silene alba

Silene dioica

Caryophyllaceae – **Cariofiláceas**
Praderas de montaña

Jabonera blanca

Sin.: borbonesa, *Melandrium rubrum*, *M. dioicum*, *M, sylvestre*

Descripción

En las praderas de montaña y las lindes de los bosques, crece una planta vivaz y vigorosa que alcanza entre 40 y 80 cm de altura: la jabonera blanca.

Del rizoma surgen unos tallos erectos, desprovistos de glándulas y ligeramente pubescentes. Las hojas son tomentosas y de color verde oscuro; las de la parte inferior, pecioladas, ovadas y puntiagudas, y las de la parte superior, sésiles.

Las flores rojas forman una cima dicótoma y tienen cortos pecíolos. Están abiertas durante todo el día. El cáliz pentadentado es de color verde rojizo y está provisto de largos pelos. En las flores femeninas, el cáliz es abultado y presenta 20 venas bien visibles, mientras que en las flores masculinas es cilíndrico, con 10 venas solamente. Los cinco pétalos —rojos, libres y de forma oblonga— son bífidos. La cápsula encierra las semillas, que se desarrollan sobre la columna central, como en todos los miembros de la familia de las Cariofiláceas.

Esta especie crece en casi toda Europa, con excepción de la zona oriental; en el sur es poco frecuente.

Las plantas que provienen de regiones montañosas son con frecuencia diferentes en su aspecto. Por ejemplo, las que crecen en lugares no protegidos, en particular los peñascos, originan ejemplares rastreros.

S. dioica y *S. alba* son cruzadas con frecuencia, lo que produce híbridos de flores rosadas y fértiles.

Número de cromosomas de las células somáticas: *2n = 24*
Planta dicotiledónea
Floración: *mayo-octubre*
Tipo de fruto: *cápsula*

Silene vulgaris

Caryophyllaceae – **Cariofiláceas**
Pastizales

Colleja

Sin.: tiratiros, verdezuela, *S. inflata*, *S.cucubalus*

Descripción

Esta planta crece entre la hierba, en praderas, pastos y terrenos baldíos. Mide de 10 a 50 cm de altura. A partir de una roseta de hojas radicales, se eleva un tallo erecto o ascendente. Las hojas son lanceoladas o elípticas, alcanzan los 6 cm de longitud y tienen un limbo entero, de color verde grisáceo y aspecto escarchado. Las hojas radicales tienen cortos pecíolos y las caulinares son sésiles.

Las flores forman densas inflorescencias en cimas dicótomas. Las de la parte inferior tienen pecíolos largos, y las de la superior, pecíolos cortos. El cáliz se presenta abultado y con 20 venas visibles; mide unos 15 mm de longitud y es de color blanco amarillento o rosáceo. La corola, la mayor parte de las veces sin paracorola, es blanca o rosa, y sus pétalos son bífidos. Después de la polinización y la fecundación, el ovario se transforma en una cápsula redondeada, cilíndrica y encerrada en el cáliz.

La colleja es abundante en toda Europa, siendo muy variable en cuanto a su morfología. Las plantas del litoral atlántico tienen un tallo ascendente, muy ramificado, en el que cada rama acaba en una flor. Es la subespecie *maritima*. Las plantas de tallos postrados y cimas dicótomas con dos, tres o cuatro flores, constituyen la subespecie *prostrata*. Se encuentran en los Alpes y los Cárpatos, en general en suelos calizos.

Número de cromosomas de las células somáticas: *2n = 24*
Planta dicotiledónea
Floración: *junio-octubre*
Tipo de fruto: *cápsula*

Silene divica

Silene vulgaris

Sinapsis arvensis

Mostaza de los campos

Descripción

Esta planta anual, que alcanza de 20 a 60 cm de altura, brota en campos y baldíos.

El tallo, de un verde vivo, lleva hojas por lo general enteras; las de la base son a veces liradas y pinnatífidas, mientras que las de la parte superior son ovales o elípticas e irregularmente dentadas.

Las flores llaman la atención por el color amarillo vivo de sus cuatro pétalos. Los sépalos, verde amarillentos, están simétricamente desplegados. El pistilo origina una silicua articulada que cuando madura tiene una serie de estrechamientos sucesivos y se abre por las valvas. Las semillas son lisas y de un color pardo rojizo oscuro. Cuando se humedecen, adquieren un tacto mucilaginoso.

La mostaza de los campos es originaria probablemente de las regiones mediterráneas, aunque crece en la mayor parte del continente europeo. Es una mala hierba difícil de destruir, ya que las semillas conservan su facultad germinativa durante 25 o 50 años. Sólo germinan las semillas que están cerca de la superficie. Las otras pueden pasar muchos años profundamente enterradas esperando a que las labores de labranza las saquen a la superficie.

El rabanillo *(Raphanus raphanistrum)* es una especie afín que se distingue por su tallo azulado, sus sépalos unidos a la corola y sus cuatro pétalos amarillos con nervios habitualmente violáceos. Su fruto es una silicua articulada (fruto seco dehiscente). Cuando madura, sus articulaciones (hasta ocho) se separan.

Número de cromosomas de las células somáticas: *2n = 18*
Planta dicotiledónea
Floración: *junio-octubre*
Tipo de fruto: *silicua*

Solanum dulcamara

Dulcamara

Sin.: dulzamara, amaradulce, amargamiel

Descripción

Esta planta vivaz, postrada, que mide de 30 a 200 cm de longitud, se desarrolla entre los matorrales, en las alisedas y en terrenos baldíos.

A partir de un rizoma rastrero, se desarrollan unos tallos trepadores o postrados, lampiños y leñosos en la base. Las hojas son ovadas y están cubiertas de vello ralo por sus dos caras.

Las flores están agrupadas en panículas colgantes. El cáliz es corto; la corola tiene unos lóbulos puntiagudos, encorvados y lanceolados. Es de color azul violáceo y lleva en la base dos manchas verdes con el borde blanco. Las anteras de los cinco estambres, de color amarillo oro, están soldadas y adquieren la forma de un cono. El pedúnculo del fruto es denso en el extremo y termina en una baya ovoide, roja y colgante. Las semillas son reniformes.

Esta especie está extendida por casi toda Europa, con excepción del extremo norte.

Como la mayor parte de los representantes de la familia de las Solanáceas, la dulcamara es venenosa. De hecho, incluso la patata *(Solanum tuberosum)* es una planta venenosa. Los alcaloides venenosos, sin embargo, están concentrados principalmente en los tallos y, en menor medida, en las hojas y las bayas; en los tubérculos sólo quedan restos insignificantes (en la piel y las partes verdes que no han estado completamente cubiertas por la tierra.) La patata, una vez pelada y cocida, es absolutamente inofensiva.

Número de cromosomas de las células somáticas: *2n = 24*
Planta dicotiledónea
Floración: *julio-agosto*
Tipo de fruto: *baya*

Sinapsis arvensis

Solanum dulcamara

Solidago virgaurea

Vara de oro

Descripción

Esta planta vivaz, de 20 cm a un metro de altura, crece en lindes y claros de bosques, landas y otros lugares herbáceos.

El tallo erecto es lampiño o con pelos diseminados y está completamente cubierto de hojas. Las hojas radicales son ovadas o elípticas, con borde aserrado, y se estrechan en un largo pecíolo; las caulinares, lanceoladas y sésiles.

Los capítulos tienen de 10 a 20 mm de diámetro. El involucro es cilíndrico. Las brácteas son alargadas, puntiagudas y lampiñas. Las flores son de color amarillo oro. Las del centro son tubulosas y las externas, liguladas. Las primeras son más cortas que el involucro y las segundas, más largas. Los aquenios vellosos tienen de 3 a 4 mm de longitud.

Se distinguen dos subespecies. La subespecie *virgaurea* propiamente dicha tiene unos capítulos de 10 a 15 mm de diámetro, agrupados en densos racimos. Crece sobre todo en los bosques. La subespecie *minuta* sólo mide de 5 a 25 cm de altura y sus capítulos, de 15 a 20 mm de diámetro, están dispuestos en inflorescencias espiciformes simples o poco ramificadas. Crece hasta 2.500 m de altitud en praderas de montaña, peñascos y zonas de pinos enanos.

S. canadiensis, a menudo cultivada como planta ornamental, es originaria de Norteamérica.

Número de cromosomas de las células somáticas: *2n = 18*
Planta dicotiledónea
Floración: *julio-octubre*
Tipo de fruto: *aquenio*

Sonchus oleraceus

Cerraja

Sin.: cardimuelle, cardinche, gardubera

Descripción

El tallo de esta planta mide de 50 a 100 cm de altura y es erecto, lampiño y hueco. Se encuentran estas grandes plantas en sembrados y baldíos.

Las pequeñas hojas son suaves y de un color verde grisáceo. El limbo de las hojas radicales, alargado y oval, poco o nada dividido, se estrecha en unos pecíolos alados. Las hojas del tallo son sagitadas y sésiles, dentadas y espinosas.

Las flores forman una cima simple o compuesta. Las brácteas son cilíndricas. La corola es de un color amarillo vivo o pálido, y a veces está rayada de violeta o de un tono pardo en el exterior. Es poco frecuente encontrar ejemplares de flores blancas. Los aquenios maduros, de 3 mm de longitud, son pardos, arrugados y ligeramente triangulares. La planta deja escapar un látex blanco cuando sufre alguna herida.

S. asper es muy parecida a la especie anterior; se distingue por las aurículas redondeadas de las hojas y por un número menor de cromosomas: 2n = 18. Las dos especies crecen en Europa, el norte de África y el noroeste de Asia.

Número de cromosomas de las células somáticas: *2n = 32*
Planta dicotiledónea
Floración: *junio-octubre*
Tipo de fruto: *aquenio*

Solidago virgaurea

Sonchus oleraceus

Sparganium erectum

Platanaria

Descripción

Esta planta vivaz mide habitualmente entre 30 y 60 cm de altura, pero puede alcanzar 120 cm.

Un tallo erecto y rígido se eleva a partir de un rizoma rastrero con numerosos retoños.

Las hojas, similares a las de las gramíneas, son erectas, rígidas, triangulares en la parte inferior y aquilladas hasta la punta. Miden de 3 a 15 mm de anchura.

En el extremo superior del tallo, se encuentra una inflorescencia en panícula, formada por cabezuelas globulares, de flores regulares y unisexuales. Las cabezuelas inferiores, más grandes y poco numerosas, están constituidas por flores femeninas. Hacia la parte superior, se observan unas cabezuelas de menor tamaño formadas por flores masculinas. El perianto de ambos tipos de flores está constituido por tépalos membranosos. La polinización se realiza por medio del viento y después de la fecundación se forman unos aquenios de color pardo oscuro, angulares y provistos de un pico.

Se distinguen cuatro subespecies según la forma y el tamaño de los frutos: *erectum*, *microcarpum*, *neglectum* y *oocarpum*.

La especie afín *S. emersum* posee una inflorescencia en espiga y el mismo número de cromosomas.

Número de cromosomas de las células somáticas: $2n = 30$
Planta monocotiledónea
Floración: *junio-agosto*
Tipo de fruto: *aquenio*

Stachys officinalis

Betónica

Descripción

Esta planta vivaz crece en praderas húmedas, pero también en bosques secos y sus lindes. Mide de 30 a 100 cm de altura.

Los tallos erectos no son ramificados y llevan pocas hojas. Las radicales tienen largos pecíolos y son ovadas, alargadas, casi elípticas y dentadas en los bordes. Lampiñas en el haz, son vellosas en el envés. Las hojas centrales tienen los pecíolos más cortos, y las superiores son sésiles. Su tamaño va disminuyendo según se asciende hacia el ápice del tallo. Las hojas más altas son lanceoladas, y se transforman en brácteas.

En las axilas de estas brácteas, se desarrollan unas espigas de flores densas y cilíndricas. Las flores tienen hasta 14 mm de longitud. El cáliz, con forma de campana, está dividido. La corola es de color carmín, pero puede ser también de un rosa oscuro o, con menor frecuencia, blanquecina; el tubo curvo de la corola sobresale del cáliz. El labio superior es erecto y velloso en la parte exterior. El inferior tiene tres lóbulos, de los cuales el central es grande y dentado. Los estambres, que tienen anteras de color pardo violáceo, están situados cerca del ápice del tubo coralino.

Esta especie crece en la mayor parte de Europa. Hacia el norte, se extiende hasta el centro de Escocia, el sur de Suecia y la zona noroccidental de la antigua Unión Soviética.

Esta planta ha sido utilizada como planta medicinal en la preparación de tisanas contra los resfriados.

Número de cromosomas de las células somáticas: $2n = 16$
Planta dicotiledónea
Floración: *julio-agosto*
Tipo de fruto: *aquenio*

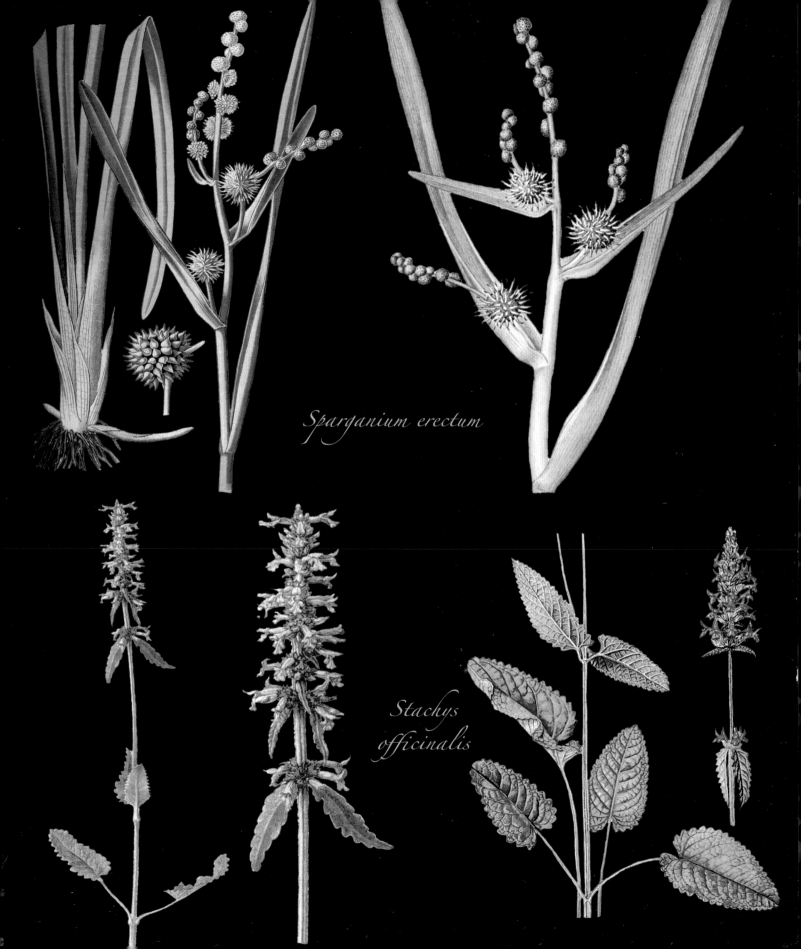

Sparganium erectum

Stachys officinalis

Stellaria graminea

Estelaria

Descripción

La estelaria crece en las praderas y al borde de las carreteras. Es una planta vivaz que alcanza entre 10 y 30 cm de altura. Los tallos son postrados en la base, cuadrangulares y lisos. Las hojas, lanceoladas o lineales, son puntiagudas, de color verde hierba y ciliadas en la base.

La inflorescencia es bastante laxa y forma cimas dicótomas. Las brácteas son ciliadas en los dos lados. Las flores pueden medir hasta 11 mm de diámetro. Los sépalos son lanceolados y lampiños, y presentan tres nervios bien visibles. Los pétalos blancos son tan largos como los sépalos, aunque no puntiagudos. Se aprecian cinco sépalos, cinco pétalos y tres estilos. La cápsula es estrecha y alargada, más larga que el cáliz. Las semillas presentan una superficie granulosa.

Esta especie, bastante tóxica, está extendida por toda Europa.

La especie afín *S. palustris* tiene hojas lisas y de un color verde grisáceo, brácteas con bordes romos y tallos erguidos. Crece sobre todo en pantanos o praderas pantanosas. Se ha comprobado que todas las plantas de esta especie no son completamente hermafroditas, ya que algunos ejemplares tienen las anteras parcial o totalmente atrofiadas. Las flores de estas plantas son más pequeñas que las hermafroditas.

Número de cromosomas de las células somáticas: $2n = 52$
Planta dicotiledónea
Floración: *abril-mayo*
Tipo de fruto: *cápsula*

Symphytum officinale

Consuelda

Sin.: consólida, sínfito, suelda

Descripción

Esta robusta planta vivaz, que mide entre 50 y 120 cm, crece en las orillas del agua, en las zanjas, en las praderas húmedas y en los campos de regadío.

Un rizoma negruzco origina un tallo anguloso, erizado, erecto y ramificado solamente en la parte superior. Las hojas son largas y convergentes, lanceoladas, con nervios prominentes en el envés.

Las flores forman cimas escorpiónidas; tienen pedúnculos cortos y son colgantes. El cáliz presenta dientes lanceolados. La corola tubulada es dos veces más larga que el cáliz; es de color rojo violáceo o, más raramente, blanco amarillento sucio. En la garganta, hay unas escamas de tres caras, curvadas hacia fuera. Las anteras, de color violeta oscuro, son más largas que los filamentos. Se aprecian cinco estambres. Los aquenios maduros alcanzan los 5 mm de longitud y son de color gris pardo.

Esta especie se extiende por toda Europa, pero es bastante rara en el extremo sur.

S. asperum es una especie afín que se distingue por sus hojas, provistas de largos pecíolos y cubiertas de numerosos pelos, y por sus flores de color rojo carmín que se vuelven más tarde azules. Esta especie se cultiva no solamente como planta ornamental, sino también como forraje.

Número de cromosomas de las células somáticas: $2n = 48$
Planta dicotiledónea
Floración: *abril-junio*
Tipo de fruto: *aquenio*

Stellaria graminea

Symphytum officinale

Taraxacum officinale

Diente de león

Descripción

Es una planta vivaz de 10 a 50 cm de altura. Crece en praderas, pastos y campos, pero también en terrenos baldíos y dunas.

Las hojas, de lóbulos agudos, son muy recortadas y forman una roseta basal. El limbo se estrecha bruscamente en el pecíolo.

El escapo es hueco y lampiño o ligeramente pubescente; cuando sufre alguna herida, deja escapar un látex blanco. Remata en una cabezuela. Las brácteas son de color verde vivo u oscuro. La corola es de un amarillo vivo o pálido, a veces incluso naranja. Los frutos maduros son unos aquenios pardos y lisos con un gran pico. El vilano es blanco.

Esta especie agrupa alrededor de 150 especies menores que no siempre son fáciles de distinguir.

T. laevigatum tiene una corola de color amarillo vivo, a menudo rojiza en la base, con brácteas de bordes blancos y aquenios de color pardo rojizo. Es una planta de colinas secas y soleadas, peñascos y terrenos arenosos.

Número de cromosomas de las células somáticas: *2n = 16-18, 20, 23-29, 32, 36, 37*
Planta dicotiledónea
Floración: *marzo-septiembre*
Tipo de fruto: *aquenio*

Thlaspi arvense

Carraspique

Descripción

Esta planta anual es una mala hierba común que crece en sembrados y baldíos, desde las tierras bajas hasta las montañas. Alcanza de 30 a 40 cm de altura. Las hojas radicales son lanceoladas y pecioladas. El tallo es liso, anguloso y estriado. Las hojas caulinares son dentadas; se estrechan en la base, pero se ensanchan justo por encima de ella.

Los sépalos son amarillo verdoso y los pétalos, dos veces más largos que los sépalos, blancos. Las silículas tienen de 10 a 15 cm de longitud, son planas y están provistas de alas. Tienen forma de moneda, lo que explica el nombre que recibe la planta en algunas lenguas. Cada celdilla contiene de cinco a siete semillas arrugadas de color marrón oscuro o pardo grisá-

ceo. En contacto con el agua, no adquieren consistencia mucilaginosa.

Tiene un sabor muy acre, pero no es venenosa. Crece en casi toda Europa, aunque con menor frecuencia en los países del norte. Está ausente de la mayor parte de la cuenca mediterránea. La especie afín *T. alliaceum* tiene el tallo pubescente y cordiforme y desprende un olor a ajo. Crece en Europa meridional y central; hacia el norte se la puede encontrar hasta Salzburgo y el sur de Baviera.

Número de cromosomas de las células somáticas: *2n = 14*
Planta dicotiledónea
Floración: *mayo-septiembre*
Tipo de fruto: *silícula*

Taraxacum officinale

Thlaspi arvense

Thymus serpyllum

Serpillo

Descripción

Es una planta vivaz que crece en lugares arenosos, secos y herbáceos, particularmente en los bosques de pinos; mide de 10 a 50 cm de altura.

Es realmente un pequeño arbusto de ramas leñosas. Los tallos pueden ser erectos, ascendentes o rastreros. Son cilíndricos o cuadrangulares y diversamente vellosos. Las hojas son opuestas, elípticas o casi redondas, de limbos enteros; son sésiles o de pecíolo corto.

Las flores individuales están reunidas en cabezuelas globulares en el extremo de los tallos. El cáliz tiene dos labios y es campaniforme y ciliado. La corola mide 6 mm, tiene un corto tubo y es violácea o, en ocasiones, blanca.

Esta especie crece en toda Europa, pero sobre todo en el norte de Francia, Austria, Hungría y Bielorrusia. Se distingue con dificultad de otras especies afines. Los principales caracteres distintivos son el porte de los tallos, la ramificación, la forma y la dimensión del cáliz, el tipo de nervadura y la forma de las hojas. La determinación es aún más complicada debido a la existencia de híbridos. Una especie de este género es, sin embargo, fácil de reconocer: los tallos son erectos y pueden medir hasta 40 cm de altura; son ramificados y las hojas, blancas y pubescentes por el envés, están arrolladas en los bordes. Es el tomillo (*Thymus vulgaris*). Crece como planta silvestre en la cuenca mediterránea y se cultiva normalmente como planta aromática.

Número de cromosomas de las células somáticas: *2n = 24*
Planta dicotiledónea
Floración: *abril-septiembre*
Tipo de fruto: *aquenio*

Tragopogon pratensis

Salsifí

Descripción

Esta planta bienal o vivaz que mide de 30 a 60 cm de altura crece en praderas, pastos y bordes de caminos.

Tiene un tallo simple o apenas ramificado. Las hojas lo rodean por su base ensanchada y se estrechan y se alargan progresivamente en brácteas lineares y lanceoladas.

El pedúnculo se ensancha ligeramente justo debajo del involucro. Éste mide hasta 30 mm de longitud y está formado por brácteas en número de seis a ocho, lanceoladas y bordeadas de blanco, tan largas como las flores. Éstas son de color amarillo azufre y liguladas. Los estambres tienen anteras bicolores: amarillas en la mitad inferior y de color violeta oscuro en la superior. Los aquenios miden hasta 20 mm de longitud y llevan un pico casi de la misma longitud. El vilano es de color blanco sucio y erecto.

El salsifí crece en casi toda Europa y forma las siguientes subespecies: ssp. *pratensis,* distribuida por toda esta zona; ssp. *minor,* cuyas brácteas son dos veces más largas que las flores liguladas y tienen a menudo un reborde rojizo, crece en Europa occidental y central, y ssp. *orientalis,* del centro y el este de Europa, con flores liguladas de color amarillo oro y el pico de los aquenios más corto que el aquenio mismo. Estas subespecies se consideran a menudo especies independientes.

Número de cromosomas de las células somáticas: *2n = 12*
Planta dicotiledónea
Floración: *mayo-septiembre*
Tipo de fruto: *aquenio*

Thymus serpyllum

Tragopogon pratensis

Trapa natans

Trapa

Sin.: castaña de agua

Descripción

Esta planta anual crece en aguas estancadas o de débil corriente, muy soleadas.

La raíz desaparece a menudo después de la germinación y la planta se fija al fondo por medio de raíces adventicias. Cuando el extremo del tallo alcanza la superficie y se desarrollan las hojas flotantes, la parte inferior del tallo se pudre, o bien la planta es arrancada del fondo, por ejemplo, debido a una tormenta. En lugar de las raíces originarias, aparecen otras nuevas, ramificadas y verdes, que se desarrollan sobre los nudos (contienen clorofila); estas raíces son capaces de realizar la fotosíntesis y desarrollan en parte el papel de las hojas.

Unos largos pedúnculos nacen en las axilas de las hojas superiores. Las flores hermafroditas están compuestas por cuatro sépalos, cuatro pétalos blancos, cuatro estambres y un pistilo. La polinización se realiza con polen propio (autogamia) o extraño (alogamia) transportado la mayor parte de las veces por insectos acuáticos. Inmediatamente tras la fecundación, los pedúnculos se retraen y hacen que la flor se sumerja en el agua, donde se forman los frutos, clasificados como frutos secos, que contienen una sola semilla rodeada por el cáliz ensanchado y lignificado. Este cáliz está provisto de cuatro espinas que le permiten fijarse al fondo y pasar en el lodo la estación fría. Las semillas son comestibles y contienen mucho almidón; los frutos se ofrecen en los mercados bajo el nombre de castañas de agua. Esta especie crece en Europa desde la era terciaria, como lo demuestran los descubrimientos de frutos fósiles.

Número de cromosomas de las células somáticas: *2n = (40), 48*
Planta dicotiledónea
Floración: *junio-octubre*
Tipo de fruto: *castaña*

Trifolium aureum

Trébol dorado grande

Sin.: *Trifolium strepens*

Descripción

Este trébol bienal crece en colinas soleadas, terraplenes y al borde de las carreteras; mide de 10 a 30 cm.

Su tallo es erecto o ascendente, provisto de numerosas hojas y ramificado. Los pecíolos de las hojas miden 1 cm de largo, aproximadamente lo mismo que las estípulas; éstas son puntiagudas, largas, ovales y con muchas nervaduras. Los folíolos tienen cortos pecíolos y son vellosos por los dos lados. La inflorescencia forma una cabezuela corta en el extremo de un pedúnculo erecto, tan largo o más que la bráctea que lo sostiene; mide hasta 5 cm de longitud en el momento en que se forma el fruto. Cada flor tiene un corto pedicelo y cuelga después de la floración. La corola es de color amarillo vivo, pero tras la floración se vuelve membranosa y pardusca. El estandarte, en forma de cuchara, mide hasta 6 mm de longitud.

Con excepción del extremo norte, esta especie crece en la mayor parte de Europa.

En Europa central, crece un gran número de tréboles de flores amarillas cuyas pequeñas cabezuelas en general adquieren un color tostado después de la floración.

Es el caso de *T. campestre,* que tiene un folíolo terminal particularmente largo. Las flores son de color amarillo claro y la corola mide unos 4 o 5 cm. Este trébol crece en las praderas, pero únicamente sobre suelos silíceos.

Número de cromosomas de las células somáticas: *2n = 14*
Planta dicotiledónea
Floración: *junio-septiembre*
Tipo de fruto: *vaina*

Trapa natans

Trifolium aureum

Trifolium pratense

Trébol rojo

Sin.: trébol violeta, t. común,
t. de los prados

Descripción

Este trébol crece en estado silvestre en praderas y pastos, entre las hierbas secas y al borde de las carreteras; se cultiva también como forraje para el ganado.

Es vivaz y mide de 20 a 50 cm de altura. Unos tallos erectos o ascendentes, formados por tres o cinco segmentos, crecen a partir de un rizoma tupido. Estos tallos son angulosos y vellosos. Las hojas radicales tienen cortos pecíolos y son sésiles. Las estípulas están soldadas al pecíolo. Los folíolos llevan una mancha blanquecina o pardo rojiza; son vellosos por el envés y ciliados en el borde.

Las cabezuelas florales son globulares u ovoides, ocultas en la base por grandes estípulas. Cada cabezuela tiene de 30 a 60 flores sésiles que no brotan de las axilas de las brácteas. Éstas tienen unos 18 mm de longitud y son erectas. El cáliz es pentadentado y velloso por fuera. La corola es de color carmín claro o roja: está soldada en la base. El estandarte es más largo que las alas. La vaina ovoide no contiene más que una sola semilla.

Se trata de una especie extremadamente variable, dentro de la cual las plantas muy vellosas son consideradas variedades o incluso especies independientes.

Número de cromosomas de las células somáticas: *2n = 14*
Planta dicotiledónea
Floración: *junio-octubre*
Tipo de fruto: *vaina*

Trifolium repens

Trébol blanco

Sin.: trébol rastrero, t. de Holanda

Descripción

Este trébol vivaz crece en praderas, pastos, baldíos y al borde de las carreteras. Es a veces utilizado en mezclas para el césped. Alcanza de 10 a 30 cm de altura.

Los tallos rastreros, que pueden enraizar, se vuelven erectos en el extremo. Las hojas pecioladas, de tres lóbulos, miden hasta 20 cm de longitud y tienen grandes estípulas membranosas. En las brácteas, que tienen una mancha clara transversal, se distinguen débilmente unas venas.

La inflorescencia tiene un pedúnculo más largo que los pecíolos de las hojas; es cilíndrica, mide unos 2 cm de diámetro y está formada por 40-80 flores. Éstas miden hasta 12 mm y son colgantes después de la floración. El cáliz verde es campaniforme. La corola membranosa es blanca, verdosa o rosácea, de un tono pardo claro después de la floración. El pétalo superior —el estandarte— es puntiagudo y un tercio más largo que las alas. Los dos pétalos interiores están soldados y forman la quilla. Hay diez estambres. La vaina está incluida en un cáliz persistente.

Esta especie crece en toda Europa hasta el punto más septentrional, es decir, el cabo Nordkyn, en Noruega. En Europa central, se distinguen dos subespecies. *Repens* tiene tallos lampiños de más de 30 cm de altura y, generalmente, flores blancas. En el valle del Rin, en el sur de Francia y en toda la cuenca mediterránea, crece la subespecie *prostratum,* de tallos vellosos y cortos y flores rosáceas que luego se vuelven más oscuras.

Número de cromosomas de las células somáticas: *2n = 32*
Planta dicotiledónea
Floración: *mayo-octubre*
Tipo de fruto: *vaina*

Trifolium pratense

Trifolium repens

Trollius europaeus

Ranúnculo de montaña

Descripción

Esta planta vivaz, de 30 a 60 cm de altura, crece en las praderas húmedas. El tallo es liso y recto, y no se ramifica. Las hojas, de color verde oscuro y palmeadas, tienen lóbulos más o menos dentados. Las hojas de la base tienen pecíolos largos y las de arriba son sésiles o casi sésiles; las hojas superiores son también más pequeñas y están menos divididas.

Las hojas se encuentran en el extremo del tallo y son solitarias, amarillas, grandes y cónicas. Tienen un diámetro de aproximadamente 3 cm. El cáliz es cónico y amarillo dorado. La corola está formada por un número variable de pétalos amarillos reducidos a simples lígulas, muy delgadas y que segregan néctar. La polinización es realizada por los insectos, pero se ha constatado también la existencia de autopolinización. Los folículos están un poco curvados, miden 12 mm cuando están maduros y presentan un pequeño pico. Las semillas son ovoides, negras y brillantes.

El ranúnculo de montaña crece en toda Europa, pero hacia el sur sólo se encuentra en altitudes elevadas. Está protegido por la ley en algunos países de Europa central. Es interesante el hecho de que Linneo describiese el ranúnculo de montaña a partir de una especie diferente a la de Europa central. Al parecer, esta última corresponde más bien a la especie descrita por Schur bajo el nombre de *T. transsilvanicus*.

Número de cromosomas de las células somáticas: *2n = 16*
Planta dicotiledónea
Floración: *mayo-junio*
Tipo de fruto: *folículo*

Tussilago farfara

Fárfara

Sin.: tusílago, uña de caballo, zapatas

Descripción

Esta planta vivaz se eleva a partir de un rizoma rastrero, escamoso y con numerosos retoños. Crece entre la hierba y en baldíos arenosos, riberas y campos húmedos. Es una de las primeras plantas que florecen en primavera.

El tallo erecto, no ramificado, mide de 10 a 15 cm de altura en el momento de la floración, y hasta 50 cuando se produce la fructificación. Después de la floración, aparecen las hojas radicales y forman una roseta. Estas hojas tienen largos pecíolos y son acorazonadas u ovadas con algunos pequeños dientes. Las hojas jóvenes están recubiertas en ambos lados por un vello blanco, que desaparece rápidamente de la cara superior.

Las escamas del escapo son ovadas, alargadas y amarillentas. Las cabezuelas, situadas en el extremo del tallo, se presentan aisladas, miden de 10 a 15 mm de diámetro y son colgantes después de la floración. Las brácteas son verdes o rojizas. Las flores, de color amarillo oro. Los flósculos centrales son masculinos y los radiales, femeninos. Los aquenios lampiños tienen un vilano blanco y brillante.

La fárfara se utiliza como planta medicinal. Se recogen sus flores, pues contienen sustancias calmantes utilizadas contra el resfriado, la tos, la gripe y la bronquitis.

Esta planta crece en toda Europa salvo en las Azores, Baleares, Creta y la mayor parte de Portugal. También se encuentra en el oeste y el norte de Asia y en las montañas del norte de África, y ha sido introducida en Norteamérica.

Número de cromosomas de las células somáticas: *2n = 60*
Planta dicotiledónea
Floración: *marzo-abril*
Tipo de fruto: *aquenio*

Trollius europaeus

Tussilago farfara

Typha angustifolia

Espadaña

Descripción

La espadaña crece en las riberas de aguas estancadas, donde alcanza alturas de hasta 3 m.

A partir de un rizoma de color pardo amarillento, se elevan unos tallos erectos, rígidos, que llevan unas hojas lineales, mucho más largas que los tallos. El limbo de las hojas es flexible, arrollado en espiral dos o tres vueltas, lo que impide que el viento lo rompa. Estas hojas tienen largas vainas y están parcialmente sumergidas.

En el extremo del tallo, se encuentran dos curiosas inflorescencias en espádice, una situada encima de la otra, que recuerdan a unos cigarros puros. Tienen entre 10 y 30 cm de longitud y están separadas 3 o 5 cm. La inflorescencia superior está formada por flores masculinas y la inferior por flores femeninas. Mientras que las masculinas se pierden rápidamente, las femeninas, de color pardo oscuro, son persistentes y permanecen en el tallo. Son polinizadas por el viento. Los aquenios tienen cortos pedúnculos.

Esta especie crece en la mayor parte de Europa, exceptuando Grecia; también aparece en Asia occidental y Norteamérica.

T. latifolia es una especie afín de anchas hojas y espádices muy próximos que casi llegan a tocarse unos con otros.

Los rizomas de estas dos especies son ricos en almidón, azúcar y proteínas, por lo que fueron antaño cultivadas en algunos países. Por otra parte, sus hojas se utilizan para la fabricación casera de esteras, sacos y techumbres.

Número de cromosomas de las células somáticas: *2n = 30*
Planta monocotiledónea
Floración: *junio-agosto*
Tipo de fruto: *aquenio*

Urtica dioica

Ortiga mayor

Sin.: achune

Descripción

Esta planta vigorosa y vivaz, de 50 a 60 cm de altura, es una especie notable entre las asociaciones de plantas nitrófilas que se encuentran en los alrededores de las viviendas; sin embargo, crece igualmente entre la maleza y los bosques húmedos.

A partir de un rizoma rastrero, se desarrolla un tallo erecto y cuadrangular. Las hojas pecioladas tienen un limbo alargado y puntiagudo, cordiforme en la base y rodeado de dientes ásperos. Tienen largos pelos urticantes. Estos pelos son unas células cónicas cuya membrana es silícea. La punta aguda del pelo es muy frágil y se rompe con facilidad. Cuando se toca una hoja, las puntas se hunden en la piel, se rompen y una parte del contenido ardiente penetra en la herida.

Se trata de una planta dioica, lo que significa que las plantas de cada sexo crecen en pies separados. Las inflorescencias masculinas son panículas erectas con cortas ramificaciones, mientras que las femeninas tienen ramificaciones más largas y colgantes. Las flores presentan un perianto verdoso y son polinizadas por el viento.

La ortiga mayor se encuentra en casi toda Europa.

La ortiga menor (*U. urens*) es una especie similar, monoica y un poco más pequeña. Está igualmente cubierta de pelos urticantes.

Número de cromosomas de las células somáticas: *2n = 48, 52*
Planta dicotiledónea
Floración: *junio-octubre*
Tipo de fruto: *aquenio*

Typha angustifolia

Urtica dioica

Vaccinium myrtillus

Arándano

Sin.: ráspano, meruéndano, anavia, abia, rasponera

Descripción

Este pequeño arbusto de hasta 50 cm de altura crece en los bosques de coníferas y en los brezales.

Es muy ramificado y sus ramas angulosas tienen hojas caducas, alternas y blandas, con bordes finamente dentados.

Unas flores colgantes brotan en las axilas de las hojas. El cáliz tiene lóbulos obtusos; es verde pálido.

La corola rosácea, cilíndrica, tiene pequeños dientes. Al igual que el cáliz, resulta de la soldadura de cuatro o cinco piezas florales. Se aprecian de ocho a diez estambres.

Tras la fertilización, se forman unas bayas de color negro azulado, cubiertas por una especie de escarcha.

Esta especie vegetal se desarrolla en la mayor parte de Europa, pero en el sur sólo en las montañas.

Las bayas se utilizan para hacer compotas y tartas, así como por sus virtudes medicinales. Contienen sustancias que reducen el azúcar en sangre y, además, mucha vitamina A, B y, sobre todo, C. Por eso tienen tanta importancia en las dietas y son incluso beneficiosas para los diabéticos. También atenúan las molestias intestinales en caso de diarrea.

Por el contrario, *V. uliginosum,* especie similar de turberas de montaña, de hojas de color verde grisáceo y nervios bien marcados, con frutos azules y escarchados, tiene bayas comestibles, pero que pueden provocar malestar a personas particularmente sensibles.

Número de cromosomas de las células somáticas: *2n = 24*
Planta dicotiledónea
Floración: *abril-julio*
Tipo de fruto: *baya*

Vaccinium vitis-idaea

Arándano encarnado

Descripción

Esta planta de unos 20 cm de altura crece en los bosques de coníferas y en los brezales. Es calcífuga. Sus pequeñas ramas son cilíndricas y erguidas. Cuando son jóvenes, están cubiertas de pelos cortos y finos, que pierden con el tiempo. Las hojas son perennes y rígidas, con bordes arrollados. El envés es de color claro y punteado de manchas; el haz es verde oscuro y brillante.

Las flores forman racimos terminales. El cáliz resulta de la fusión de cinco sépalos, cuyos lóbulos tienen tres puntas y son ciliados. La corola, nacida de la soldadura de cuatro o cinco pétalos, desprende un débil perfume y tiene un color blanco rosáceo. Hay diez estambres. Los estigmas salen de la flor colgante. El fruto es una baya, roja cuando está madura, con un sabor ácido agradable. Los frutos se utilizan en la industria alimentaria y para uso doméstico. El arándano encarnado es una planta medicinal que se usa para combatir las molestias intestinales. Esta especie está extendida por el norte y el centro de Europa. En la zona ártica de Europa, Asia y América del Norte, hay un arándano cuyos tallos no superan los 10 cm, con racimos de dos a cinco bayas pequeñas: la subespecie *minus.*

Número de cromosomas de las células somáticas: *2n = 24*
Planta dicotiledónea
Floración: *junio-septiembre*
Tipo de fruto: *baya*

Vaccinium myrtillus

Vaccinium vitis-idaea

Valeriana officinalis

Valerianaceae – **Valerianáceas**
Bosques claros

Valeriana

Sin.: hierba de los gatos

Descripción

Esta planta vivaz de 30 a 150 cm de altura se eleva a partir de un corto rizoma rastrero, cilíndrico y de olor desagradable. Crece en los bosques, entre las hierbas altas, en zanjas húmedas y en praderas pantanosas.

Los tallos son erectos, simples y rayados, con numerosos pares de hojas pinnatisectas. Las hojas radicales son pecioladas y las caulinares, sésiles. Las flores forman densas inflorescencias, semejantes a umbelas. La corola es rosa claro o blanca.

Esta especie se utiliza como planta medicinal. Se recogen los rizomas y las raíces, que contienen esencias con propiedades sedantes y antiespasmódicas, pero al mismo tiempo ligeramente estimulantes.

La valeriana crece más o menos en toda Europa, pero es menos frecuente en el sur. Es una especie colectiva que se puede desglosar en especies menores. *V. pratensis* crece en praderas pantanosas, mientras que *V. officinalis* (sin.: *V. exaltata*) crece en los bosques, entre las hierbas altas y en las zanjas. *V. wallrothii* (sin.: *V. collina*) florece en el mes de mayo en bosques claros, matorrales y terraplenes. Por el contrario, V. repens (sin.: *V. procurrens*) sólo florece en septiembre entre las hierbas altas y al borde de los torrentes de montaña. En las riberas de los ríos, se encuentra también *V. sambucifolia*, que no florece hasta el mes de mayo.

Número de cromosomas de las células somáticas: *2n = 14, 28, 56*
Planta dicotiledónea
Floración: *mayo-agosto*
Tipo de fruto: *aquenio*

Veratrum album

Liliaceae – **Liliáceas**
Turberas

Eléboro blanco

Sin.: heléboro blanco, vedegambre, bellestera

Descripción

Esta planta vivaz, que mide de 50 a 150 cm, crece entre las hierbas altas y en turberas cubiertas de maleza.

El tallo, muy velloso, sobre todo en la parte superior, lleva hojas pubescentes en el envés y lampiñas en el haz. Las hojas radicales son elípticas; las caulinares, lanceoladas.

Las flores forman una panícula de 60 cm de longitud, también vellosa. Las brácteas son anchas y ovadas. El diámetro de las flores varía entre 8 y 20 mm. Las flores de la parte inferior son hermafroditas, y las de la parte superior, masculinas. Las piezas del perianto son alargadas, elípticas u obovadas y dentadas cerca de la punta. Las cápsulas que se desarrollan después de la fecundación tienen hasta 15 mm de longitud.

El eléboro blanco es una planta tóxica.

Se distinguen dos subespecies: *album*, de flores verdes en la parte exterior y blancas en la interior, que crece en los Alpes, y *lobelianum*, con las piezas del perianto verdes por los dos lados y bastante abundante en las regiones montañosas de Europa.

En primavera, cuando no se ven más que las hojas, es bastante difícil distinguir esta planta de las gencianas de montaña, que tienen unas hojas grandes bastante similares. Sin embargo, el eléboro blanco tiene las hojas siempre alternas, mientras que la genciana presenta hojas opuestas.

Número de cromosomas de las células somáticas: *2n = 32*
Planta monocotiledónea
Floración: *agosto-noviembre*
Tipo de fruto: *cápsula*

Valeriana officinalis

Veratrum album

Verbascum densiflorum

Gordolobo

Descripción

Esta planta bienal que puede alcanzar más de 2 m de altura crece en colinas soleadas y pedregosas, baldíos y orillas pedregosas de los ríos.

El primer año se desarrollan las hojas radicales, ovadas, alargadas, de cortos pecíolos y finamente dentadas. Las caulinares, alargadas o lanceoladas, convergen con las hojas inferiores. Toda la planta está cubierta de un espeso vello blanco amarillento.

Las flores forman una larga espiga. Las brácteas, en cuyas axilas brotan las flores, son ovadas y lanceoladas. El cáliz resulta de la soldadura de cinco sépalos. Los cinco pétalos forman una corola de 5 cm de diámetro. El fruto es una cápsula tan larga como el cáliz.

Esta planta vigorosa, de rica floración, es una importante hierba medicinal. Sus flores sirven como remedio para calmar la tos. Los gordolobos de flores pequeñas, con los filamentos de los estambres cubiertos de pelos violetas y con hojas lampiñas en la superficie, no son adecuados para las necesidades farmacéuticas. Los efectos curativos de las flores de *V. thapsus* y *V. phlomoides,* que son las más frecuentemente recolectadas, se deben a las sustancias mucilaginosas que contienen, las cuales facilitan la expectoración.

Número de cromosomas de las células somáticas: *2n = 32*
Planta dicotiledónea
Floración: *julio-septiembre*
Tipo de fruto: *cápsula*

Verbena officinalis

Verbena

Descripción

Esta planta de 20 a 60 cm de altura se encuentra con frecuencia en terrenos baldíos, pastos y landas.

El tallo cuadrangular, erecto y leñoso en la base, es lampiño y está cubierto de hojas opuestas. Las hojas radicales, situadas en el extremo de un corto pecíolo, son pequeñas, ovadas y dentadas o lobuladas; las hojas medianas, grandes y triangulares; las superiores, sésiles y lanceoladas. Todas las hojas, cubiertas de ásperos pelos, son rígidas y de un color verde grisáceo.

Las pequeñas flores, desarrolladas en las axilas de las brácteas, se agrupan en racimos terminales que se alargan en el momento de la fructificación. Los cuatro o cinco sépalos se sueldan para formar el tubo del cáliz, glandular y de unos 2 mm de longitud. Del cáliz emerge una corola bilabiada formada por cinco pétalos soldados. Es de color violeta pálido o, con menor frecuencia, blanca.

Antiguamente se empleaba mucho en medicina popular. La verbena es una planta cosmopolita. Las otras especies del género crecen principalmente en América, sobre todo en la zona subtropical, y sólo algunas se cultivan en Europa como plantas ornamentales, por ejemplo *V. peruviana,* de flores de un rojo violáceo, o *V. rigida,* de flores violetas.

Número de cromosomas de las células somáticas: *2n = 14*
Planta dicotiledónea
Floración: *julio-septiembre*
Tipo de fruto: *aquenio*

Verbascum densiflorum

Verbena officinalis

Veronica chamaedrys

Verónica camedris

Descripción

Esta pequeña planta de 15 a 25 cm de altura se encuentra en las praderas, los claros de los bosques y las malezas.

Los tallos de esta planta vivaz presentan a menudo dos filas de pelos y son simples o apenas ramificados. Las hojas opuestas son sésiles o de corto pecíolo, ovadas o elípticas.

Las flores forman racimos. El cáliz tiene lóbulos lanceolados. La corola mide de 10 a 14 mm y es de color azul. El tubo de la corola no está casi desarrollado. Se aprecian dos estambres.

El ovario origina una cápsula que encierra unas semillas planas y ovoides. Estas semillas son diseminadas por las hormigas, pero también por el viento y la lluvia.

Esta verónica está extendida por la mayor parte de Europa, con excepción de las islas y de la región ártica.

En la Europa central, se distinguen dos subespecies. Ssp. *chamaedrys* se caracteriza por unas hojas de color verde oscuro, un tallo más o menos pubescente y un cáliz poco velloso. Ssp. *vindobonensis* tiene hojas de color verde amarillento, tallo velloso sólo por dos caras opuestas, cáliz velloso y glandular y pétalos de color azul claro o, en ocasiones, rosado.

Número de cromosomas de las células somáticas: $2n = 32$ (16)
Planta dicotiledónea
Floración: *mayo-septiembre*
Tipo de fruto: *cápsula*

Veronica officinalis

Verónica

Descripción

Se encuentra esta planta vivaz que mide de 30 a 50 cm de altura en los bosques o sus lindes y en las landas.

Es una planta rastrera; el tallo es ascendente sólo en el extremo. Las hojas son opuestas, de limbos la mayor parte de las veces elípticos, obovados o lanceolados, y de bordes dentados. El pecíolo es corto.

En la axila de las hojas superiores, se desarrollan densos racimos de pequeñas flores. El cáliz es tan largo como el pedúnculo de la flor. La corola, en forma de campana, mide unos 7 mm de diámetro y es de color azul violáceo claro. La cápsula es recortada y glandular, y mide unos 4 mm de longitud.

La verónica crece en la mayor parte de Europa. Es una planta medicinal con cuyas hojas secas se prepara una tisana que facilita la expectoración.

Las plantas que crecen en los Alpes suroccidentales son consideradas algunas veces como una especie independiente (*V. allionii*), ya que son más o menos lampiñas, tienen cortos tallos, hojas y cápsulas pequeñas y una corola azul pálido. Sin embargo, se pueden encontrar fuera de los Alpes unas plantas lampiñas, con pequeñas hojas y una corola más clara que la de la verónica propiamente dicha. Los especialistas no se ponen de acuerdo en la estimación de sus diferencias.

Número de cromosomas de las células somáticas: $2n = 36$ (18)
Planta dicotiledónea
Floración: *junio-septiembre*
Tipo de fruto: *cápsula*

Veronica chamaedrys

Veronica officinalis

Arveja

Descripción

Se encuentra a menudo esta planta vivaz, de 20 a 50 cm de altura, en campos, pastos y linderos de los bosques.

A partir de un rizoma rastrero, se elevan tallos rígidos, angulosos, ramificados y trepadores. Las hojas, que tienen hasta 15 cm de longitud, presentan de seis a 15 pares de folíolos sésiles y más o menos vellosos en el envés. Terminan normalmente en dos largos zarcillos.

Las flores forman racimos unilaterales. El racimo, que es dos veces más largo que la hoja más próxima, tiene hasta 30 flores colgantes, de cortos pedicelos. Los sépalos se sueldan en un cáliz en forma de campana, cuyos lóbulos son lanceolados. La corola es tres o cuatro veces más larga que el cáliz; es de color azul, rojo violáceo o, muy ra-

ramente, blanco. El estandarte, obovado o cordiforme, está provisto de una uñeta. La quilla es corta. Las vainas maduras son lampiñas. Esta especie crece en la mayor parte de Europa.

V. tenuifolia es una especie afín muy similar. Tiene flores y vainas más grandes, además de otras características morfológicas diferentes. *V. oreophila* es una planta de montaña, de unos 25 cm de altura, de folíolos lanceolados y con una inflorescencia más corta que la hoja más próxima; se encuentra en las montañas de Europa central y de la península escandinava.

Número de cromosomas de las células somáticas: *2n = 14 (28*)
Planta dicotiledónea
Floración: *junio-septiembre*
Tipo de fruto: *vaina*

Vincapervinca

Descripción

Este arbusto vivaz, de 15 a 20 cm de altura, crece en bosques de hoja caduca y mixtos. Se cultiva en cementerios, parques y jardines.

Un largo rizoma rastrero origina dos tipos de tallos. Unos son rastreros, forman raíces adventicias y no florecen, mientras que otros, ascendentes o erectos, son floríferos y leñosos en la parte inferior. Toda la planta es lampiña. Las hojas —lanceoladas, alargadas y de cortos pecíolos— son coriáceas y persistentes, brillantes en el haz y más claras en el envés.

Las flores tienen pedúnculos bastante largos. El cáliz, con 4 o 5 divisiones,

abraza una corola de lóbulos irregulares y asimétricos. El fruto es un folículo.

Esta planta crece en la mayor parte de Europa. A menudo se cultiva junto con la especie afín *V. major,* en variedades multicolores. Los lugares en los que se encuentra actualmente no corresponden a su hábitat de origen, ya que en muchos sitios ha sido introducida por el hombre y se ha extendido de tal manera que es difícil hoy en día determinar dicho hábitat.

Número de cromosomas de las células somáticas: *2n = 46*
Planta dicotiledónea
Floración: *marzo-mayo*
Tipo de fruto: *folículo*

Vicia cracca

Vinca minor

Viola riviniana

Violeta riviniana

Descripción

Esta «frágil» planta vivaz, que alcanza de 5 a 15 cm de altura, brota y florece en primavera en los bosques, entre las zarzas y en las colinas cubiertas de maleza.

El tallo, casi completamente erecto, lleva hojas de largos pecíolos. El limbo de las hojas tiene una longitud igual que su anchura. Las estípulas lanceoladas tienen un ribete ondulado.

Las flores son grandes y alcanzan hasta 25 mm de longitud. El cáliz es lanceolado, con largos apéndices; los pétalos son obovados, de color violeta claro y con una mancha blanca en la base. El espolón es fuerte, obtuso y blanquecino. La cápsula mide 10 mm de longitud.

Esta violeta crece en casi toda Europa e incluso en Asia. Se la confunde a menudo con otras especies de violeta y, como se cruzan fácilmente, la determinación no es siempre fácil.

Sin embargo, el carácter que no hereda ningún híbrido es el espolón blanco, siendo el de los híbridos siempre azulado o violáceo.

Es fácil distinguir, en el marco de esta especie, dos subespecies. Ssp. *riviniana* tiene flores de 25 mm de longitud, hojas de 30 mm y cápsulas que suelen superar los 10 mm. Ssp. *minor* tiene flores más pequeñas, que apenas alcanzan los 15 mm. Las hojas no tienen más que 15 mm de longitud y las cápsulas miden siempre menos de 10 mm.

Forma matas bajas y generalmente no se desarrolla en los bosques.

Número de cromosomas de las células somáticas: *2n = 40*
Planta dicotiledónea
Floración: *abril-mayo*
Tipo de fruto: *cápsula*

Viscum laxum

Muérdago del pino

Descripción

Esta planta parásita, siempre verde, crece principalmente en bosques de coníferas. Brota en la copa de los árboles y forma matas que pueden alcanzar un metro de diámetro.

Los tallos cilíndricos, con ramas dispuestas en forma de horca, son de color verde amarillento y se rompen fácilmente. Las hojas, casi sésiles, son opuestas, ovadas, alargadas, enteras, densas y coriáceas, persistentes y del mismo color que el tallo.

La inflorescencia unisexual es un dicasio compuesto de tres flores que brotan directamente en las axilas de las ramas. Las flores masculinas tienen un periantio formado por cuatro tépalos soldados y cuatro estambres. El periantio de las femeninas está constituido por tres o cuatro tépalos y un ovario ínfero. El fruto es una baya de color blanco amarillento, de unos 5 cm de diámetro, con un pericarpio muy pegajoso.

Esta planta crece la mayor parte de las veces sobre los pinos. Es poco frecuente encontrar sobre un abeto la subespecie *abietis;* ésta tiene las hojas más anchas, de color verde oscuro, y las bayas no son amarillentas, sino blancas. *V. album* es una especie muy parecida que no crece más que en árboles de hoja caduca; sus bayas, de color blanco puro, son más grandes, al igual que las hojas. Las semillas del muérdago del pino son verdosas y sólo tienen un embrión; sin embargo, las de *V. album* son blancas y poseen dos o tres embriones. La especie *V. cruciatum*, que se encuentra en la Península Ibérica y procede de Norteamérica, tiene bayas rojas y sólo crece en árboles de hoja caduca.

Número de cromosomas de las células somáticas: *2n = 20*
Planta dicotiledónea
Floración: *marzo-abril*
Tipo de fruto: *falsa baya*

Viola riviniana

Viscum laxum

Índice de nombres en latín

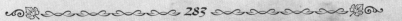

Índice de nombres en castellano